美国，还有梦吗？

—今日美国写真

阙维杭　著

壹嘉出版

版权声明

书名：美国：还有梦吗？

作者：阙维杭

装帧设计：壹嘉出版/1 Plus Books

封面封底图：壹图网授权

出版人：刘雁

开本：6×9 英寸

定价：US$ 13.99

出版：壹嘉出版/1 Plus Books

网址：www.1plusbooks.com

电邮：1plus@1plusbooks.com

美国·旧金山·2016

作者简介

    阙维杭，浙江杭州人，旅美作家，资深新闻政论家。笔名沙蒙、远航等。曾在中国大陆参与创办、主编多家报刊。赴美后开始以个性化的"镜头"透视、聚焦美国社会、文化、风俗、民生、政治、山水、环境等不同层面，在新闻中观察美国社会，在生活中体验美国文化，且以移民"边缘人"的切身感受与东西方文化差异的比较一抒胸臆，所思所感形诸文字，自有独特的视野与魅力。在海内外十余种报刊发表随笔、纪实文学、散文等上百万字，并得过相关媒体、文学奖项，包括《人民文学》"近作短评"金奖（2015年）。

    出版有《美利坚传真》（中国发展出版社，2000）、《美国写真》（浙江教育出版社，2002）《美国神话：自由的代价》（花城出版社，2002）、《世纪之吻》（瀛舟出版社，2002）、《美国到底有多美》（中国青年出版社，2004）、《在自由的旗号下》（花城出版社，2005）、《今日美国：阵痛与变革》（浙江大学出版社，2010）、《这些年你没看见的美国》（黑龙江教育出版社，2015）、《历代竹枝词选》（湖南文艺出版社，1986年）等专著。

    曾主持编撰评点"海外华文作家档案"系列。曾为美国某华文媒体主编兼主笔。

目　录

微观国情

世相纷纭

白宫拾遗

文化视角

硅谷脉动

移民情怀

留学之窗

迈向白宫之路

跋

微
观 国 情

奥巴马的"美国梦"

　　走向任内首次被共和党控制了参众两院的国会演讲大厅，裹挟支持率重又攀升至50%的民意与经济利好的趋势，奥巴马总统面对"三权分立"体制下年度大聚会的美国政界全体首脑，2015年1月20日晚底气十足地发表了其任内第六度国情咨文，力陈民主党政府在经济、医改、教育、贸易、外交等领域取得的靓丽成绩，要继续加大各领域的有效举措，推动更上层楼的迈进。以成就感博取新动力，最大程度争取更大的民意支持，奥巴马笃信他的"美国梦"就要掀开新篇章了。

　　奥巴马心目中的美国梦，应该是经历经济转型期磨砺后的新迈进新变革，重新自信地巩固美国在世界上的强国地位。经济增长、财政赤字减少、工业繁荣以及能源生产蓬勃发展，奥巴马欣见美国已然从衰退中站了起来，在当下进入脆弱动荡期的世界，奥巴马相信美国可以比全球任何一个国家都更加自由地书写自己的未来。走过21世纪最初而艰难的15年，如今是选择未来15年甚至几十年内美国扮演何种角色的时候了。

　　奥巴马显然肯定自己推行的政策顺应社会前进的规律以及符合民生需求，他强调说，"美国历史中每一个经济转型期都有大胆的举动，适应新环境，确保每个人都有平等的机会。我们制定了工人保护、社会保障、医疗以及医疗补助等措施，在逆境中保护我们自己。我们为民众修建了学校、大学、基础设施和网络等一系列民众需要的设施。"

这正是奥巴马推崇的中产阶级经济主体。犹如奥巴马如此设问："我们是要接受只有少数人独领风骚分享利益的经济，还是致力于提高收入惠及所有付出努力的人们的经济？"很明确，中产阶级经济是美国经济的主轴，当中产阶级经济主轴欢快地运转之时，必是美国国家机器和社会零部件都相当契合之日。与此同时，社会的定义应归于"每个人都有公平的机会、每个人都有公平的份额，每个人都遵循同一套规则"。为了给中产阶级经济输血，奥巴马亮出向富人增税等"劫富济贫"等手段，确保付出努力的人们能够获取较大的实惠。

而当奥巴马谈及2015年的愿景，"原本没有医保的1000万美国人最终获得了他们的健康保障"，他获得的不仅仅是全场的欢呼，更有电视机、电台旁乃至蜂拥在社交媒体之上的各方民众的喝彩或围观。总统发表国情咨文，历来是传统媒体的重头戏；而今天奥巴马的团队延伸到在推特、脸谱等社交媒体展开传播战略，吸引更年轻、广泛的受众群。今天若没有社交媒体战略，就像在1950年代没有电视媒体战略。仅仅这一公关插曲也证明，奥巴马发表国情咨文的媒体战略，显然也胜过许多政客了。

奥巴马发表国情咨文的口吻，如同回到他首次当选总统发表就职演说那样意气风发，仿佛又恢复了原先的坚毅和勇气。奥巴马在演讲中不忘承诺两党合作、摒弃党争，期待"更好的政治"，最大限度地争取会府合作；也毫不含糊地表示将动用行政权力推进议程。他的言下之意在在透露：倘若共和党人企图在医保法案、金融监管或者移民改革法案上继续抗衡的话，奥巴马动用否决权会不再犹豫。而民众刚刚开始品尝到中产阶级经济政策的甜头，他们对更美好的明天充满憧憬与期待，也不会容忍那些来自党派政治的阻遏。

奥巴马期许任内最后两年强化打击恐怖主义的立场，也相应坚定。因为恐怖主义已经开始触及美国的海岸线，美国进入新世纪打的两场战争冗长又昂贵，"伊斯兰国"的恐怖暴力无以复加，对抗网络盗贼、保护孩子信息的战役也前所未有的艰巨，……为此，奥巴马呼吁国会议员们继续授权他使用武力对抗"伊斯兰国"，以此向世界表明美国与各国对抗极端主义的使命团结一致。同时敦促本届国会能最终通过相关法案，因为"如果我们不展开行动，我们的国家和经济将脆弱不堪。如果我们行动，我们将能继续保护吸引了无数人前往美国的技术。"奥巴马坚称："我信任一个更为贤明的美国政府。当美国军力和坚实的民主结合，美国携手盟友，不被恐惧蒙蔽双眼而错失新世纪的机会时，政府的领导才最出色。"

奥巴马也无可回避地提及美中双方又竞争又合作的现实。面对"中国正想给世界上经济增速最快地区确立规则"的态势，奥巴马摆出应该由美国"来书写规则"，"定义游戏规则"的架势；他请求国会两党议员们授权，推动与亚洲和欧洲建立更有力的、自由公平的新贸易协定，以保护美国工人。紧接着，奥巴马肯定美中国两国2014年11月12日在北京签署的"历史性"气候变化联合声明和减排协议。毕竟世界上两个最大的经济体走到一起，激励了世界上其他国家加强节能减排，带给今年全球达成保护环境协议一缕曙光。

尽管民主党2014年中期选举失利，但奥巴马最后两年任期不须再纠缠于政争，经济利好更强势，国情咨文再一次凸显了他的决心和勇气。他信心满满地宣示要整装出发、重塑美国，让一个强大、紧密如同家庭般的美国，共度难关，团结向前。

奥巴马描画出他的"美国梦"，全球都拭目以待，看美国人将如何谱写新篇章，开辟美国新世纪。有一点是肯定的，只有中产阶级兴旺，美国才能写出新章。

创新让城市
生命之树常青

　　美国有线电视新闻网(CNN)2014年10月盘点的美国十大最具革新性城市，无论是波士顿、旧金山、华盛顿特区、波特兰这些多年来一直致力于科技创新、规划前卫的城市，还是底特律、克利夫兰、费城等经济遭遇重创伤痕累累的城市，无不以科技创新为利器，找准城市经济命脉，在信息、环境、交通、新能源等等不同领域趟出一条城市建设新路，给居民以生活幸福的希望与实惠，给城市以拓展的空间与底气。

　　波士顿、旧金山不约而同地设立经济技术开发区，引进大量创新创业公司，激发市民创业热忱；纽约近年开拓发展科技领域带动30万人口就业，规模直追硅谷；费城力争2015年戴上全美最环保城市桂冠；华盛顿特区高效应用太阳能和风力发电，使之在EPA绿色能源竞争中连续三年名列第一……这些城市的规划与经济复苏重心，在在离不开科技创新。

　　2014年7月揭晓的全球15座创新力城市排名榜，由荷兰埃因霍温夺冠，该南部中等城市因研发包括将来可能取代注射器的小型植入生物针

（Bioneedles）等许多前景良好的技术而拔得头筹。在这个以"专利强度指数"（patent intensity）为衡量创新能力主要指标的排名中，埃因霍温平均每1万名居民拥有22.6项发明专利，而名列第二的美国圣地亚哥平均每1万名居民只有8.9项发明专利。依据这个标准，全世界最具创新力的15个城市集中在欧洲北部和美国，它们都是"知识经济"的典范，科技创新的含量甚高。美国上榜的城市还包括：旧金山（3）、波士顿（7）、明尼阿波利斯（9）、西雅图（13）；德国有4座城市榜上列名，瑞典则有3座城市上榜。

另一个美国工程技术城市的排名榜，不仅披露美国创新能力来源的诸多信息及多样性，也展现独特的地理区位构成不同类型工程技术人才群体的优势，凸显信息技术、能源、制造业等行业的创新活力与竞争力。列入这个排名榜的多数城市，本身就是高科技中心和人才集聚地，深厚的人才储备成为城市的关键资产。譬如排名第一的硅谷/圣荷西，工程师分布密度和科技创新公司密度皆力冠群雄，每千名雇员中有45名工程师，这个比例两倍于其他大都市区。其它如圣地亚哥（第五）是生物科技的重要中心；波士顿（第八）是麻省理工学院、哈佛大学所在城市，人才济济；丹佛（第十）的科技和能源业蓬勃发展；即使是奥斯汀（第十九位），尽管工程师分布密度不到硅谷的一半，但新兴科技发展热潮势不可挡。

由于科技创新能力的差异与经济活力的变化，新世纪美国各大城市排名面临重新洗牌。尽管纽约、洛杉矶、芝加哥在规模、人口数量上依然靠前，但休斯顿、旧金山湾区已然成为最有潜力的美国大都市，这些城市的崛起与竞争显然也是依托于科技创新能力。将休士顿与旧金山湾区比较，其实颇有趣并且不乏启迪性，这两个不同经济结构、文化内涵的城市在新一轮竞争中崛起，有益于传统产业与创新领域的交替革新及互补，其产生甚或爆发的生命力尤其不可估量。

旧金山湾区的相关单个城市在规模、人口上自然无法与那些"巨无霸"都市类比，但从旧金山到圣塔克拉拉这个海湾狭长地带的"大硅谷"，完美融合了历史人文和地理环境的优势，吸引全球最大规模的高新技术企业争相扎堆；当地的初创企业吸纳了全美将近一半的风险资本，当之无愧于全球排名第一的技术创新企业发源地，堪为美国环太平洋地区最有影响力的地区。美国各类领先的技术企业，如谷歌（Google）、脸书（Facebook）、英特尔（Intel）、苹果（Apple）、甲骨文（Oracle），以及其它高新技术跨国企业，均在硅谷设立北美总部，是美国的"数字经济之王"。有人分析，即使今后社交媒体泡沫破裂，但集聚的人才（工程师、创业者）效应、尖端技术效应和风险资本效应，仍然将使旧金山湾区在创新创业领域保持领先地位。旧金山湾区开发新技术的能力以及深不可测无穷无尽的财富，也开始征服几乎所有传统行业，从好莱坞、华尔街到商业服务、旅游、汽车、甚至航空航天业。

高度掌控能源产业，无疑是"能源之都"休斯顿在城市竞争中的王牌之一。在休斯顿安营扎寨的能源公司不下5000家，休斯顿的能源行业就业人数超过排在后面的五座城市的总和。自2008年以来，休斯顿的就业增长超过10%，几乎是旧金山湾区的两倍。当然，推动就业增长的不仅仅是能源，休斯顿也是新兴产业的中心，是美国最大的出口港，并且拥有全球最大的医学中心。

休斯顿的人均工程师数量位列美国工程技术城市排名榜亚军。不仅仅是能源推动的美国工业复兴大本营，休斯顿也是实业经济的技术龙头；自2000年以来，休斯顿受过大学教育的人口以及新世纪人口数量增长速度远高于旧金山湾区，也超过纽约、芝加哥和洛杉矶，这显然给予休斯顿未来更为富裕的人才资本积蓄。休斯顿也是一座适合少数族裔多元文化的城市。相较于旧金山居家大不易的名声，休斯顿的工程师们可以相对轻松地买下舒适的住宅，成为悠然殷实的中产阶级。

科技决定未来，创新注入活力。不论是旧金山湾区、休斯顿，还是其它创新城市、工程技术城市，都启迪人们一个城市乃至国家经济发展的真谛，那就是要不断增强创新意识，实践创新能力，发展特色经济，注重人才效益，才能让城市经济生命之树常青，推动城市竞争力持续增长。

多元理性消费下的
美国经济利好势头

　　美国零售消费业业绩乃至经济状况的表现，很大程度得以在每年年底的圣诞购物季节获得测试，甚至在自感恩节起的购物季起跑阶段，就可测量出大致的端倪。因为消费者信心指数的伸缩，各种消费模式和促销手段的碰撞，都在这个购物季初始之际一一展露，市场需求的温度在供销两旺的期许中升降调节。

　　2014年感恩节后的"黑色星期五"及周末，民众逛商场的热情虽然不减，但实际购物买单的欲望则不如往年。相关数据显示，全美2014年感恩节周末零售总额为509亿美元，低于2013年的574亿美元；购物人数少于去年，人均消费也下降了27美元。零售业绩不如预期，原因是多元的，消费者习惯的渐变与商家促销手段甚至时间的变化，以及电商网购业的崛起，都让人们不得不接受购物季原先背负的业绩重任正在减弱的现实。历来，"黑色星期五"标志着圣诞购物季开始，理应是传统零售商一年最繁忙的一天，而整个圣诞购物季的销售额可占到美国零售商年销售业绩的20%

至40％。但这个风光的购物"传统"，正无可奈何地渐渐式微，却又何尝不是购物营销变革的前奏。

研究公司ShopperTrak公布的报告指出，今年是连续第二年，有越来越多的民众避免在"黑色星期五"出门消费，而是选择感恩节当天在与家人团聚后外出购物。同时，许多大型零售店为了满足民众的购物欲望，提前并且延长在假日期间的营业时间，"黑色星期五"甚至已经成了"黑色星期四"。譬如J.C.Penney首次选择在今年感恩节开门营业，沃尔玛、百思买（Best Buy）、塔吉特(Target)这些大型商家的营业时间也提前到感恩节傍晚。民众和商家的互动正在改变购物行为，一部分不爱凑热闹的民众觉得，没有理由要赶在周末到商店去挤人潮；何况还有顾客觉得今年"黑色星期五"多数商家的折扣优惠价远不如平时。

商家在感恩节白天或当晚开门迎客，虽然影响了"黑色星期五"的销售总额，但网上销售额大涨22％，其中eBay和亚马逊的销售额分别增长27％和24％。有报告指出，与2013年"黑色星期五"相比，今年同日网上消费上涨了9.5％，其中智能手机和平板电脑的销售占总销售量的四分之一。尽管电商营收的总额还不及实体店销售额，却无疑已成为销售增长潜力最大的领域。消费者相互回馈的信息也显示，"网络（数字）星期一"的折扣超过"黑色星期五"，例如连锁品牌J.Crew在"黑色星期五"提供买500美元获30％优惠折扣，买300获25％折扣，到了"数字星期一"就成了买300获30％折扣。其它如Nordstrom、Macy等百货商场在"数字星期一"也都提供更多的折扣商品。

消费者更理性，购物手段更多元，使得"黑色星期五"的零售业绩即使低于预期，也无碍整体商品经济好转的势头。在拥有600万家各种零售商店的美国社会，消费是支撑美国经济的第一大动力；千禧世代的成长和习惯，影响实体店消费者下降，网购则弥补零售商实体店的损失缺口。随着零售商和电商继续加大网上销售的投入，今后"黑色星期五"实体商店前排队抢购的疯狂场面也必将逐渐消遁。

美国商务部2004年11月25日的修正数据显示，第三季度美国实际国内生产总值按年率计算增长3.9%，高于此前预估的3.5%；占美国经济总量约70%的个人消费开支增幅由1.8%上调至2.2%，显示美国经济增长步伐稳健，消费者的经济稳定性也在逐渐增加。美国全国零售商联合会预计，今年年末假日购物季的零售额将达到6169亿美元，同比增长4.1%（过去10年的平均增幅为2.9%），为2011年以来最大增幅；平均每人将花费804.42美元，比去年增加5%。全国零售商联合会的调查也显示，消费者对价格依然十分敏感，商家打折对消费者的吸引力有所下降。多年来惯见的普遍的商家打折也形成消费者的视觉和心理疲劳。毕竟在打折之外，消费者更需要自己想要的"独家产品"和"一个好的花钱理由"。

美国消费者支出10月份温和上扬，消费者信心接近7年半来最高点，昭示了在全球经济疲软大环境中美国经济复苏活力强劲的亮点。当前，汽油价格的持续下跌，也提升了美国民众的消费意愿和购买力。从生活、节日商品到包括住房、汽车在内的大宗商品交易，预计未来将更趋活跃，对美国整体经济的良性运转，将产生润滑与推动作用。

"金主政治"的幽灵
将游荡美国政坛上空

联邦最高法院2014年4月2日以5比4的投票结果裁决，取消对个人在联邦竞选中的捐款限制。此举无疑将改划美国政治格局，直接影响2014年国会中期选举，其对政坛的冲击力也将在2016年总统大选年得到实战鉴定。

在维护美国宪法第一修正案的旗号下，联邦最高法院九位法官对"麦卡琴和共和党全国委员会诉联邦选举委员会案"作出裁决，最终推翻了美国政治竞选捐款总额的上限规定。这一裁决意味着富人可以在联邦选举中任意捐款，只要对每位候选人的捐款限额不超过5200美元。这一裁决势必重新激活美国的"金主政治"生态，也意味着美国政治版图的区划，将更多依赖金钱天平的倾斜。换句话说，美国政治格局今后在金钱的怪手操纵下，将可能更具随意的可塑性。

阿拉巴马州富商麦卡琴在2012年美国大选时向16位竞选联邦公职的候选人共捐款3万3000美元，并拟向另外12人分别捐款1776美元，但遭联邦相关法律阻止。麦卡琴遂联手共和党全国委员会起诉美国联邦选举委员会，要求取消对于政治捐款的限制。

看似基于民主平台的美国选举政治，其决定因素最终却都归结于政治资金的多寡；政党及其候选人能否在竞选中胜出，很大程度上也取决于募款的多寡。各种名目繁多的利益集团之所以纷纷解囊慷慨抛出大把政治献金，为各自力挺的竞选者开辟决胜之路而较量，其目的是要将"自己人"送往各级政府、议会的宝座，最终为利益集团本身打通一条条长驱直入国会山和白宫的特殊通道，并藉此在未来对美国各项政策制定施加影响与压力。那些成为"代言人"的胜选者和党派因此也势必投桃报李，制定或采取相关有利于自己金主的政策，或者为金主们在其它感兴趣的领域谋求利益。

"金钱是政治的母乳。"（Money is the mother's milk of politics）这句西方政坛的名言，道破了金钱和政治的关系，尤以美国国内政治为甚。举凡各地市长、议会、州长选举，直到国会议席选举（包括中期选举）、总统大选等，都离不开金钱铺路，然后才是选票多少决胜负。自20世纪水门事件之后，肆意蔓延的"政治黑金"现象让部分政客也难以适应和容忍，美国开始逐步出笼一些限制政治捐款的法规。在此之前，个人政治捐款总额按规定不得超过12万3200美元。而自4月2日最高法院裁决取消总额限制后，以往各类局部的法规限制形成的脆弱的政治现金约束制度，就将归结为不受约束的"金钱为王"的政治铁律。"金主政治"的幽灵将从此赤裸裸地游荡于政坛上空，乃至腐蚀每一个社会细胞。

虽然美国在改革竞选资金方面的摸索已经超过一个世纪，不同的法规在不同时期应运而生，但"金主政治"的主导作用从未被真正削弱过。为了营造所谓公平公正的竞争氛围，同时保证政治资源的公正分配，美国迄今为止对政治捐款额度的上限规定是，在每次选举中，个人对一位候选人的捐款不得超过2000美元，年度捐款总额为3万7500美元；每年向一个政治行动委员会的捐款不得超过5000美元，向一个政党全国委员会的捐款不得超过2万5000美元。这些煞费苦心的规定，仍然难阻各种政治现金丑闻中的"黑钱"、"软钱"的影子，如今一夕之间被最高法院的新裁决推翻，那些呼风唤雨的大金主和拥有富豪支持者的候选人无疑受益最大。选举专家预测，随即将会有大量资金涌向国会竞选和政党，大额捐款募捐的圈子将愈来愈大，大金主挥手之间指点江山的能量将令人无法想象。"民主21"组织主席韦斯默尔说，最高法院的新裁决把美国的"政府代表制变成了百万富翁和亿万富翁的（供儿童在其中作堆沙游戏的）沙池"。至于普罗大众弱势群体参政问政的实力与梦想，在选票不敌钞票的现实中，势必陷入比之前更艰辛渺茫的怪圈。

此案的裁决也足以显示最高法院中的鲜明政治分野。由共和党总统任命的首席大法官约翰·罗伯茨等五名大法官，对决四名由民主党总统任命的"自由派"大法官，双方各执一词泾渭分明。首席大法官约翰·罗伯茨的书面裁决驳回奥巴马政府以政治捐款限额抗击政治腐败的立场，罗伯茨称限制捐款并未能阻止腐败，而"被证明不正当地侵犯了一位公民行使第一修正案最为基本的活动权利"。以斯蒂芬·布雷耶为代表的另外四名大法官则认为，这一判决是对第一修正案和美国民主的打击，为允许某一个人向一个政党或一位候选人捐赠数以百万计美元提供了漏洞。

面对最高法院的新裁决，白宫和民主党方面显然极度失望甚至失落。纽约州民主党联邦参议员舒默认为，这一裁决本身只是一小步，却是走向"毁灭"的又一步，其结果将导致人们对美国政治制度是否公正的怀疑。甚至共和党资深参议员麦凯恩也预言道，美国今后将丑闻不断。通常而言，比民主党拥有更多大金主的共和党以及共和党权贵中有更多的富豪，得益于这一裁决的好处也势必更多。今后两党政治角逐的胜负之争，也可能由于"金钱为王"的铁律无视政纲、民意而撕裂选票的力量，那将使美式民主情何以堪？！

加州天灾的警示

2014年8月24日（星期日）凌晨，北加州旧金山湾区遭遇6.1级的强烈地震，距离震中美国峡谷（American Canyon）不远的酒乡纳帕（Napa）受损严重，市中心许多建筑遭到破坏，其中包括一些历史建筑。当地知名历史建筑——"中国洗衣楼"（Chinese laundry building）毁坏严重，砖块和玻璃散落在人行道上。地震还导致了穿越纳帕、索诺玛和索拉诺等县的煤气、水管道破裂，部分地区出现了多宗火灾，整个社区陷入混乱之中。附近的37高速公路和12、21州际公路的部分路段出现扭曲。

州长布朗当即宣布全加州进入紧急状态，允许动用州内所有可用的资源抗震救灾。地震几乎影响到全湾区，往返于州府沙加缅度—圣荷西的Amtrak的列车服务，因轨道受到损坏而暂停行驶；服务于Stockton和圣荷西之间的ACE公交车，原定安排当天下午载运球迷前往硅谷李维斯体育场观看旧金山49人队的专列服务，也因为安全的考虑而被取消。

美国地质勘察局（USGS）的统计资料显示，这次地震发生后，当地至少出现了66次余震，成为北加州自25年前发生6.9级的Loma Prieta大地震之后最强烈的一次地震。纳帕上百名居民受伤，其中一人后来不治身亡。

地震堪称加州这个"黄金州"最大也是最难以抗拒的天灾。 1989年的6.9级Loma Prieta大地震和1994年的6.7级北岭大地震，分别重创旧金山、洛杉矶，令人迄今心有余悸，更不必提1906年几乎让旧金山城毁于一旦的7级世纪大地震。美国地质勘探局自2003年起就年年发布警告，报称北加州绵延数百英里的旧金山湾区处于地震活动频繁带，30年内随时可能发生超过7级的灾难性特大地震。数据图表印证，言之凿凿，使人顿感人生无常防不胜防的无奈与无助。

联邦紧急事务管理局(FEMA)早在本世纪初就曾经列出最有可能威胁美国的三大潜在灾难：纽约遭受恐怖袭击，新奥尔良遭遇飓风袭击和旧金山发生大地震。前两大潜在灾难都已成为现实，剩下这一旧金山湾区地震灾难可能性，也就更成了加州人的一大隐患心病。美国地质勘探局的警告过去十年了，科学家们的最新研究结果在在显示，未来20年内旧金山很有可能会再度遭遇类似1906年几乎毁灭了整座旧金山市的7.9级左右的大地震。科学家预测，这场地震的发生机率为25%。2011年，美国地质勘查局科学家曾预测，加州将迎来第二次"大地震时代"，湾区沿海高密度人口地区如旧金山将可能频繁地被地震光顾。

旧金山市长李孟贤在纳帕地震发生当天即发表声明指出，任何天灾人祸，包括地震、海啸，或是人为的灾难，几乎都是在无预警的情况下发生。大家必须做好应对任何可能发生紧急灾难的准备，了解如何应付灾难的资讯。包括旧金山在内的北加州一些城市，相继开展了应对紧急灾难的演习，意图使居民更加重视防范和应对可能降临的突发事变和灾难。

还有很多居民担心，地震与气候异常有关联。自2013年加州大旱以来，气候表现异常。当局地震研究所的官方网站也披露：干旱与地震有一定物理关系。因压力不断累积，引发地质裂隙；随着裂隙不断增长，会促使地下深部流体往上冲并扩散。该过程中会导致局部增温，最终引起干旱等异常气候。还有居民提醒人们关注，近期加州有大批海洋动物集体搁浅死亡，担心这一现象或许是大地震预兆之一。

与此同时，对地震监测技术和仪器的研发，也紧锣密鼓地推进中。美国地质勘查局不仅加紧了对加州沿海狭长地带地壳的监测，近日还在其门洛公园市(Menlo Park)总部举办地震灾害研究及知识普及研讨会，报告勘测地壳活动及警报系统最新技术研发。这个研讨活动披露的信息显示：目前加州地震监测技术研发多元而先进。除了传统的卫星导航检测、密布地震仪监测跟踪震波、高频率传感器捕捉周边噪声等传统技术及仪器外，近年发明并投入使用的高精度激光监测地震仪、激光雷达等现代化技术和仪器，进一步提升了地震监测效率。加州大学伯克利分校及硅谷相关公司还利用手机应用软件，结合地震预警系统，尝试更快发出地震警报及信息。

当局提供这些信息，自然并非是给民众一颗"定心丸"，更重要的是居安思危。值得反思的是，人类栖息地球并且不断追求更舒服的生活与享受，也必然付出更多代价，破坏大自然环境则是人类愧对子孙后代的自私行径。滥用水资源导致干旱，不断大兴土木、开挖基础设施，修建水库、开矿、开采石油等等，都集中而严重地破坏地壳结构，积聚成爆发地震可能性的因素。因此，防患于未然固然不错，身体力行更加环保的生活，是对地球和人类的双重保护。

华裔乃至更多族裔移民喜欢栖居美国西海岸的加州，自然有许多难以拒绝的理由甚至直觉上的依恋：气候宜人，风物壮美，社区功能健全，生活舒适方便，无论文化娱乐还是高科技成果的分享都独具魅力，又距太平洋彼岸的故土最近，实在是蜂拥而至的移民首选之地。

不过，现实中愈来愈多的困惑与麻烦，动摇起人们坚守加州这个移民家园的信心。房屋价格永远是那么高不可攀，人人领教加州居大不易的厉害；经济复苏迹象时隐时现，物价却永远节节上涨；政府财政总是吃紧，优良的教育品质难以为继；更有地震、泥石流、森林火灾等天灾频仍不断，像是上苍对居住于这块风水宝地的人们示警。

地震等自然灾害、吓人的房价和财政紧急状态，等等，皆从表象上予人警讯，但加州人面临新世纪的新挑战，从一开始就无法拒绝忧患意识和未雨绸缪的规划，也无法不学会对任何天灾人祸作出理智决断的应对，这正是命运赋予加州人的新课题。

旱情告急的加州

加州百年不遇的持续三年大旱，不仅让所有居民真正领略"阳光之州"魅力之外，尝到了缺水的滋味和被约束用水的无奈，也让焦灼的当局在应对旱情方面力所不逮。七月流火的日子里，凡是涉及到费水的事务已经变得愈加奢侈愈加需要谨慎，更别提浪费水资源了。加州首府沙加缅度会展观光局（Sacramento Convention & Visitors Bureau）2014年7月中旬被迫宣布，取消已经持续了15年之久的年度性盛大活动——淘金日（Gold Rush Days）文化传统节庆，推迟到2015年再恢复举办。

取消万众瞩目且能带动商潮的这一传统活动，根本原因还是缺水，或者说不能冒天下之大不韪而浪费水，由于庆典中需要大量用水及消防用水，这在干旱得大地冒烟的加州，已然不可取了。通常在庆祝活动期间，每天的用水量会高达3000加仑之多。沙加缅度会展观光局首席执行官史蒂夫·哈蒙德（Steve Hammond）说，"我们必须持续地淋湿泥土地，以防止尘土飞扬而让商家和客人变得'灰头土脸'；我们还需要在活动结束后用数十万加仑的水清理现场。"

庆典中吸引眼球的传统表演包括小马快递（Pony Express）邮政服务，以及淘金热时代的加农炮射击等，另外还会演绎某些历史性事件的情节。成吨的泥土铺在街道上，为马匹、马车和特技表演者铺设一个较软的平台；而这泥土堆积而成的活动平台需要不断淋水乃至湿透，才能达到理想的效果。如此大量消耗水资源，在当下犹如暴殄天物，显然需要慎之又慎。何况在天干物燥的环境中，加农炮射击表演也难免演变为火灾的一个诱因。

这一原本在8月底至9月初劳工节长周末举行的传统庆典被取消，自然也引发一众商家的不满，毕竟他们会损失一批淘金热节日的客流量。但在加州各地湖泊河流枯竭、水库水量低沉、农田原野枯黄、火灾风险加剧的严重旱情面前，让一切浪费水资源的举动都刹车，无疑是明智的。目前加州45%的水库水量低于正常水平，占全州农田面积60%、大约50万英亩(约合20万公顷)的农田被迫休耕。随着内华达山脉积雪减少，流入加州水库的水量入不敷出，加州的干旱可能将持续至2015年，农业受损首当其冲。加州的杏仁、葡萄和桃等十多种农作物产量居全美首位，干旱将导致农作物损失8亿多美元，州政府则要花费22亿美元来应对。有科学家通过古树年轮追溯加州历史降雨量后预测，如果情况得不到改善，加州有可能面临500年来最严重的旱情。

加州议会大厦前的草坪叶片都开始卷曲枯萎，议会和州政府也开始出台一系列节水举措乃至禁令。事实上，2014年1月，州长布朗就已宣布加州进入紧急状态，要求居民在历史性干旱时期减少20%的用水量。由于各地河流水位下降，不利一些鱼类产卵生存，许多地方的河流已禁止捕鱼和钓鱼。加州渔业和野生动物厅甚至不惜耗费更多财力，将3000万条大马哈鱼幼苗从5个内陆孵化场转运至太平洋中放养。加州水资源厅2014年初开始采取"零供水"措施，即加州主要供水系统停止向所有地方用户供水，意味着地方水务局只能更多依赖自身或其它供水来源。这一54年来首次贯彻的"零供水"措施，影响2500万加州居民和大约75万英亩（约30万公顷）灌溉农田。

加州水资源管理委员会7月15日通过的一项紧急法令堪称史无前例，即从8月1日起，不当用水者要受罚，每天最多罚款500美元。法令要求除了保持公共清洁卫生之需，居民和商家不得使用可饮用水冲洗人行道和车道，洗车或船必须使用有控制喷头的节水水管，喷泉必须使用循环水，浇灌草坪或菜园也有限制，等等。地方水务局如未监督执行用水计划，州管理部门将对其执行每天1万美元处罚。虽然说法令8月才实行，但笔者的友人告知，他的一位熟人在7月初已被管理部门警告，原因是他家门前草坪浇灌得太"绿意盎然"了。这完全颠覆了过去的常态情形，以往谁家的草坪保养不当开始枯黄，才会遭到警告甚至处罚。

因应旱情，硅谷所在的圣塔克拉拉谷水利局在7月下旬推出"棕色即新绿"（Brown is the New Green）节水活动，鼓励居民让自家草坪保持适度枯黄，以节约户外浇灌用水。"棕色即新绿"不仅可以达到节水的目标，更重在改变人们的观念及习以为常的用水模式，减少夏季户外浇灌水量。

旱情考验人的素质。人们需要强化公民意识，强化地球村一员的责任感，自觉杜绝浪费水资源和其它一切资源，才能共度时艰，战胜旱情，才能为维护地球资源的丰富与再生贡献一己微薄之力。

新天方夜谭：
六分之一美国人陷于贫困

美国人口普查局（Census Bureau）2014年9月16日发布2013年度国民经济运行监测数据，披露以官方标准衡量的贫困率、家庭实际年均收入中位数等指标，结合其它相关数据分析，人们容易看出美国穷人的比例之高贫富差距之大，相当于每六个美国人中就有一个是穷人，出乎世人对世界第一超强大国的国情之了解与想象。

依据这一官方报告，自2009年下半年起，美国经济进入恢复期，但直到四年后的2013年，经济利好局面仍未惠及贫困人口、失业人口乃至中产阶层的大多数，贫困率自2010年以来一直徘徊在15%上下，也就是说差不多六分之一的美国人挣扎在贫困线上。

美国副总统拜登的前首席经济顾问、华盛顿预算和政策优先中心（Center on Budget and Policy Priorities，CBPP）资深经济学家贾里德·伯恩斯坦（Jared Bernstein）9月15日提前在《纽约时报》网站刊文称，包括当局政策研究者在内的相关人士极为看重人口普查局发布的一系列数据，那些关注贫困人口和中产阶级经济状况的专家更是如此。

善于分析宏观经济发展与贫困人口及中产阶级经济状况之间联系的伯恩斯坦预计，2013年美国的贫困率为14.9%（贫困人口占总人口之比），比2007年-2008年之间金融危机爆发时的12.5%高出2.4个百分点。而这2.4个百分点的差额意味着全美国多滋生出了750万贫困人口。

美国社会福利部公布的2013年全美贫困线显示，除却阿拉斯加州和夏威夷州外，全美各地平均两口之家家庭年收入不超过1万5510美元，三口之家家庭年收入上限1万9530美元，四口之家家庭年收入低于2万3550美元，都符合贫困标准，当然各州甚至各县市也还有差别。这道基本的贫困线，基于薪资水准和失业率而轻微浮动。虽然2013年美国各项经济指标均有所增长，失业率从8.1%下跌至7.4%。但减掉的0.7个百分点，多半是劳动力人口因年龄原因退出市场竞争，并非真正意义上的下降，何况劳动力人口的薪酬几乎没有提升。这导致低收入群体的经济状况不进则退。

比较几年前的相关数据，看看美国农业部相对更加直观的数据，可以得出美国贫困率调高、也即穷人增多的结论。2009年11月16日美国农业部发布的年度报告显示，与2007年相比，2008年无法提供家人足够食物的美国家庭急速上升。大约有4910万个美国人，大约14.6%的美国家庭，因缺钱而无法为全家人提供足够食物。另有1730万人，大约5.7%的美国家庭，必须从牙缝中挤出食品，控制减低食量；这些家庭通常每隔七八个月就有几天面对粮食不足的困顿。

农业部当年的数据表明，每七个美国人中就有一个人在忍饥挨饿；超过三分之一的美国人口，时常要面对吃不饱的问题。农业部长维尔萨克承认，经济衰退是美国挨饿人数增多的一个主要因素。"显而易见，贫困、失业都是让美国人挨饿的原因。"

对照最新报告数据，忍饥挨饿的美国人，潦倒在贫困线边缘的美国人，3-4年来居然又增加了许多，从七分之一提升为六分之一。

这样的情况会发生在世界超级强国美国的国土上吗？也许有人以为天方夜谭匪夷所思，也许有人正身临其境感同身受，这正是贫富差距不断拉大的美国现状。

联储会2014年9月4日发布每三年举行一次的最新消费者财务调查报告，表明美国在经济自衰退到复苏的这几年来，社会贫富差距持续加大，10%的富裕家庭的税前收入在2010至2013年之间增长了10%，而40%的底层家庭同期经过通胀调整后的税前收入实际上趋于下降。3%的顶端富裕家庭的总收入在2010年到2013年期间增长了30.5%，而90%的贫穷家庭的收入这一时期只是下降再下降。

美国标准普尔公司9月16日发布的一份也揭示了类似现象，日益严重的贫富差距成为难以治愈的社会病症，富人更富，穷人更穷，导致美国成为发达国家中贫富差距最厉害的国家。计入通货膨胀因素，美国中等收入家庭2012年平均收入5万1017美元，低于2007年经济衰退前水平。最富裕的1%人口2012年平均收入126万美元，比1979年的46万6302美元翻倍还多。压缩到1993年至2012年20年间，美国最富有人群（人口的1%）的实际收入增加86.1%，而余下99%的人群仅收获6.6%的增长。还有些数据也很吓人：5%的美国富人占有全美国90%的财富，几乎让中产阶级以下的绝大多数美国人断绝了资源乃至致富的梦想！

为了拯救那六分之一的美国人免于挨饿受冻，联邦政府每年提供低收入者和贫困家庭的"营养补充援助计划（SNAP）"（即发放食物券等生活补贴），需要投入约800亿美元，多年来有增无减。2013年全美超过4700多万低收入者依赖联邦政府发放的食物券生活，每月平均大致领取133美元；也即有14%以上的美国家庭接受这项救济。

一些抵抗饥饿组织呼吁联邦政府提供和实施更多援助计划。许多慈善机构也竭尽全力向全社会募集捐助，为贫困的族群、饥饿的人们"雪中送炭"。事实上，旧金山湾区诸如"食品银行"以及华裔社区救世军教堂、新侨服务中心等机构，每年在感恩节、圣诞节等节日前后，都会举办大型的食品派发活动，从米面、火鸡、蔬菜、水果到罐头等，应有尽有，让贫寒族、无家可归者都能够品尝到人间的温暖、节日的快乐。

光靠这些非盈利慈善机构的施舍，面对如此高比例的贫困人口与家庭，还是捉襟见肘，何况经济衰退下的整个社会都在紧缩开支，"食品银行"近年来获得社会各界的捐助就比早先缩水许多，仓库内应该摆满各种食品的架子，也总有不少空空如也。更要命的是，冬天来临，即使是地中海气候的无雪的旧金山湾区一带，每年各主要城市旧金山、圣荷西、奥克兰也都报告总有数十名至上百名无家可归者在寒夜里永远睡去，更不必说其它严寒地区缺少荫庇人士的遭遇了。笔者曾经惊异地目睹那夜幕下的旧金山闹市区景象：那些流浪汉紧挨着行人道上冒着些微热气的建筑物输暖管道口席地而睡，可能第二天早晨再也不能醒来。这种"路有冻死骨"的凄惨景象，居然在美利坚合众国年复一年的上演。

与此同时，政府部门的浪费惊人。就在农业部当年发布饥饿报告的次日，联邦政府发布的一组统计数据，显示联邦政府机构在截至9月30日的2009财政年度内浪费了980多亿美元纳税人的钱，比上一财政年度数字多260亿美元，令人瞠目。数据显示，2009财年联邦项目开支中约5%属不当支出，相当一部分纳税人的钱浪费在减免税和医疗保健项目上。

两相对照的现象，附属于富国多穷人强国多弱者的现实，都是你不能不知晓的天方夜谭，但这样的荒诞的现象还应该继续谱写新"一千零一夜"的故事么？！

比尔·盖茨的感叹

如今，几乎全世界都知道，中国的富人购买了很多西方国家富翁品味的东西：艺术品、湾流私人飞机、DRC葡萄酒和爱玛仕手袋，但他们还没有接受一个最重要的东西，那就是慈善。

上述这番感叹的言辞，出自微软(MSFT)联合创始人、世界级富翁和慈善家比尔·盖茨。这显然是一个极富对比性的话题。

盖茨2014年春季在新加坡接受媒体采访时表示："当类似灾难这样的事情(在中国)发生时，你会看到基本的慷慨行为，但系统性的慈善行为在那里还是很难看到，例如向卫生事业捐款、捐款给大学做研究，以及为残疾人捐款等。"

据胡润报告披露，2013年中国前100位富翁总计捐款8.90亿美元，相比美国前50位富翁同年共捐出77亿美元差距太大，还不够脸谱（Facebook）创始人马克·扎克伯格夫妇捐献近10亿美元的数目。

扎克伯格(Mark Zuckerberg)及其华裔太太Priscilla Chan可能是迄今为止地球上最富有人群中的一员，但仍然过着简朴的生活，人们不时会看到他们夫妇在硅谷的路边小餐厅用餐，没有砸钱买豪华游艇、岛屿或其它各种奢侈品的轶事流传，而是倾力倾情于慈善事业，并且主要关注扶植公立学校教育和科研发展基金领域。

当2010年盖茨和巴菲特承诺生前捐出至少一半个人财产给慈善事业时，扎克伯格和数十位富豪是第一批响应者。美国的文化和美国人奉行的社会理念与责任感，使他们在慈善事业领域的付出与他们致富之途同步递进。而当2010年9月盖茨和巴菲特访问中国，本想会会中国的富豪们，传递并且交流一下慈善倡议的理念，却不料被视为"鸿门宴"，大多数中国富豪纷纷玩"失踪"，避之唯恐不及。

中国多数富豪怕被"劝捐"，或许因为中国尚未形成社会慈善捐款的完善体系，更与价值观和生活追求息息相关。例如在前不久影星成龙60岁生日大宴上，众多富翁与明星争相斗艳竞奇；令人侧目的三亚"海天盛筵"宣扬"中国游艇、公务机及尊贵生活方式展"，也是富豪名流与小姐模特混迹的大平台，奢侈之风惊绝国门内外。中国的多数富人喜好炫富，一富便得瑟，买豪宅豪车包小姐明星，非整出个土豪相不可；继而附庸风雅，抢拍下那些自己都不知价值的古玩书画乃至赝品也无妨；更有甚者便到域外买岛屿买酒庄，以为就上了档次，可以从"土豪"晋升为"贵族"了。

美国的慈善事业纵然有盖茨、巴菲特那样的领跑者，却绝不单单是富豪们的游戏，主角还是普罗大众。近年的相关统计数据昭示，美国13岁以上人口中有50%每周平均投入义工服务4小时，75%-80%的美国人乐于慈善捐款，平均每个家庭捐出年收入的3%～4%。美国个人捐款加上遗产捐款总额占慈善捐款总额的83%，堪为社会慈善捐款的主体。而且美国人平日里的各种慈善捐献是悄无声息不事声张的，他们在"施比受幸福"的理念下活得很淡定很坦然。

美国的慈善文化源于基督教教义，即个人只是财富的管理人。在法律意义上，私人拥有财富是合法和正当的，但在道德和价值层面上，超过生活需要的财富就应该属于全社会了。"钢铁大王"卡内基白手起家富可敌国，其超越金钱的生活体验和意识使之相信，处置多余财富而造福社会是一种智慧，致富后更应把多余的财富回馈社会。他认为富人应在生前处置好自己的财富，使之有利于公益。"躺在财富中而死去是耻辱的。"卡内基这句名言无疑被后人世代传颂，也成为历代美国富豪处理财富的准则之一。

中国的文化中也不乏施舍、仁爱的因素，但富人、权贵者的施舍往往流于亲属层面或者自己喜爱的个体、事物，并且还要计较得失考虑回报的潜能；在坚守如何达臻自我恒富最富的梦想游戏之际，普遍缺失社会责任感，也就不可能有捐助慈善事业后的成就感。因此往往视捐献为"负担"，甚至往往以相对自己财富最小比例的捐献，去实现个人名声、地位的最大化。迫于形势或则出于某种需要，中国富翁们在全国民众和媒体瞩目的大灾情发生后，会公开地做出捐献的举动，但正如比尔盖茨感叹的那样，在一定的时间地点会看到"基本的慷慨行为"，但"系统性的慈善行为"则基本无形。

盖茨的感叹不合时宜吗？或者他太书生气了？盖茨感叹的现象难道不是我们周边的现实吗？

最低时薪：
美国经济政治的平衡命题

自美国各地不同城市快餐业工人近一年来持续展开要求提高最低时薪至15美元的示威请愿活动，到2014年5月15日全美国150个城市同步爆发有史以来声势最大范围最广的快餐店工人大罢工，再到6月2日西雅图市议会全票通过将最低工资提升至每小时15美元的议案，紧接着旧金山市议会与商会及劳工团体6月10日达成提高最低工资共识，宣布将在未来3年逐步提高旧金山最低工资至每小时15元，并且把议案提交11月选民公投；一场方兴未艾的提高最低时薪运动，正波及全美各州，成为民生经济的热门话题，也成为政党政治绕不开的决策焦点。

提高最低时薪不乏民意的支持，也萌生经济平衡发展的隐忧。皮尤（Pew）中心的民调显示，73%的美国人支持将最低时薪增加至10.10美元。提高最低时薪无疑使低薪群体获益，缓解他们的贫困状况，但同时也会增加失业率，因为企业主必定会采取裁员或减少工时等手段应对，以维持营运成本。

事实上，提高最低时薪的呼声在美国一直此起彼伏。美国的最低时薪无论是纵向还是横向对比都偏低。有调查显示，作为世界上最发达的国家，美国的最低时薪却只能屈居全球第七。《经济学人》（Economist）的最新"巨无霸指数"（Big Mac Index）则形象地表明，美国人现有的最低时薪只能购买1.6个巨无霸汉堡，与法国的2.8、日本的2.7相比差距颇大，甚至比不上中国香港的1.8。国际货币基金组织（IMF）在审视美国的年度经济概况后，也于6月16日建议美国提高最低工资。

奥巴马总统在2014年国情咨文中就强调美国需要提高最低时薪到10.10美元，他于2月签署了将联邦雇员最低时薪自2015年1月1日提高到10.10美元的行政命令；联邦参议院则于5月否决了全面提高最低时薪的提案。类似院会之间不无党争因素的较量角逐，却无法舒缓民生经济现实的困顿。迄今美国38个州已经先后审时度势，将最低时薪标准调到高于联邦标准7.25美元的水平。目前，西雅图所在的华盛顿州，以每小时9.32美元的最低时薪成为工资水平最高的州；加州的旧金山以最低时薪10.74美元，为美国工资标准最高大城市之冠。布鲁金斯学会高级研究员巴利·波茨沃斯（Barry Bosworth）表示，联邦作为一个整体，确应提高最低工资，以避免"就业机会向没有提高最低工资的地方流动"而导致经济不平衡。

经济学家们对是否应调高最低时薪的看法也大相径庭。约600名经济学家（其中包括7名诺贝尔经济学奖得主和4名前美国经济协会前主席）2014年1月联署致奥巴马总统和国会领袖的公开信，要求调高"早已过时"的最低工资。他们认为将最低时薪从7.25美元调高到10.10美元，全美近1700万人可直接提高工资，另外1100万低薪阶层群体可通过连锁反应提高工资。提薪后的低收入阶层会增加消费，对经济产生良性刺激；而雇主则可通过投资机器、稍稍上调商品价格抵消提高最低时薪后的成本上涨。

不看好并且反对提高最低时薪的经济学家也指出，提高最低时薪只是象征性的措施，并不会解决真正的问题。上调商品价格在顾客喜欢廉价商品的特性面前肯定要遇挫；提高最低时薪只能让一部人的口袋多了一些钱，而另一部分人被失业。

类似提高最低时薪的利弊对比的二律背反现象，源于产业转型与创造足够多高薪职位之间的两难境地。金融危机以来的产业结构转型，导致美国大量低薪岗位增加而高报酬岗位减少。每小时15美元的最低时薪标准，对美国快餐业等低薪行业无疑具有里程碑般的特殊意义；西雅图市议会通过每小时15美元的最低时薪法案，也对奥巴马政府推动提高最低时薪至10.10美元的立法努力产生积极意义。自1938年以来，美国最低时薪共计上调28次，大约每3年上调一次；最近一次是在奥巴马总统任内于2009年 7月将6.55美元的最低时薪调高至7.25美元。可见提薪符合与时俱进的历史规律，是工薪阶层应对通货膨胀的起码指望。面对这样的大趋势，究竟是以经济因素主导，还是凭理念因素冲撞争执，亟须厘清矛盾症结后再对症下药。无论是为保护低收入阶层而竭力推动提高最低时薪的民主党，还是视阻止提高最低时薪为调动企业主投资积极性必要手段的共和党，都应该淡化理念因素，消弭党争火苗，平衡经济与政治之间的折冲要害关系，从有利于刺激经济改善民生的大方向寻求合作空间。

2014年是奥巴马"行动的一年"，其重心是推动提高最低时薪、扩大退休金计划、保护工薪家庭的经济安全，让辛勤工作的家庭更有可能获得成功，留住并且吸引更多人才，最终有益于美国经济、维持美国的国际竞争力。提高最低时薪是"行动的一年"之重要环节，借助民意的支持，凝聚经济学界的共识，让党派政治置于民生经济利益之下，寻找一个刺激经济发展平衡各方利弊的方案，将不至于是无法解决的难题。

薪水彰显国情：
清洁工PK飞行员

在美国，各行各业各种不同职务的薪水差异之大，不难想见；但倘若说开飞机的进账还输给清扫垃圾的勤杂工，恐怕没有人会相信。然而事实却的确如此，让人一窥美国社会异样的国情。

当2009年美国Colgan航空公司短途飞机在纽约州布法罗附近坠毁后，《华尔街日报》披露，Colgan航空公司短途飞机的副机长年薪仅1.6万美元。国会得知这个消息后表示极度震惊，查核消息来源，来自美国国家运输安全委员会；而更令人震惊的消息还有，美国地方航空公司飞行员的低收入状况已经持续了几十年，2008年-2010年的金融危机，则导致航空业财政愈益困难，无可奈何之下，压低飞行员的薪水成了一时"行规"。

即使是相对大型的航空公司，其雇用的飞行员新人的起薪也低得令人咋舌。飞行员信息资源网站发布的一项薪资调查显示，西南航空的飞行员第一年最低工资为4万9572美元；收入较低的US Airways的飞行员第一年才挣2万1600美元，而他们每月需飞行72小时，还有比这多得多的时间要花在飞行准备、值夜班和待命上。

看看与资方谈判要求增加薪水的旧金山湾区捷运（地铁）系统，其部分职务最高薪酬（年薪）是多少（括弧所列为包括加班费的实得总收入）：车厢清洁工：5万1923.91美元（6万9077.11）；数钞员：5万3538.42美元（7万9395.88）；文员：5万7114.36美元（5万9254.22）；列车驾驶员：6万1775.91美元（13万6329.85）；站长6万2609.68美元（10万8178.68）。至于捷运总经理的年薪，则超出33万美元。资料源于捷运公司员工薪酬库。

真是"不比不知道，一比吓一跳"，捷运清洁工的薪水都比那些航空公司的许多飞行员高出一大截。事实上，早先"硅谷之都"圣荷西市招聘垃圾清理工，开出的薪酬标准也超过6万美元，这比许多"白领"的收入要优渥得多，也印证职业没有高低贵贱之分，只有薪酬的差异。也许，由于旧金山湾区的生活指数偏高，这样高于全国同类薪水一倍甚或两倍以上的蓝领薪酬，算是异数；但全美航空业飞行员起薪普遍偏低，还是让人诧异摇头。

其实，旧金山湾区捷运的蓝领收入，比之硅谷地区的许多中小学教师薪酬，也还高出一截。近些年，硅谷的教育领域不时爆出教师罢工要求加薪的消息，他们平均4万余美元的年薪实在不敷日常开支，更不必说想用积蓄买房了。鉴于教师外流增多现象，圣荷西市当局近年推动的"可负担住房"计划，就规定必须划出一部分给教师"分享"。但据悉，大多数教师凭自己这点薪水，负担这样的"可负担"房屋也捉襟见肘。与此同时，也有人质疑消防员、警察等职业的薪水普遍高于当地平均薪水标准，且退休后的待遇保障终老受益匪浅，让行外人艳羡不已。譬如旧金山湾区北端一个去年申请破产的小城瓦列霍（VALLEJO），就是因为消防员、警察的薪水开支几乎吞光了财政预算。据称这个不起眼的偏僻小城的消防员、警察收入比旧金山等大都市或富人区的同行都高。也有人辩护说，他们拿生命保一方平安，退休保障优渥些也理所应当。

再说Colgan航空公司短途飞机失事，也引发了旅客对短途区域性航班安全隐忧的质疑。调查这场空难的原因，发现了驾驶员疲劳、缺乏经验及培训不充分等一系列问题。由于机组人员薪酬都很低，他们在出事当天一早赶到新泽西州的纽瓦克机场，驾驶员则从佛罗里达飞来，可能只在空勤人员休息室中小憩，因为他没钱负担酒店费用。

自然，"菜鸟"飞行员更需要获得并积累的是经验，他们为了在未来的职业生涯中赚到大钱而自甘"挨宰"。他们以当下的低薪经年累月积聚驾驶喷气机的时间，只望逐步升到报酬较高的机长等职位，最终能在大航空公司谋职。

以往驾驶宽体式国际航班的机长每月只需飞行几个航次，一年就能赚下30多万美元。不过正如业内的报告所称："经济压力扼杀了这只下金蛋的鹅。"经济衰退、业内竞争等等因素，导致如今也算高薪的机长们，收入也难追早年的水准了。目前大型航空公司的起薪为36283美元，约为许多地方航空公司飞行员起薪的两倍。那些接受减薪而从地方航空公司中跳槽到大型航空公司的机长们，对平均最低工资的预期为165278美元。但大公司裁员比新雇员工更多，意味着小公司机长想跳槽也不容易。国会就此展开调查那些操作30～90人小型飞机的区域性航空公司的安全性。假如低薪飞行员现象的泛滥，换来的是飞行安全的隐患，那真是世人的噩梦！

美国区域性航空公司的飞行业务占了国内航班的一半以上，2007年共有1.6亿人次搭乘区域性航班。事实上，它们是美国密集的"空中巴士"交通的典型服务代表，其飞行员薪酬偏低疲劳过度与飞行安全之间的内在联系，正成为世人关注的话题。

事实上，这类"空中巴士"的飞行员群体，比陆地的大巴士、货车驾驶员的平均4万元左右的起薪，也还显得囊中羞涩。或许说，市场决定一切，陆上、空中都是驾驶员，所在"部落"对雇员的召唤力、付薪水准自成体系，外界也便只有干瞪眼的份儿。美国号称市场经济，但决定薪酬高低的，往往还有非市场因素，如某些行业强大的工会起作用，以至美国部分蓝领薪水高于一些白领，看似多少是社会分工的时尚展现，实则是工会在那儿坚守地盘。譬如如今渐已沦落的底特律汽车制造业的那些汽车组装工，他们以往的薪水和福利就不是4、5万元年薪的小白领可比肩的。

归根结底，倘若报酬的高低，最终会以安全、健康、生命为代价指标，那也不免太离谱，甚至太吓人。

美国最受尊敬的职业

——消防员

　　数千同僚从全国各地赶来献上致敬，成千上万的民众云集庄重肃穆的礼堂倾洒深情热泪，巨大的国旗被云梯张挂在城市的上空，城市中心主要街道交通管制……如果这是一两个人的葬礼，谁有资格享受这几乎等同于伟人名人葬礼甚至国葬礼的殊荣？

　　答案只是普通的消防员，只因为与火灾搏斗而献身，成为万民尊崇景仰的英雄。

　　这样的场景其实在美国大城小镇都可能出现。2011年5月10日，旧金山市就弥漫了如此令人动容的人间温情。数千来自全美各地的消防员代表和本地同僚、市民代表聚集在圣玛丽大教堂，为2日在市区一场火灾中相继殉职的两名消防员(48岁的佩雷斯和53岁的瓦莱里奥)举行隆重葬礼。教堂外的场面也颇为壮观，在大教堂所在大道上，一面巨大的美国国旗被两辆消防车的云梯架起，蔚为壮观；数千消防员与警察列队，与在街道上观礼的人群静静恭候运载两位殉职消防员的消防车缓缓行进而来，棺木上端放着消防头盔和逝者的徽章；……加州副州长纽森、旧金山市长李孟贤、消防局局长怀特等政要出席葬礼，与民众一起聆听牧师感人肺腑的悼词："(怀念)消防员所做的一切，他们生活在一起，一起笑，将生命和死亡连在一起。有时候我们一同死去，有时候我们一同被埋葬，而今天，我们一同悲伤……"

美国历年来都不乏"最受尊敬的职业"民意调查，近些年位居盖洛普、CNN和《美国新闻和世界报道》杂志民调排行榜榜首的几乎都是消防员。某机构一次民调结果显示，在最受人尊重的职业中，消防员名列榜首，而总统则排在第26位。

在美国各地，消防员不仅要救火救灾，即使是发生交通事故，或者是心脏病突发需要急电911报警，无论是市镇街巷还是高速公路，也不管是在家里还是乡野，接到报警后，消防车、救护车都会和警车一样风驰电掣般赶赴现场救援。消防机构甚至还承担类似民间保姆的职责，譬如可以在72小时内依法接收并短暂护理单亲妈妈(少女妈妈)遗弃的婴儿。消防员被民众信赖的程度始终高于其他公职人员。

统计资料也披露，在美国各类频发灾害事故中，因火灾死亡的人数位居第三(第一是车祸，第二是各类犯罪活动)，每年由火灾造成人员、财产的损失巨大，其中不乏在救火现场牺牲的消防员，被大火烫伤、炙伤的比例更高。经历了"9·11"恐怖袭击事件后，美国人民更是随时随地都可能称呼英勇献身的消防员为"平民英雄"。《云梯49》等有关消防员题材的好莱坞电影问世，各地殉职的消防员、警员都被人们和当局铭记，在重大纪念日里追思怀念。在旧金山2008年4月9日举行北京奥运会火炬接力传递的火炬手中，一位亲身经历过"9·11"事件的退休消防员里克·多兰奋力跑上343步，为的是代表并纪念在"9·11"事件中牺牲的343名消防员。

消防员的薪资福利待遇相当不错，不仅超越蓝领阶层，比之一般的白领甚至科技界打工族，也算优越。因此在政府埋单的公务员薪酬支出中，消防员、警察通常都占较大份额，倘若是财务状况欠佳的小城市，那就难免会遭遇麻烦。譬如北加州只有12万人口的小城市瓦烈霍市(Vallejo)，从2008年起到2011年，一直挣扎在破产的悬崖边(该市在2008年5月根据美国破产法规定申请破产保护)，其中很大因素是该市的消防员和警察的开支消耗掉全市五分之四的财政预算。为了应对财政赤字，瓦烈霍市不得不关闭三个消防站，并且裁掉40%的警察。据悉，该市98名消防员的年薪(含福利)超过10万美元，另有10名超过20万美元(包括超时工作薪水)，比旧金山市的消防员平均收入还高。而美国地方公立大学一位普通教授的年薪，不过4、5万美元而已。

当仇恨携手枪支

2014年5月27日，加州大学圣塔芭芭拉分校2万师生与民众举行隆重的追思会，整个加大系统校区当天也降半旗，向5月23日遭到凶杀的六名学生致哀。受害人家长呼吁让仇恨随风而去，但不能容忍类似案件再度发生，他们强烈谴责漏洞百出的枪支法。

22岁的"处男杀手"艾略特·罗杰（Elliot Rodger）在其深思熟虑后实施的杀戮之旅，导致六位无辜者遇难。据《纽约今日新闻》分析，种族主义可能是导致罗杰大开杀戒的因素之一。罗杰在自己披露的十万余字自白书里写道："为什么一个丑陋的劣质的黑人男孩能够约到白人女孩，而我却不能？我很漂亮，我一半是白种人，我是英国贵族的后裔，而黑人则是奴隶的后裔，我应该得到更多！"

父亲是英国人、母亲为亚裔的罗杰，有一半亚裔血统，却将自己定位为白人。罗杰不仅因为曾经一厢情愿搭讪遭到女孩拒绝而仇恨那些漂亮的白种女孩，也仇恨几乎所有男性有色人种，甚至还计划杀死6岁的弟弟，只因嫉妒弟弟长大后更招女生喜欢。

生活在自己不切实际的胡思乱想世界里的罗杰，似乎陷于心理健康困扰已久，当仇恨的种子在心头生根发芽，罗杰开始收购并且轻易获得了一批武器和弹药。据警方公布的信息，犯罪嫌疑人作案时手中共持有4把枪，车中藏有超过40匣子弹。调查证实，这4把枪均由嫌疑人本人合法购买并注册。其中第一把格洛克34半自动手枪，是罗杰于2012年11月在离自己公寓仅几英里的戈利塔山谷枪支弹药店（Goleta Valley Gun and Supply）购得，花费了700美元。这是一把被罗杰视为"高效、高精确度的武器"。

在题为《我的扭曲世界：艾略特·罗杰的故事》（My Twisted World: The Story of Elliot Rodger）的自白书中，罗杰披露那次买枪"行动很快，很匆忙"。而他那时感觉到了一种新的"权力感"，"现在谁是老大？"

在罗杰实施仇恨犯罪作案的24小时之前，他还将一系列视频上传到youtube上，其中最后一个视频题为"艾略特的惩罚"。在那6分钟的视频中，他面对镜头倾诉自己心中的痛苦：过去8年中，从未有女孩对他示好，从未交往过一个女孩，从未亲吻过一个女孩，进入大学两年半还一直是处男。这种被异性的否定使他痛不欲生，也导致他无以复加的仇恨与报复："你们否定了我，我也要否定你们。这样是公平的。我恨你们"、"人类是恶心的可怜的丧失理智的物种，若我有能力，我会毫无保留地毁灭你们，直到尸骨如山，血流成河"、"你们从未怜悯过我，我也不会可怜你们。你们使我痛不欲生，现在我要使你们痛不欲生。我为这一刻等了很久，我要给你们当得的报应"、"我得不到你们的爱，我就要毁灭你们"。

这是何等令人心寒的仇恨，几乎每一句话都浸透了杀戮与毁灭！如果不是5月23日的杀戮变为事实，谁能够把这些血淋林的话语与自诩为"精致的绅士"、戴阿玛尼墨镜、开宝马车的罗杰联系在一块？

由于其母亲担忧他因心理问题可能自杀，当地七名警察在4月30日就曾经出现在罗杰的公寓门前，觉得他虽然有点古怪，却彬彬有礼。他们因此也没有进一步搜查武器的合理理由，当然一开始就没有搜查令。

在文质彬彬、应对有礼的表象掩盖下，罗杰内心的仇恨世界没有被善良的人们所察觉，而当仇恨携手轻易得手的枪支，一场势必震惊整个校园、社区乃至全社会的枪杀事件，就难以阻挡了。

这起枪击案发生后，人们质疑当局是否漏掉查验潜在的危险，质疑警方对罗杰曾经面对面的察看是否纯属走过场。然而，在罗杰主动披露自白之前，美国的社会规范和法律又怎能奈何一个心理扭曲而又内敛的普通大学生呢？

虽然联邦法规禁止被强制接受精神病治疗的人拥有枪械，而更严厉的加州法律规定如果个体被认为对其自身或其他人构成了威胁，并被强制扣留接受精神病观察，或是向有特许执照的精神病治疗医师表现出了严重的针对某个或某些人的暴力威胁，精神病治疗医师必须向执法部门报告，相关个体也会受到临时禁令的管制。由于罗杰之前从未表现出"对自己或其他人构成了威胁"的迹象（圣巴巴拉县警长比尔·布朗语），这一切法规便只是形同虚设。

似乎还是要回到"枪文化"与"枪支管制"的话题，几乎每一次特大枪击案爆发后，美国社会都会再度产生是否禁枪或者严厉管制枪支的争议。

200多年来，美国"枪文化"渗透到新大陆每个角落每个家庭，流布着极其复杂的历史情结和人为情感因素。有人相信："枪支是秩序的象征和保守主义的图腾"，还有人认为："枪支是公民权利的最后一道屏障"；甚至崇尚持枪自重就是美国精神。

势力极广、权力无边的美国步枪协会声称"枪不杀人，人杀人"，但当一个失去理智和正常社交沟通能力的人，手握一把甚至多把弹匣满载的手枪，是多么凶险地助长了"人杀人"的气焰？难怪罗杰得到他第一把枪时会油然而生一种"老大"的"天下舍我其谁"心态。

据美国司法部估计，美国私人共拥有2亿3500万支枪，几乎人均一支。美国南部70%的家庭有枪，德克萨斯州更是平均每个家庭有4支枪。美国社会平时有将近2亿把枪在流通。官方公布的统计数据披露，近年来美国每年大约有10万人无辜遭到枪击，其中近3万人被枪打死，平均每天死在枪口下的无辜者近百人。统计显示，美国枪击致人死亡案件频率是发达国家的15倍。

宪法规定拥有和携带枪支的权利与言论自由一样，已被视为最基本的人权之一。这使得禁枪或严管枪支的立法声音，在被视为"权力第四极"的美国步枪协会面前终归疲弱和徒劳，几乎所有的政客都小心翼翼甚至不敢轻易对此提出挑战。每年的大选年早已表明，全国步枪协会在美国政坛呼风唤雨的能量早已令华盛顿的政客们噤若寒蝉。与此同时，以维护个人自由和安全为由的持枪权利，同样也令美国社会日益陷于安全没有保障的氛围，这是多么可怕的悖论与现实！

而当罗杰开着宝马车疾驶在圣巴巴拉校园街头挥枪狂射之际，这样一幅画面似乎印证：美国这个"载在车轮上的国家"，几乎也是"被枪支托起的国度"。当如此疯狂、令人窒息的画面定格，我们需要退缩、回避还是反思？

2013年1月16日，鉴于一个月前康涅狄格州桑迪胡克小学发生的恶性枪击事件震动全美，奥巴马总统在白宫公布全面控枪对策，同时呼吁国会采取行动，禁止攻击性枪支与大容量弹夹销售、对所有购枪者实施背景检查。随后，康涅狄格等少数州陆续通过地方控枪法案，但控枪立法在联邦层面遭遇的阻力丝毫没有减弱，2013年下半年以来更陷入停滞。一系列社会现象更耐人寻味。就在奥巴马宣布控枪举措后，全美各地买枪者人数倍增，一些枪店的"攻击性武器"枪种售罄，买家需等待一年才能到货。2013年，全国步枪协会成员猛增25万名。2014年，面对美国国会中期选举，两党竞选加剧对立，更添控枪立法阻力。奥巴马因此也强调说，不要忘记"真正的改变并不是来自华盛顿"，而是来自美国民众。唯有美国民众携手共同推动控枪立法，才有可能改观当今的美国"枪文化"。

在圣塔芭芭拉加大校园的追思仪式上， 发言者不约而同地问道：为什么会发生这种惨案？遇害学生迈可斯-玛蒂尼斯（Christopher Ross Michaels-Martinez）的父亲玛蒂尼斯（Richard Martinez）代表受害人家属发言时说，惨案发生后，曾有国会议员打电话向他表达哀思，但他回答说，除非这位议员能采取行动阻止同类案件再度发生，否则他无法接受议员的哀悼。玛蒂尼斯说，不能容忍类似精神有问题的这种人持枪杀人案成为常态。他在追思会上数度带领2万余师生一起高呼："不能再有下一次！"

如此发自万人且代表亿万人的心声，政客们会听到么？国会议员们会听进去么？在严控枪支还依然艰难卓绝的立法途中，至少应该而且可以切断仇恨与枪支之间的联系，切断精神疾患与枪支发生交集的渠道。

枪械管制面面观

"避免枪枝暴力法律中心"（Law Center to Prevent Gun Violence）近期发布的研究报告指出，枪械严管的州，枪械死亡率较低，反之则高。夏威夷州、麻州、罗德岛州、纽约州、新泽西州和康乃狄克州在全美枪械管制属于最严格之列，因枪致死率也最低。相反，阿拉斯加州、路易斯安那州、蒙大拿州、内华达州、亚历桑那州、新墨西哥州、怀俄明州、田纳西州、阿拉巴马州和密西西比州等因为枪械管制法宽松，因枪致死率也最高。

相对而言，枪支管制最严的是新泽西州。新州居民如果要购枪必须要申请一个叫FIREARM ID CARD,这个卡要到你当地的警察局申请，还要打手指模，并且需要有两个非亲属的担保人，警察会打电话甚至面约、询问担保人。警察局通常审批超过几个月甚至一年，这个卡只准买步枪，但AK47这些枪械就完全排除在外；而想买手枪还得申请PERMIT,一个月只准买一把手枪。

加州、纽约州都规定私人不得拥有自动武器，内华达州、亚历桑那州、德克萨斯州、肯塔基州、佛罗里达州则是几个私人可以拥有自动武器的州。

加州的枪支管制或许介于上述两端之间，但漏洞也不少。加州参议员余胤良新近所提出的SB47法案，主要是禁止半自动武器如AR-15s和AK-47s等装设子弹按钮及磁铁，使枪支连续发射子弹，并禁止使用附加的高容量弹匣。

纽约州入榜全美枪械管制最严格州之列，其实主要是纽约市管制得相当严。在纽约州，各式各样的半自动步枪并不列入管制，但在纽约市就完全不容忽略，半自动步枪如果有突出的手枪把、弹匣容量超过五发、枪口制退器、刺刀座、榴弹发射器，甚至有节上护盖、折合式枪托等特征，就列为非法。比照这一规定，所有的M16、M14、AK、SKS类型步枪都属于非法。

联邦国会近百年来对枪支管制的立法，主要有：1934年国家枪械法案（NFA，National Firearms Act）、1968年枪械管理法案（1968 GCA，Gun Control Act）、1986年枪主保护法（GOPA，Gun Owner's Protection Act）、1994年罪案防治法案(Violent Crime Control and Law Enforcement Act of 1994) 以及布来迪手枪暴力防制法(Brady Handgun Violence Prevention Act) 又称布来迪法案（Brady Law），1994年2月28日生效。这些法案一次比一次严，一次比一次广泛。尤其是1994年通过的两项立法，可以说是管得最细也最严苛的法令。

客观地说，联邦枪支管理已形成比较完善的系统，主要体现在买新枪上。差别在于各州各市的法律。从持枪证的有无、申请，批准期限、二手枪买卖（尤其是私人间交易），最严的是伊利诺州（特别是芝加哥市）、加州、麻州、新泽西州、纽约（特别是纽约市）等，最松的是亚利桑那州、佛蒙特州、阿拉斯加州等。

前述"避免枪枝暴力法律中心"关于枪械严管的州枪械死亡率较低、反之则高的研究，在现实中则也往往遭遇仿佛是"悖论"的尴尬，枪击案死亡率和黑枪率偏高的一些地区，多半出现在前一类所谓管制严厉的州里。2012年12月发生的全美第二大校园杀戮案所在地，就是枪械管制趋严的康乃狄克州；加州、纽约州的枪击命案率也不低。芝加哥从1986年起立法不允许私人拥有手枪，号称"无枪市"；但芝加哥的黑帮分子人人有枪，连十岁小孩都有枪，是美国枪械犯罪最严重的都市之一。旧金山全市仅一家枪店，比许多小城镇的枪支交易点都少，但旧金山每年暴毙于枪弹之下的冤魂也不少。这说明还是"人的因素"第一，那些防不胜防的案犯可能随时随地产生作案动机或者，其或者早就备好作案枪械，或者临时设法搞到武器也绝对不会太难。

美国的立法往往还存在某种异常现象，即联邦部门能够监管那些维持生命所需的设备，却无法监管能够致人于死地的设备。国会在1972年成立了消费者产品安全委员会，有权监管玩具枪，却无权监管真枪。武器由美国财政部所辖的烟酒枪械管理署负责监管，但该署只是有权执行现有法律，无权实施新的安全标准。美国三权鼎立互相牵制，却迄今无法保护公众免遭枪支暴力的袭击，实乃美国民主自由社会的一大讽刺。在枪支管制这样屡败屡战这样单一的立法较量中，倒是一直存在比当前"财政悬崖"更危险的"枪管悬崖"，多数民众反对枪支暴力的呼声年复一年，依然处于弱势地位；一意孤行的少数拥枪自重派则可以凌驾于多数人的意志之上，凌驾于立法机构之上，就是"枪管悬崖"危机久拖不决的微妙现实，也是美国每一个生命迄今都难免无时无刻可能面临枪击的难解困局。

美利坚新大陆，这片神奇而生气勃勃的大地与天空，由于枪支泛滥而阴魂不散。枪击案在全美各地无日无之，人们司空见惯，却为何任由悲剧一次又一次发生？

这真是悲哀的现实，是枪支泛滥积重难返的现实，是拥枪权力过于强悍膨胀的现实，也是政客各有心计政治利益至上的现实，更是一个全球民用枪支拥有率最高国度、也是全球枪支犯罪率最高国度的现实。

总人口3亿多的美国人拥有约2.7亿私人枪支，遍布全国大城小镇的枪械销售店十几万，超过加油站。自1968年马丁·路德·金被枪击暗杀，美国已有超过100万人死于枪击事件。也就是金博士遇刺案件激发枪支管制话题成为美国社会政治的热点，美国历届政府以及各州政府面临社会的压力，也不得不在枪支管制方面开始立法。但迄今所有的枪支管制立法都不无偏颇漏一挂万，以致科州影院"黑骑士"枪击案凶嫌——一个心理不健全的人——都可以轻而易举地合法获得大量强杀伤力枪支弹药，又如何制约、阻止血案的发生呢？官方的立法面对全国步枪协会（NRA）等强悍拥枪权益团体，可以说相当疲软了无建树。NRA则充分捍卫并扩展美国枪文化的内涵和民权自由，逐渐从一个普通的枪支爱好者俱乐部转化为世界上规模最大势力最强的反枪支管制政治团体。

其实，拥有数百万会员和雄厚资金的全国步枪协会，也深谙利用法律的招数，在大选中不惜撒大把金银收买选票，竭力助选支持拥枪者。在2000年的国会中期选举中，99%NRA支持的选举人赢得了胜利。自20世纪70年代起，NRA每年都在其电台电视台呛声力挺反枪支管制的总统，尼克松、里根、老布什、小布什这些反枪支管制者或者NRA的会员，也均受益上台，当然也要替拥枪权利辩护了。

世

相纷纭

跳出"愈反愈恐"的怪圈

弹指一挥间。"911"恐怖袭击事件已经过去13年了，数千人伤亡，纽约世贸大厦双子星楼这一地标建筑轰然倒塌，在美国大地和美国人心里烙上了巨大的创伤，至今都难说完全痊愈。而美国自2001年"911"之后戮力打击恐怖主义的行动，在海内外到处出击，除了先后俘虏萨达姆、击毙本拉登之外，也难说取得里程碑式的胜利。

美国因反恐掀起的伊拉克、阿富汗两场战争，意图先发制人的效果始终不理想，"基地"组织和塔利班的幽灵迄今仍然游荡在中东地区，几乎逆转美国及西方战略利益的局面。2013年4月在伊拉克成立的"伊斯兰国"组织(ISIS)，由"基地"三号人物扎卡维创立。这一新恐怖组织填补了萨达姆政权被美军推翻后的空白，势力横跨伊拉克叙利亚两国大片领土，并吸收来自欧美的"圣战者"加盟，比"基地"组织更危险更难扫荡。一年多来，"伊斯兰国"勾结各方势力，动摇伊拉克与中东局势，衍化为美国与欧洲遭遇恐怖攻击的威胁源头。当全称为"伊拉克和黎凡特伊斯兰国"的这一恐怖组织为报复美军空袭，而于2014年8月19日在网上公布了处死美国记者的录像后，"人质危机"（仍有十余名美国人质被ISIS控制）不仅导致美国民众对恐怖袭击的恐慌程度超过"911"以来最高水平，也直接威胁着美国的安全。

因外交政策支持率屡创历史新低的奥巴马总统，面对伊斯兰国的暴行终于无法安之若素，于9月10日宣称对伊斯兰国宣战并且宣称将扩大空袭至叙利亚，除了展开有系统性的空袭行动外，也不排除加强地面攻击，誓言"削弱并最终摧毁"（degrade and ultimately destroy）这一恐怖组织。回首13年来的美国乃至全球各地都不同程度陷入"愈反愈恐"的现实，当一部分美国民众为总统"终于强硬"向伊斯兰国宣战而喝彩时，也有一部分美国人忧心忡忡美国再陷"战争泥潭"而难以自拔。

"愈反愈恐"的现象确乎在全球各地都有展现：2012年美国驻班加西领事馆遭袭，2013年波士顿马拉松赛发生爆炸案，恐怖主义的魔爪不仅再度肆虐美国本土，也蔓延到世界各地。针对中国制造恐怖袭击事件的疆独分子和"东突"恐怖势力，接受基地组织和塔利班训练，多年来已在新疆等地阴谋发起了多起惨绝人寰的恐怖袭击事件。而中东、非洲甚至俄罗斯等地的恐怖袭击事件也此起彼伏，恐怖主义组织在一次次杀戮行动中继续坐大，给各国人民和政府带来无穷的威胁与麻烦。这些现象既说明恐怖主义的无孔不入难于剿灭干净，也说明单靠美国一己力量反恐乃疲于奔命，收效甚微。

美国总统国家安全事务助理赖斯9月9日访问北京，与中国领导人商谈请求中国协助奥巴马建立多国联盟，以打击极端组织"伊斯兰国"(ISIS)，并希望中方加入打击"伊斯兰国"的行动努力。据称，美国虽然没有收到北京将参与打击"伊斯兰国"联盟的承诺，但中国对此"感兴趣"。在美国决策层看来，打击"伊斯兰国"已然成为美中两国最新的"潜在共同利益点"。建立国际联盟的目的是"确保我们不仅仅依靠美国的军事力量"。

"愈反愈恐"的现象令美国民众感同身受的，莫过于自"911"以来的各地航空港安检制度，从脱鞋、卸腰带、禁带水瓶到各种仪器扫描，诚惶诚恐也不胜其烦，牺牲了诸多个人隐私。美国当局借反恐而加大情报搜集与信息监控的力度，也间接或直接干预侵犯了美国人视为至尊的民权与自由。据悉，"911"事件发生后，美国新成立或重组的情报组织至少达263个，共有1271家政府机构和1931家私企在全美国各地大约1万处地点从事与情报、反恐和国土安全相关活动。2013年斯诺登披露的文件及其流亡事件，似乎也让世人一窥美国情报活动覆盖之深广，政府监控的视角无处不在，人民的日常生活也被干扰被侦查，个人隐私无处藏身，由此而起的不安全感弥漫全社会。

最不可理喻和尴尬的是，2014年5月15日，坐落在纽约原世贸大楼遗址旁的美国"911"国家纪念博物馆在细雨蒙蒙中揭开面纱；虽然奥巴马总统在开馆典礼上称博物馆为"神圣之地"，并强调恐怖主义行径无法击垮美国的力量和精神，但这个"神圣之地"迄今并没有在多数美国人心中激荡起精神力量，在"愈反愈恐"的怪圈效应和"安全大于隐私"的现实举措面前，美国人一贯崇尚的自由、民主、捍卫和平、遏制邪恶的精神，似乎难以完全彰显。没有如当年发生"911"事件之际那般燃烧起全民同仇敌忾的精神气，也没有再现全国上下戮力同心抗击恐怖势力的精气神，有的只是游离于事态之外的漠然，只是对今天和明天生活的忧虑与不安。这样的情绪弥漫，实在很悲催，却不应该是反恐的直观效果。

微妙的美国种族关系

《纽约时报》2014年9月2日一篇文章披露的信息令人讶异，称皮尤研究中心（Pew Research Center）最近的一项调查显示，众多白人受访者认为种族问题得到了"过分多的关注"。许多白人说自己"受够了"有关密苏里州小镇弗格森黑人青年迈克尔·布朗(Michael Brown)被枪杀事件的报道。连Fox新闻频道(Fox News)的比尔·奥赖利(Bill O'Reilly)也表现出了类似厌倦："你听到的都是委屈、委屈、委屈，钱、钱、钱。"

文章驳斥这种"自鸣得意的白人错觉"时指出，应该更关注种族关系，而不是减少关注。"我们美国白人首先应该放下任何有关种族进步的自鸣得意。（种族关系）是有实实在在的进步，但也同样有实实在在的挑战。这些差距要求对国民灵魂展开一场痛苦、深刻的发掘，而第一步便是承认美国时下主要的种族挑战，并非白人的苦难。"

复杂的美国种族歧视问题，根源可追溯到制度化种族主义。早期绝大多数黑人因肤色被剥夺了享有与白人同等待遇的权利。从20世纪40年代中期杜鲁门总统任内，美国当局开始谋求为黑人权利立法，到60年代约翰逊总统执政时期，从法律上取消了种族主义。然而半个世纪过去了，今天的美国，虽然"合法"的种族歧视与隔离被取消了，但"黑人是二等公民"之类的歧见仍大有市场，隐形的歧视遍布各个领域和角落，多数白人和黑人依然选择在相互隔离的社区生活。看看那些层出不穷的美国最富裕社区、最佳宜居城市排行榜，当作"亮点"标注的就不乏其中白人、黑人居民比例的悬殊，实际上是选择性种族隔离下日益扩大的贫富差距的终极展现。

尽管如今的美国早就选出了一位非洲裔美国人总统，黑人和其他所有少数族裔的民主权利的彰显与普及，也不失为历史的最佳时期，但不同形式的种族歧视不时顽固地冒头，每每演化为炙烫美国人神经的事件。

就某些表象看来，譬如各档电视中的脱口秀节目，往往竭尽嬉笑怒骂冷嘲热讽之能事，常常拿亚裔开玩笑，有时也会开涮白人议员甚至部长、总统，却不敢碰黑人，这情形是很微妙的。自马丁·路德·金带领黑人族群争取捍卫平等自由权益以来，美国黑人的政治地位在明面上委实大大提升，但经济实力的弱势与差距又加剧了社会隐形的歧视与不屑。

2011年的人口普查数据显示，美国普通黑人家庭的净资产为6314美元，而普通白人家庭的净资产为11万500美元。过去十年，两者之间差距加大；如今黑人和白人的收入差距几乎比1967年高出40%。美国现在不同种族之间的财富差距，比南非在种族隔离时期的水平还严重（美国白人的财产几乎是黑人的18倍，而1970年的南非，这一比例约为15倍）。黑人所拥有的总体财富仅为全美国的2.7%，白人则占有全国88.4%的财富。这种不公平的现实，客观上为根深蒂固的种族矛盾和种族歧视现象推波助澜。

美联社2012年的一项民调显示，51%的美国人有歧视黑人的心态，比2008年48%的数字提高了3个百分点。美国皮尤研究中心的调查则显示，有近三分之二的美国亚裔感受到种族歧视问题，其中华人受种族歧视的感觉最为强烈，有72%的华人认为存在或遭遇种族歧视问题。而问题的另一面则更微妙，即多数华裔在对待黑人的态度与交往中，总是自觉或不经意间流露出与白人一样的态度，自视甚高，不屑与黑人为伍。在遭遇歧视的同时，又歧视他人，实在是很悲催的现象。

有"多民族大熔炉"（A Big Melting Pot）之称的美国，堪称全世界接纳各国移民最多也最宽容的国度，不同族裔之间在肤色、文化等方面的差异原本是社会多元化的优势，千万不要因为心理因素或者经济地位差距而形成负面的作用。不同族裔在"大熔炉"的同一空间生存的状态下，更须铭记人人平等的理念，摒除各类偏见，努力填补观念和政治、经济地位的鸿沟，真正融合一体，同为平等的公民。调查数字显示，少数族裔正逐渐成为美国社会人群主体。1960年，美国人口的85%是白人，预计到了2060年，这一比例将缩减到43%。美国早已从一个"黑白分明"的国家，变为"彩虹色的"人口分布新大陆。如果了解皮尤研究中心今年两年前发布的《下一代美国人》调查研究报告中的以上数据分析，知悉种族数据将更趋多元，甚至颠覆固有"少数族裔"的定义，那么今天不同族裔各自存在的自得或者自卑岂非应该灰飞烟灭？！

弗格森骚乱折射
美国社会严峻态势

骚乱、宵禁、派驻国民卫队、防暴警察与民众激烈对峙……继2014年8月9日密苏里州圣路易斯郊区发生黑人青少年被警方开枪击毙事件一星期后，鉴于冲突持续升级，乱象不止，密苏里州州长尼克松宣布圣路易斯郊区进入紧急状态，事发小城弗格森（Ferguson）午夜起实施宵禁。

爆炸、抢掠不断、燃烧瓶PK催泪瓦斯、装甲车开上街头，AR—15型狙击步枪指向和平抗议示威的民众……这些画面使得美国中西部小城弗格森看起来更像是一个恐怖的伊拉克战场。一名18岁黑人青年布朗(Michael Brown) 遭警察击毙的事件，不可收拾到如此地步，美国正重现自上世纪60年代以来规模最大、时间最长的城市警民冲突和骚乱，引发全世界关注；也燃起了纽约、华盛顿、芝加哥、洛杉矶等近百个美国城市的抗议怒火。其症结是源于黑白隔离、种族歧视的不公正不公平，并借此呼唤和推进司法公正。

弗格森骚乱折射出美国频频出现的典型种族歧视现象，即非裔（或其他有色人种）遭遇白人警察过度暴力执法。虽然遇害黑人青年究竟是在怎样的情况下被警察开枪击毙，还有待进一步调查厘清，但现状已经难以平复当地乃至全美非裔族群的愤怒。在一直都存在被压抑情绪、被过度执法的当地社区，这样的突发事件便容易衍化为导火索，最终不断蔓延酿成骚乱和抗议的熊熊烈焰。

据报道，位于密苏里州圣路易北郊的小城弗格森市是个"三不管地带"(Unincorporated area)，2.1万人口中69%为非洲裔，而当地权力机构则由白人主导，市长和警长皆为白人，七名市议员中仅有一名非裔。今年初，七名成员皆为白人的当地学区委员会解除了一名非裔督学的职务，也曾引起社区族群的愤慨。弗格森警察中50名是白人，仅3名为非裔，非裔民众如同活在"警察国度"，被警察骚扰是家常便饭，非裔驾车时被警察拦截的概率也极高；非裔权益遭漠视积怨甚深，终于在布朗事件中被激怒爆发。隐藏很深而又根植全社会的不公平因素，一旦被隐含不公正执法因素的案件触发，极易导致种族矛盾白热化，这是弗格森骚乱给全美国的一个教训。或者说，全美各地依然严峻的种族歧视态势因为弗格森骚乱而再度明朗化，激起了各地的强烈关注和反弹。

由于事件挑起美国最敏感的种族冲突神经，正在休假的奥巴马总统特地召开媒体发布会，强调现在是疗伤止痛的时刻，弗格森市应恢复平静，就事件展开公开透明的司法调查，以伸张正义。

弗格森骚乱事件同时也刺痛美国人大脑中潜存的另一根敏感神经，即在试图平息骚乱的过程中向平民使用致命性武力的危险。当局动用了军事级别的武力压制抗议种族歧视、暴力执法的民众，是这个三权鼎立的民主国家的人民尤其难以接受和容忍的事实。高度军事化的警察，狙击手就位戒备，装甲车顶配备的重武器瞄准人群，发射催泪弹、烟雾弹……这些持续多天的"平暴"场景，不能不让身处任何地方的美国人吃惊、愤怒。对警察军事化忧心重重的人士与担忧警方陷于种族偏见深渊的人士由此加深共识，坚信在反对种族歧视的同时也必须警惕诉诸武力和暴力的执法行动。

"过度使用武力"的警察军事化干预引发社会更大的反感与抗议，国民卫队的介入也无济于事。被奥巴马总统派去调查的司法部长霍尔德说，当我们寻求重建执法部门与民众互信之时，当地警方部署重型军事装备的情景发出了一个矛盾的信息。包括密苏里州在内的多个州的两党联邦参议员几乎也都发出了相同的声音："我们必须让警察非军事化。"

事实上，自"911"事件后，以"反恐"之名强化全美各地警方军事化装备，已成为地方政府无限扩张权力的象征之一。密苏里州圣路易斯县警方迄今已为购置军备耗费940万美元，其中包括花费360万美元购置两架直升机、夜视照明及其他装甲车辆。美国国土安全部也为弗格森市警方购置装甲巡逻车拨款36万美元。美国司法部2013年一份报告透露，全美各地近400个警察局和上百个机构利用联邦政府拨款购置了橡皮子弹和催泪瓦斯。五角大楼还将"过剩的"机枪、装甲车、飞机及其他装备武装地方执法机构。

尽管奥巴马总统已经发话谴责警察过度执法，司法部长霍尔德已下令联邦调查局介入当地调查，但弗格森骚乱事件的根源和要害是深层次的种族歧视、黑白隔离问题，既非警察过度执法可以平息，也非公布调查结果就易于结案，须得全民共同反思，遏制、杜绝种族歧视劣根性，寻求族裔相处社区和谐之道，共同推进司法公正。在这一议题上，作为少数族裔的华人也不能置身事外。

歧视性把戏正未有穷期

　　当福克斯（FOX）电视台评论员贝克尔再度以"中国佬"(Chinamen)这样的称呼侮辱包括海外华人的中国人时，他并没有标新立异创造任何纪录，他只是在重复着他的前辈、同侪最无聊的话语，做着与其身份、工作岗位不匹配的事，当然也证明了那些丑陋的美国人玩弄的歧视性把戏正未有穷期。

　　从CNN到ABC，从CBS到FOX，几乎主要的美国电视媒体以及他们的子媒体、地方台，隔三差五地总有那些支持人、评论员借口某些话题，甚或以"脱口秀"的形式，状似玩笑幽默的口吻，发泄他们内心深处的歧视乃至仇恨的心声。

　　福克斯于2014年7月10日播出的"五人谈"(The Five)节目中，贝克尔说，"中国人是美国国家安全的最大的单一威胁……你知道，我们做了什么吗？像往常一样，我们把他们带到了这里，教一帮中国佬(a bunch of Chinamen)——哦，错了，中国人(Chinese people)，如何使用电脑。他们回到中国后就黑客我们。"贝克尔继续大放厥词说，"他们那么多亿人啊，都想黑我们。还发过来那些破玩具，统统都含铅，害死我们的孩子。"这也并非贝克尔第一次诽谤中国人了。2013年他就在节目中调侃道，"游泳以后，我的眼睛爆开来，让我看起来像东方人(Oriental)。"以此讥讽中国人都是"爆小眼"。

人们记忆犹新的是，美国主流电视台等媒体近十来年内都不断曝出侮辱甚至谩骂中国人（华人）的事件，俯拾皆是。2001年7月，美国全国广播公司（NBC）的《奥布赖恩深夜秀》中，就出现了对华人不乏侮辱性的称呼：中国鸡 "Chink"。节目中，喜剧演员西尔弗曼跟主持人奥布赖恩说笑道，她已收到要担任陪审员的通知，却不想履行职务。西尔弗曼说："我的朋友便说：'为什么你不在表格上胡乱填一些东西，比如我讨厌那些中国鸡，但我不希望别人以为我是种族歧视者，于是填表格时，我就会填说我喜欢中国鸡'。""Chink"这个词在英语世界中使用相当普遍，还有"斜眼怪"的意思，源自早期美国白人对中国人的印象：都长着一对45度斜眼（slant eyes），slant（斜眼）也成了跟眼睛形状有关的歧视语。"Chink"的形容词则是chinky（中国味的）。这些词也用于其他东亚人身上。节目中这番道白反映出潜藏于美国社会部分人士内心的种族歧视，而《奥布赖恩深夜秀》这样的节目居然任其泛滥，推波助澜。

2006年11月6日，美国广播电视新闻公司MSNBC的知名主持人艾莫斯在其《清晨艾莫斯》节目中，也借时事新闻大做文章。当播音员麦考德播报了一条关于中国人的肥胖现象新闻时，艾莫斯突然问现场嘉宾见过"肥胖的中国佬"(fat Chinaman)没有？并不断重复"Chinaman"一词，令人愕然。

2007年4月5日，哥伦比亚广播公司（CBS）旗下"狗窝广播秀(The Dog House with JV & Elvis)"也借故侮辱华人，在播出的"中国食品"环节中，主持人杰夫假称自己订餐而致电一家中餐馆，在整整6分钟10秒的"订餐"过程中，尽情侮辱不明真相的三位华裔接待员、侍者，除了一直以"中国佬"

（Chinaman）称呼之外，还夹杂一些极其不雅的语言和内容，诸如"我可以看你的热情、劲辣的亚洲臀部。""我要你裤裆中的中国春卷。"从人格侮辱到性侮辱，竭尽调戏、挑衅之能事。

2008年4月9日，CNN的时事评论节目主持人卡弗蒂（Jack Cafferty）在评论刚刚于旧金山传递北京奥运圣火的活动时，居然说"我认为，他们基本上同过去50年一样，是一帮暴徒和恶棍。"（goons and thugs）他甚至借题发挥道："由于在伊拉克打仗，我们已经把身上几乎所有的东西都典当给了中国。他们拿着我们数以千亿计的美元，我们也累积他们数以千亿元计的贸易逆差，因为我们不断输入他们带铅油漆的垃圾产品和有毒宠物食品，……"

2013年10月16日，美国广播公司（ABC）旗下节目《吉米•坎摩尔秀》（Jimmy Kimmel Live!）播出"儿童圆桌会"节目，借4位6岁孩童模仿国会讨论国际大事，当吉米问"美国政府欠了中国1.3万亿美元该怎么办？"，一名男孩答道："我们应该绕到地球那边去，把中国人都杀光（Kill everyone in China）！"吉米则笑称这是个"有趣的主意"（interesting idea）。随后还播出孩童之间就"杀光"可能性展开的幼稚辩论。

简单的回顾与罗列，即可惊讶美国主流媒体一些主持人和节目何以不约而同地对中国人（华人）展开讥讽、辱骂？那些相当露骨的侮辱性语言和涉及种族歧视的内容，还会堂而皇之地在招牌节目中推出？可知这已不是极少数媒体从业人员的"偏颇"或偶然"失误"，而是带有某种普遍性的群体意识的流露，绝对不可等闲视之。

早在19世纪后期，当华人劳工和移民进入加州之际，"Chinaman"便是当时美国白人鄙视华人的用语，他们被"定格"为"留着长辫子，露着龅牙，瞪着爆眼珠，做着铁路和矿场奴役苦工"的形象，苦哈哈惨兮兮，饱受社会排斥凌辱。一个半世纪后，仍然有美国上流阶层的媒体明星将"Chinaman"这样的歧视性语汇，充斥于大众传媒，流布甚广，反证了社会歧视的根深蒂固。

2014年4月9日，NBA快艇队老板史特林（Donald Sterling）与20来岁的非裔、墨西哥混血女友斯蒂维雅诺（V.Stiviano）在电话中争吵而曝出歧视黑人的腔调，被网站曝光后引发轩然大波，从黑人社区到主流社会以及媒体一面倒的抨击声浪，让史特林灰头土脸难以自拔。他还只是要对方不要带黑人进他的球场，还没有露出等同于"Chinaman"那般污蔑性的词汇如"Nigger"（黑鬼），就被狠狠修理了。这说明自20世纪60年代风起云涌以黑人为前锋与主力的民权运动，不仅在新世纪造福整个黑人族群和社区，使他们的族裔权益和尊严同时获得了保障，也使全社会领教并且日益尊重黑人社区的捍卫权益的拼争精神。

如今，主流社会的传媒公器不断被那些主持人拿来当作"修理"华人（中国人）的私利，而仅有华人社区和部分华裔亚裔民选官员发出谴责声，主流社会主流媒体基本上是集体"失语"，这是很蹊跷也很怪诞的现象，其实是美国社会久未医治的病灶之一，也须要动动手术。而华裔社区须得警醒的是，不仅仅是发生一桩歧视事件就声讨一次，好比头疼医头脚痛医脚的治标不治本；我们更须要群体推动在各级议会、政府和国会的选民代表，让他们更加注重并推动法制社会的立法精神，从社会根本上制定歧视犯法的相应条规，让今后的歧视案件一露头就有法可依。长此以往，才可能树立各族裔真正的平等与尊严，才可能让这种本来与生俱来的平等与尊严神圣不可侵犯。

就社会现状看，来自不同角落、针对特定族裔的歧视正未有穷期，华裔社区为捍卫平等、尊严而反制歧视的斗争也未有穷期，包括当下的抗议、族群的团结和明天更具法律制裁性质的立法，环环紧扣，须臾不得松懈。

"逆向歧视"传递的信息

    自从20世纪60年代马丁·路德·金博士领导民权运动以来，美国的社会平权进步不少，种族歧视现象不再泛滥成灾，至少是公开的种族歧视已经受到法律与公民意识的限制。不过，各种隐性的歧视，诸如人们常说的职场"天花板"现象，对于少数族裔或者妇女而言，依然是难以言说的心痛。而2009年10月曝光的一桩大学选美事件，则反映出美国社会的别一种歧视，令人啼笑皆非之际，也不得不审视这个社会的脆弱因子。

    在全美上千所大学群中，大约有80所"黑人大学"，这类"黑人大学"基本设立于南方黑人聚居地，初衷自然是方便黑人子弟就学，并藉此促进美国少数民族的多样化和教育发展。在这些"黑人大学"，可想而知白人学生或其他族裔学生反而属于少数群体，往往也处于弱势地位。

    话说弗吉尼亚州的汉普顿大学就是这样的"黑人大学"之一，在2009年10月初举行一年一度的选美活动中，22岁的白人学生妮可尔·丘吉尔与另外九名黑人佳丽进入决赛，最后妮可尔艳压群芳，当选该校历来首位白人选美皇后。但当选美大会宣布妮科尔勇夺后冠的结果时，大批黑人学生一窝蜂离席，与她一起上台拍合照的亚军及季军佳丽也一脸不悦。第二天，妮可尔在学校足球比赛中更遭到上届美后帕特丽斯·帕森等学生（自然是黑人）出言不逊的诘问，称白人成为校花简直是笑话，令她"非常震惊"，这是"史无前例"的事。

满腹委屈的妮可尔无奈之下，写了一封公开信给奥巴马总统求助。信中说："我非常伤心地告诉您，我赢得学校校花桂冠后，没有得到认可……其真正理由就是我的肤色，我不是非洲裔美国人。我觉得你或许能理解我的处境。"

妮可尔向总统写信告状，又在该校掀起轩然大波，一些学生更加怒气冲天。一名学生告诉《华盛顿邮报》记者："黑人男性当选美国总统与白人女孩赢得'黑人大学'选美冠军，完全是两码事，绝不可相提并论！"还有些学生指责说，妮可尔遭唾弃绝对不是由于种族或肤色问题，"在她身上很难体现学校的精神风貌"。学生会甚至要求妮可尔对向总统写"告状信"一事作出解释。迫于压力，妮可尔随后在学校网站发表道歉声明，承认自己此举是过激行为。

妮可尔原本默默无闻，参加选美进入决赛后才吸引了校园公众的视线。决赛中，妮可尔身着红白相间的泳衣表演夏威夷草裙舞，并发表主张"引导女性注重形象"的演说，出色表现征服了所有裁判，最终摘得"校园美后"桂冠，结果她没有品尝到众星捧月的滋味，反而遭到甚于嫉妒的打压。该事件孤立看来，似乎颠覆了"黑人大学"的"正统"或约定俗成的"游戏规则"，但也明显散发出歧视的意味，成为白人遭到黑人（非洲裔）歧视的案例，有点滑稽，却透露出平权革命以来美国社会的公平法则仍然遭遇不同挑战的微妙信息。考虑历史的因素，给予黑人入学就职等方面的平等权乃至优先权未尝不可，但在"选美"之类的活动中仍然要实施"肤色"取胜的"潜规则",则就有欠公平了。

其实,所谓"白人遭歧视事件"近年已不鲜见,其中性质不无商榷之处。有的是平权法案规定后的必然产物,有的则是碍于一触即发的族裔矛盾而不得已的措施使然。譬如康涅狄格州纽黑文市消防局曾于2003年考核评估消防员的晋升资格。当年通过考核获得晋升资格的全是白人,没有一个少数族裔。为避免"种族歧视之嫌",市政府决定参测者一律不予晋升。通过测试的白人消防员当然不服气,以遭受"逆向歧视"为由,将市政府告上法庭。2009年6月,美国最高法院最终判定白人消防员胜诉,却在美国社会引起巨大争议。

又譬如,2009年美国加州小姐普瑞金尽管话题不断,但她4月代表加州参加美国小姐选美时,因公开反对同性恋婚姻,而被传遭到贬低,因此错失美国小姐后冠。这也不啻是另一种"隐性歧视"。

再譬如,20世纪90年代末期,加州大学董事会通过平权法案,最终导致亚裔和白人学生升入加大系统学校的"门槛"提高。这部分族群家长学生为此鸣不平。

奥巴马总统据悉迄今没有给妮可尔回信,估计以他总统的地位和立场,也不方便为如此敏感的事件当判官。对于美国社会的"隐性歧视"、"逆向歧视"现象,其实也缺乏硬指标的法律准绳,仍然有赖于不同族裔的相互沟通和谐调解。而不同族裔的自我反省和自律,尤为重要。事实上,任何族裔都不乏歧视他族裔的惯性行为与思维,譬如许多华人骨子里瞧不起黑人,那些家长告诫子女"千万勿与黑人交友"的家规在我们身边还少吗?因此,反对和消弭"隐性歧视"、"逆向歧视",先从自我做起,对大家都公平。

"狗屎门"事件凸显
政要辞职潜规则

　　美国南加州优雅社区的小城圣马利诺市（San Marino），自2014年6月初发生市长尼尔（Dennis Kneier）向华人邻居院里丢狗屎一事后，引发舆论大哗，全美关注度持续升温。在一片指责、罢免声浪中，"丢狗屎"市长尼尔于6月17日正式提交辞职信，辞去圣市市长一职。

　　尼尔在辞职信中承认向邻居家丢狗屎是不恰当的、错误的、不尊重他人的行为，此举使他本人及整个圣马力诺市蒙羞。"因此，我决定辞去市长一职。"尼尔还在辞职信中再次向邻居道歉并承诺缴交罚款，并保证以后此事不会再次发生。

　　6月7日，圣马利诺市华裔市民刘继铭在自家院内发现了一包狗屎，在调阅监控录影带之后发现竟是邻居、市长尼尔故意丢的。录像显示，尼尔与妻子当时走到刘继铭家外人行道时，将手里的狗屎袋用力丢向刘家方向。刘继铭随后报警，警方对尼尔开出罚单。交涉之后，尼尔的道歉被刘继铭认为不诚恳，要求尼尔引咎辞职，否则将会诉讼市长及市政府。11日晚，刘继铭夫妇及近百名市民在圣市市议会上当面与尼尔对质。尼尔当时拒绝辞职，但承认自己没有狗，狗屎是他捡来的。

圣马利诺市位于加州洛杉矶县境内，毗邻著名的加州理工学院及其所在城市帕萨迪纳。2000年全美人口普查统计，该市人口为1万2945人，超过40%是亚裔人口，其中又以华人占多数。2008年圣马利诺每个家庭每年的中位数收入为15万4263美元，人均每年收入7万9089美元，同年的房价中位数为179万5613美元，绝对是一个富裕而保守的小城市。该小城百年前由美国铁路大王亨利·亨廷顿以及二战时期美国著名陆军上将乔治·巴顿的家族共同建立。今天亨廷顿的一部份庄园对公众开放，包括著名的亨廷顿图书馆、艺术收藏馆和植物园。

这样一个富有深厚文化历史底蕴的优雅社区，其一市之长居然会干出那么见不得阳光、令人不齿的事，实在匪夷所思，而"狗屎门"事件也的确让圣马利诺市蒙羞。基于舆论和市民不满让城市蒙羞的压力，由数位市议员每年轮流坐庄的市长职务，尼尔辞职既是迫不得已，也是最终无悬念的必然结果。但他仍然坚拒辞去市议员一职，则是清楚此民选职务系由全市所有注册选民投票选出，法律规定必须收集到25%以上选民的联署签名，才能将罢免市议员的议题列入下一轮选票供选民公投票决（目前圣市1万余市民中，约8500余人为注册选民），因此尼尔牢牢地把自己与选举制度捆绑在一起。即使有人启动罢免其市议员的程序，也会劳民伤财，旷日持久，他乐得还可坐享市议员的余下任期，哪怕这类小城的议员、市长基本上没有薪水，仅仅支取些微车马津贴。

以副市长之职暂时代理市长的孙渝今坦言扔狗屎事件对圣市影响相当大，事件发生之后，有很多人取笑议员们和圣马利诺市；但他相信时间会证明一切，圣马利诺仍然是非常优秀的社区。孙渝今也不明白为什么很多人要把扔狗屎事件与族裔歧视联系在一起。他认为事件的导火索是因为刘继铭曾多次在市议会上反驳尼尔的意见，这与刘继铭本人是何族裔完全没有关系，因此希望外界不要将此事与歧视华人联系在一起。他的这一说法是否会被多数市民认同，恐怕还会有见仁见智的不同解读。

从法治与政治文明的角度看这一事件，市长最终辞职，以及事发之初刘继铭报警，市长被警方开罚单，到后来市议会公听近百居民意见，都是民主、法治的有序表现。尼尔开头坚拒辞职，最后无奈辞职，属于政客的作风，也符合这个政体下的存活空间实况与游戏规则。

美国政要若犯了各种事（从闹绯闻、性骚扰到不当收受礼品甚或贪腐），在涉及到刑事起诉之前，一般都会先主动辞职，借以先期稍稍平息民愤。这个程序基本上也成为约定俗成的民主约束，像尼尔市长那样先采取拖延战术的，到头来只会自寻没趣。

不过，比尼尔更不知趣的政要也大有人在。2014年2月7日，新泽西州首府翠登市（Trenton）市长托尼·麦克（Tony Mack）被判受贿、欺诈和勒索罪名成立，但麦克无视该罪名，过了两星期仍未自动辞职。新州检察长办公室不得不要求联邦法院解除麦克的市长职务。直到5月15日，麦克被判处4年10个月有期徒刑，并罚做100个小时社区服务，罚款3000元。麦克在是否辞职的考虑中比尼尔更硬磕到底，事实上他也在玩弄美国式的民主、定罪与否是法院和律师交涉的事，辞职与否则是他个人的念头。他宁愿以这样的方式实践他自己心目中的民主，却罔顾法律的尊严。

华裔市长关丽珍闯红灯之后

美国加州奥克兰市华裔市长关丽珍2014年6月8日（星期天）傍晚遭遇一起轻微车祸。当地媒体披露，有目击者在现场看见关丽珍在奥克兰市的市场街（Market　Street）和第26街处十字路口因闯红灯而发生车祸。没有人在这场车祸中受伤。

奥克兰警方发言人邦尼法西奥(Frank　Bonifacio)证实，关丽珍涉及当天发生的一起撞车意外。

据"KRON-TV"披露，意外中另一辆汽车的女驾驶员表示，她看到关丽珍在撞车时正在打手机，而且在撞车前关丽珍还闯了红灯。市长办公室新闻发言人马赫（Sean Maher）随后反驳道，车祸发生时市长关丽珍并没有打电话。马赫说，意外发生时，关丽珍正驾驶由市府提供给市长的凌志SUV汽车，当时她刚结束一场会议，前往出席另一会议；关丽珍正在市场街上行驶，一辆日产汽车撞到凌志汽车左边的后轮车胎。

车祸发生后，关丽珍特别发表一份公开声明，指出周日下午她在奥克兰西部参加两个社区活动的间隔时，不幸发生了车祸（车辆擦撞），"我马上把汽车停靠下来，出来检查以确保有没有人在这起车祸中受伤：因为保障每位市民的安全和他们的福祉是我的首要任务。"她因车祸中没有人受伤而感到欣慰。

关丽珍在声明中强调："我将提交我通话记录给相关调查人员，以确定（车祸时）我没有在使用我的手机。"

车祸发生次日（6月9日），关丽珍在新闻发布会上再度公开为自己辩护，称周日发生车祸时她并没有像外界所言开车时正用手机打电话。关丽珍希望周日发生车祸时有驾驶车辆的目击者，愿意出面证明当时她并没有闯红灯，也没有用手机打电话。她称，尽管谣言四起，但事实真相是——车祸发生时，她并没有使用手机。关丽珍再三坚称"我百分之百确定没有打手机！"针对媒体追问到底是否闯红灯，她补充说尚不确定，需要警方调查。

关丽珍说明道，当时在参加完一个社区活动后，大约傍晚7时左右又必须赶赴另外一个社区活动现场。于是，在第27街和市场街交口处，她把车子停下来，用手机输入准备要去活动的地址，接着把手机放下后才驱动了车辆，整个停车过程约10分钟。

关丽珍在此车祸前一星期前，也曾经被举报驾车打手机。

这个意外事件展现了多重信息，堪可回味。

身为北加州重要港口城市奥克兰的首位华裔女市长，关丽珍上任三年多来兢兢业业，几乎没有休息天。6月8日星期天，车祸意外发生之际，她还在赶场参加社区活动。

身为大城市市长，关丽珍没有专职司机。据悉因为财政预算紧缺，市政府裁员，关丽珍上下班都是自己驾车。

市长没有"豁免权"。关丽珍虽然是市长，车祸意外也是发生在"自己的地盘"，却不会也不可能躲避责任或者徇私枉法。

加州州法规定驾车不能使用手机打电话，任何人不能例外。关丽珍被人举报驾车打手机是否属实尚待调查，法律面前人人平等，市长更没有特权。

人的生命大于一切。车祸发生之后，关丽珍首先下车查看是否有人受伤，了解后庆幸无人受伤（尽管她自己次日感到身体酸痛）。

一切尊重事实。尽管关丽珍也辩称自己没有打手机，但仍然相信要靠警方调查，并且愿意提交手机通话记录。

奥克兰市的警察局长由市长任命。现任局长肖恩·温特（Sean Whent）前不久（5月14日）才由关丽珍市长正式发布任命。关丽珍与警方之间从来没有也不会在私人事务中"互通关节"，当然，美国也鲜有这样的"文化"与特权。这次车祸事件也不例外，必须走调查的流程，最终让事实说话。

关丽珍遭遇轻微车祸而引发舆论、社会关注，自然也由于她市长的头衔。事实上，关丽珍自三年多前当选奥克兰市长改写历史以来，其一举一动总是被媒体或不同社会团体紧盯。2011年9月，关丽珍被邻居投诉，称她家后院缺乏照料保养，植物未获适当修剪，一名当地承建商指责关丽珍未能遵守市规保养物业。还有居民借口打击犯罪不力而曾经发起请愿签名运动，要求罢免市长关丽珍。

可见市长这个民选官员当得不轻松，无论私事公事，都会被放到阳光下晒晒，甚至被置于放大镜、显微镜下，这几乎也是美国所有民选官员的处境，想要沾点特权的边，几乎无门。借任何民选官员一百个胆，恐怕谁也不敢为自己"通融"，更不用说跨界捞好处了。

"吉米鸡毛秀"事件：
一面洞察人心的镜子

　　一个有影响并且公开播出的电视节目，借6岁小孩之口发出"杀光中国人"的呼喊，是偶然的"疏忽"、"口误"还是刻意渲染、传播的种族主义言论？究竟是藉此扩大节目的"搞笑"效果呢？还是给本已不太平的社会制造摩擦与混乱？

　　美国广播公司（ABC）2013年10月16日播出的深夜脱口秀节目"吉米鸡毛秀"（Jimmy Kimmel Live）中，主持人吉米·坎摩尔邀请了四位不同肤色的孩子组成"儿童圆桌会议"，嚼着糖果讨论国家大事，以讽刺"国会议员像儿童一样爱闹脾气"。当坎摩尔问道"我们欠中国1.3万亿美元债务，如何才能还完"？有孩子说"要建造大高墙，把中国人挡在外面"，被坎摩尔用"长城"（Great Wall）调侃一番，随后一名6岁白人儿童更口吐狂语言说："要绕到地球另一边去，杀光中国人。"

　　这样的种族屠杀言论，这样的故作轻松诙谐的节目形式，显然不是能够以"搞笑"概而论之了。随机引发全美各地华人社区的不满和愤怒，并纷纷采取抗议行动。相关华人社团网出现号召帖，整理出白宫请愿网、CHANGE公益请愿网站以及国会亚太裔委员会成员、ABC高层、当地议员等人的邮箱，呼吁华人团结起来，发出请愿信，联合抵制美国广播公司和吉米·坎摩尔的节目，抵制这等无以复加的种族主义言论。从西海岸的西雅图、旧金山、洛杉矶到东海岸的纽约等地，华裔民众和当地其他族裔朋友都相继联合举行不同规模、形式的抗议示威活动，未来几天里，休斯顿、达拉斯、波士顿、芝加哥的华人也将汇入抗议风潮中。尽管在10月30日于洛杉矶举行的示威活动中，主持人吉米·坎摩尔走出演播厅，向现场抗议民众双手合十鞠躬道歉，并承诺取消儿童圆桌会议环节并改进节目制作和审查流程，但这个现象以及抗议活动的发起进程，仍然促使人们反思更深沉的问题。

除了这一"脱口秀"事件外，在万圣节来临前夕，在社会上和网络上热销的各种万圣节面具和道具中，一些隐含了"辱华"形象的面具和服饰也开始出现。在eBay网站，可以看到一些中国人形象的面具，其中一个名为"林育群可笑中国亚洲男性"要价22.95美元；一个带有蓬头长发和黑色长须、名为"老中国男人"的面具标价14.99美元。还可以看到各种带着小辫子的清朝帽子道具以及性感"外卖"中餐服务女生的服饰。这些带有强烈文化刻板印象的面具和服饰等，显然也迎合了美国社会的某种取向。

笔者注意到，在10月28日由旧金山湾区高科技新移民为主的华裔人士发起的抗议示威活动中，有成员指出，示威活动能够成功举行，有赖于一群和他一样的年轻人团队之共同努力，并且利用网络传递消息，在短时间内付诸行动，向ABC和美国主流社会表达华裔的愤怒心声。主办方同时呼吁，现在是各界政客回报华裔社区长期支持的时候了，也是真正考验政客们对华裔社区的友善和"实质性作为"的时候了，华裔社区也将因此而洞察过去几十年对那些政客们的支持是否正确。

迄今对此事件发出声音的民选官员有纽约选出的国会众议员赵美心、孟昭文、纽约市议员顾雅明、加州参议院余胤良、圣荷西市议员朱感生等；美国国会亚洲太平洋核心成员（CAPAC）在国会网站上（http://capac-chu.house.gov）发布了致ABC（美国广播公司）电视台公开信，抗议其在"吉米鸡毛直播秀"节目中出现的"杀死所有中国人"的言论，要求其公开道歉。CAPAC主席、荣誉主席——华裔联邦众议员赵美心（Judy Chu）与日裔众议员麦克·本田（Mike Honda）、华裔众议员孟昭文在公开信结尾签名，并且获得约40位国会议员的附议。然而参与行动的这些人数不足全美华裔民选官员的十分之一；而其他族裔的民选官员、尤其是过去一直获得华裔社区在金钱、选票上力挺的不少政要，却依然噤声，几乎看不到他们对这个事件有任何反应。也许政客们正在忙各自的大事，甚至谋划感恩节、圣诞节的度假计划，也许他们对这样一个深夜"脱口秀"事件毫无兴趣，所以根本顾不上了解华人社区的感触，更未起念要为华裔社区维权。可是，想想那些政客们，哪一个不是在竞选之前恭恭敬敬地到华人社区拜票要钱？！又有哪一个不是在竞选时发出对社区、选民的种种承诺？！然而当下呢，当我们的社区需要有人在各级政府层面在关键部门发出声音施加影响时，他们悄无声息地躲到哪儿去了呢？！

即刻来临的11月，又是一个地方选举的时刻，虽然2013年并非总统大选年，但很多地方的选举仍然涉及到各个不同层级、职位的选举，参选政客们的笑脸已经在那些筹款餐会的杯盏交错中闪现，但他们还会记得自己的承诺应该兑现吗？！

其实，任何事件都是一面洞察人心的镜子。

快船队老板"失言"挨罚

一段私下里的言论也可引发轩然大波，一种深埋于骨子里的歧视会触犯众怒，NBA球队老板与不同肤色球员之间的世界，折射了美国社会的今天："这既是该死的耻辱，也是可悲的现实。"（湖人队当家球星科比语）

"你可以和黑人睡觉，可以做任何你想做的事。但别把这些放到公开场合传播，也千万别把他们带进我的球馆。"当洛杉矶快船队（Los Angeles Clippers）老板斯特林（Sterling）上述和女友斯蒂维亚诺争吵时的话语，4月27日被八卦网站TMZ曝光后，引发了全美举国上下的反歧视浪潮，也引发了NBA的震荡。

由于女友上传了她和非洲裔NBA名宿"魔术师"约翰逊的亲密合影照片，导致斯特林大发雷霆，责骂声中充斥种族歧视言论。录音一经曝光即不可收拾，不但众多球员、老板和球迷都对斯特林发出声声抗议，就连远在千里之外马来西亚访问的奥巴马总统也谴责说：这是"愚昧者展示自己的无知"，"难以置信的攻击性种族歧视言论"。

"躺着中枪"的约翰逊回应称，只要斯特林还是快船队老板，他就不会再去看快船的比赛。乔丹发表声明称，"作为一个前NBA球员，我彻底愤怒了，NBA以及世界上其他地方，都容不下这种歧视言论。"《今日美国》报、美国有线电视新闻网、《洛杉矶时报》等各大媒体也都异口同声讨伐斯特林，要求NBA联盟严厉制裁这名"种族歧视者"。

NBA联盟总裁亚当·萧华（Adam Silver）4月29日于纽约宣布立即生效的处罚决定：斯特林被处以终身禁赛，逐出NBA，罚款250万美元；同时将想尽办法迫使斯特林出售快船队。

这一重量级处罚使快船队老板首次受罚就已登峰造极，也改变和扭转了美国职业运动通常的文化。在美国职业运动世界中惯常有的宽大或另类处理，如今遭遇新的挑战；NBA联盟对斯特林的严厉处罚，其影响显然已超越体育范畴。正如《今日美国》报评论道：这些处于风暴中心的问题会帮助奠定高中历史课的基础：种族主义VS种族容忍及进步、社会多元性的价值、公众人物及他们的私生活、业主身份及其责任，等等。白宫新闻秘书卡尼4月30日透露，奥巴马总统认为，在应对斯特林的种族歧视言论方面，NBA做了非常正确的举措。奥巴马还把斯特林的种族歧视言论视为奴隶制和种族歧视的后遗症，这是美国人民一直在努力防范的行为。

靠地产生意发家的斯特林1981年以1250万美元收购了快船队，迄今已执掌快船32年零10个月13天，是NBA现任在位时间最长的球队老板。但在这30多年中，由于斯特林的"小气"，快船虽然获得了一连串高位新秀，却几乎无一例外地在最后将他们拱手送人。球队的价值似乎就是为了"陪太子读书"，眼睁睁仰视同城对手湖人队从崛起到开创了多个王朝。而在2009年，斯特林也曾卷入种族歧视事件，当时快船队前经理、NBA名宿埃尔金·贝勒向法院起诉斯特林，称后者出于年龄和种族歧视原因非法解雇自己。贝勒说，斯特林曾希望快船由"一帮来自非洲的黑人穷小子和一名白人主教练组成"。

参加洛杉矶民众抗议示威行动的国际行动中心代表约翰·帕克表示，斯特林的种族歧视由来已久，从不允许黑人和拉丁裔民众靠近他的住宅。他现在可能是亿万富翁，但他赚的都是黑人球员的血汗钱。有媒体披露斯特林是吝啬鬼、色情狂、种族主义者、爱耍无赖的小丑……很多人都觉得早就应该将其踢出NBA。

言为心声，斯特林的"失言"是他深入骨髓的歧视偏见的吐露，也是美国社会种族歧视因子的回光返照。

美国的种族偏见根深蒂固，虽然经过上世纪60年代风起云涌的民权运动，觉醒的黑人族群争取到了最基本的权益，有良知的社会公众也更加包容族裔的共存及趋向和谐；但种族歧视毕竟已经深深固化为美国社会的一个元素，甚至深埋于某些人的骨子里，时不时地就会经由个别现象或话题而触发为大风波。斯特林事件证明美国的种族歧视偏见隐含在最生活化的个人言行之中，当然，公然流露种族歧视观点必定会震惊社会的集体良知。华裔和亚裔等少数族裔在这一事件中可以学到的功课，则不限于如何像非洲裔同胞那样团结一致抗击种族歧视暴力，维护自身权益，也应该提升自己的修养品性，谨言慎行，既不能充当种族歧视的受难者角色，更不能不经意间出口伤人，或下意识的流露某种情绪和心态，成为种族歧视的参与者制造者。

让种族歧视震惊人类良知成为社会的一种底线，才可能真正造就社会平等族群和谐的基础。

又闻胡德堡的枪声

2014年4月2日下午，位于德克萨斯州的美国胡德堡军事基地发生枪击，导致4人死亡，其中包括一名枪手，另有16人受伤。据悉，自杀的枪手嫌犯是34岁士兵伊万·洛佩斯，枪击案肇因于士兵之间的争端。多名目击者称，嫌犯使用0.45口径的手枪，射出20发子弹。胡德堡军事基地官员称，枪手曾在伊拉克服役，此前曾被诊断为创伤后精神紧张性精神障碍（PTSD），曾接受精神疾病治疗。

人们记忆犹新的是，胡德堡军事基地2009年11月5日也曾发生枪击案。那次特大枪杀案中，陆军心理医生尼达尔·哈桑杀害13名美军士兵，打伤30余人，于2013年8月被判死刑。而在更早的两年间，胡德堡陆军基地发生的枪击暴力事件则不下四起。

这两起枪击案中遇难和受伤的人员都是军营成员，凶嫌也是军队之一员。与美国司空见惯的各地社会枪击案、校园枪击案相比，发生在胡德堡军事基地的枪击案，显然不能简单地归类为所谓美国"枪文化"的"温床效应"，而更由于长期陷于战争、反恐漩涡中心的后遗症所诱发，以及由此伴生的军人之间的人际关系、上下级关系乃至整个军营文化中的负面诱因。

2009年胡德堡基地的枪声推迟了奥巴马总统预定出访亚洲的行程。其时的美国还深陷于伊拉克和阿富汗两场战争的泥潭，民间乃至军营内部的焦虑与不满与日俱增。身为心理专家的哈桑少校(其穆斯林背景曾经被FBI调查，也曾在网上发布极端言论讨论自杀式袭击)，几乎每天都要倾听从前线回来的士兵关于战场杀戮和死亡的描述，他在对士兵们作心理辅导的同时，自身也必定承受着巨大的心理煎熬。他在行凶前一天曾经表露过"不想去伊拉克或者阿富汗"，也曾宣称自己"首先是一名穆斯林，其次才是美国人。"这种心态在美国民众由于战争为整个美国社会带来政治裂痕而产生严重歧见的背景下"发酵"，催逼哈桑走向极端而丧失理智的杀戮行为。

当局证实，胡德堡基地的数次枪击案与恐怖袭击并无关联，但这种军营内的残杀更加令人心寒。犹如奥巴马2009年11月10日在胡德堡基地陆军第三军军部前举行的追悼仪式上向遇害者致悼词时表示，比起那些用生命保卫国家与和平而牺牲在战场的美国军人，他们"竟然在美国本土的军事基地中遭到袭击，这无疑更加令人恐怖。"

此次枪击案嫌犯、34岁的士兵伊万·洛佩斯一手制造军营喋血案，被判断为缘起于语焉不详的"士兵之间的争端"，又有精神疾病症状，给当局的调查和人们的猜想留下极大的空间。

迄今逾十年的伊拉克战争和阿富汗战争，影响美国国内政治和经济甚巨，捉襟见肘的财政和居高不下的失业率都受累于这两场战争。数千名士兵丧生和数万亿美元的支出，大伤美国的元气。美国公众厌战，军人也厌战，这种情绪在军营内弥漫开来，加之士兵之间的日常纠葛与各种矛盾障碍，难免不让人抓狂。

曾在小布什政府和奥巴马内阁中都出任过国防部长的罗伯特·盖茨，在其新著《责任——一位战时国防部长的回忆录》反思美国所发动的战争时披露，美国常常在对敌手及地面情况相当无知的情形下贸然开战。伊拉克、阿富汗战争再次表明美国对这两个国家多么无知，也因此显示出美国最初制定的战略目标多么不切实际。严酷的现实是，无论战争如何开始，最终将陷入泥潭——没有取巧之法和捷径可言。

陷入战争泥潭的不仅仅是美国这个国家概念，更是无数军人的血肉之躯和他们的家属。无望和无可奈何的情绪会像阴霾般笼罩在人们的心头，压得人透不过气。在这样的氛围下会发生什么事，谁也难以预料，更难以预防。

建于二战时期的胡德堡陆军基地是美国最大的现役装甲部队本土基地，是足以支持两个完整装甲师的基地。该基地也是美国陆军第1骑兵师、美国陆军第3军军部、第3装甲骑兵团和第41火力旅等所在地。基地驻扎总人口为21万7003人，包括4733名现役军官、3万9262名现役士兵、7万4294名家属成员、8万9805名离退休人员及其家属，另外还有8909名非现役文职人员。如此众多的军事人员和与军事相关的文职人员以及家属构成的空间，以及拥有各种武器无数的枪械库，该是一个何等巨大和复杂的世界！其内部响起的枪声令人震惊，也令人警醒。

皮蛋风波

中国土产、并被相当多海内外华人视为佐餐佳品之一的皮蛋，一段时间内也像股市般地经历"过山车"的大起伏，纵然在"美食"还是"恶心食品"两端被世人扯皮，知名度大升则是不争的史实了。

先是2011年6月28日，美国有线电视新闻网(CNN)发布"我尝过的最恶心的食品"排名榜，其中"中国皮蛋"位居第一。网站博客写手丹尼在文中及视频中"亲身体验"，并抱怨皮蛋"像魔鬼煮的蛋"，味道古怪，成为CNN评比的依据和实例，其视频被CNNGO旅游专区选入"全球最恶心食物"专题，丹尼也被读者和观众误以为是CNN记者或专栏作家，遭到铺天盖地来自华人的抨击，甚至称之为"无知、肥胖的美国人"、"种族主义者"。

而在8月5日，美国知名杂志《福布斯》网站也发布了"十大恶心食品"排行榜，皮蛋位列第八，其它的中国或东方食品如燕窝、醉虾、蛇酒等也榜上有名。《福布斯》的专栏作家杰夫·贝尔科维奇坦言道，全球化使得"地球变得越来越小"，越来越多的美国人开始接触各种陌生"菜肴"。尽管这些菜肴可能在它们的家乡广受好评，但对外国人来说只能归咎于"排斥"两个字。他同时指出，鉴于一般的经验法则，一些东方食品可能会挑战西方人的"美食概念"，譬如皮蛋、燕窝之类。

奇异的是，《福布斯》的这份排名榜没有像CNN先前那样遭遇潮水般的冲击，也许《福布斯》专栏作家"美食概念"挑战说言之成理，抑或激进的华人美食主义者也懒得再打"口水仗"了。CNN的评选，上榜食品还包括菲律宾木蛀虫、印尼天贝、韩国狗肉狗肚、柬埔寨炸狼蛛、泰国炸金蝉、菲律宾炸青蛙。亚洲食品居多，不清楚其国家的民众反应如何，反正面对"华人世界"狂轰滥炸般的指责，丹尼唯有道歉投降。只是他也不无委屈地强调："我只是个普通人，一个想和儿子尝试新东西的父亲。""……我对你们的文化并无冒犯之意。我很喜欢几种中国传统食品。"

饮食爱好，大多只是生活环境培养的不同族裔的个人习惯，其实无所谓对与错，因此也不必过度计较他人的评价与感受。再说，美国媒体的这类排行榜，也只是一部分平民和专家的感受，即使是民意也仅仅是美国人的体验观感，至多只是给某一领域提供参照，替生活添加些乐趣而已。如果说反映了饮食文化的差异，那也很正常，但要给人家上纲上线斥之为"种族主义"，未免太小器了。据悉，皮蛋的"粉丝"们在微博上也搞了一个"西方最恶心食物"投票，结果是负有盛名的臭奶酪"荣登"榜首，有网友直言那岂是食物，简直就是"生化武器"。这样的举动也许可以出出气，倘若其他族裔人士反弹，也要你道歉，又怎么办？

就如西方人吃不惯皮蛋、臭豆腐、醉虾、狗肉、蛇肉乃至海参之类东方食品那样，东方人大多对半生不熟的牛肉、蜗牛等西方美食难以恭维。只是"地球变得越来越小"，按中国人的"美食概念"绝对排不上号的三明治、汉堡包、热狗等西式快餐食品，这十年来也被国人接纳了，甚或成为派对的"时尚"食品。

鲁迅先生曾经称赞说："第一次吃螃蟹的人是很可佩服的，不是勇士谁敢去吃它呢？"螃蟹形状丑陋凶横，初见令人畏惧生厌，若没有那第一个吃螃蟹的人，天下人岂不都要错过这无敌的美味？！

回过头来看那个生活在德克萨斯州小城拉布克的男子丹尼，这位喜欢折腾些"搞怪项目"的银行IT项目经理，他在今年4月几乎每晚都和孩子一块品尝一种"异国食品"，同时用摄像机拍下这段温馨有趣的时光，其实是很可爱的举止。据报道，丹尼对自己设计的这个"美食项目"相当满意和投入，从中也不时发现一些其貌不扬的食物鲜美异常，譬如说凉拌海蜇、红烧鳗鱼与腌制猪蹄。只不过对他来说，通过维基百科了解到皮蛋的生产过程，又近距离看到从超市买来被切开的皮蛋那"透明咖啡色的蛋白"，感到实在难以"下口"。报道披露，他6岁的儿子拿出了放大镜，自个儿研究了一会儿后，也捂着鼻子离开了餐桌。

对这样一位认真而执着的美食品尝者，对喜欢带孩子一起尝试不同国家食品的普通美国人，我们即使不心生敬意，至少也毋须排斥他的切身感受和味觉习惯，甚至抱持敌意。

说到饮食文化，人类进食史既是一部生存试验史，是长期渐进的剔除食品糟粕、探索精髓美味的历史，也是人类不断消除偏见误会和相互包容求同存异兼容并蓄的历史。不同国度、地域、环境人类之间的交流，饮食文化的交流本应该是最有趣最多元的融汇和享受，也是最容易察觉不同族裔之间饮食差异嗜好的的互动。尝试不同的饮食，是上帝赐予人类的权益。欣赏对方的发现、创造和呈现，尊重对方的习俗爱好，也是我们这个地球村一切行为的游戏规则之一，学而时习之，不亦乐乎。

皮蛋风波，可以休矣。

FBI近年调查华裔政要的
个案分析

2014年3月26日，联邦调查局（FBI）突击行动，在加州华裔参议员余胤良(Leland Yee)位于旧金山的家中逮捕了他。联邦调查局当天也在州府沙加缅度余胤良办公室展开搜查行动。

与此同时，FBI官员当天上午也搜捕了中国城老牌江湖团体———五洲洪门致公总堂，并逮捕了会长周国祥（"虾仔"），据信此举与余胤良被捕有关。另有二十余人涉案遭搜查、逮捕。

据称这是一次"突击行动"，但奇特的是，在执法人员清晨往余胤良家逮捕他时，外面已然有电视台的演播车守候在侧了。这个现象似乎并不符合"突击行动"的本来规律，突然而应该隐秘的搜查行动似乎早就曝光。

包括余胤良及周国祥在内，当天共有26人出庭，面临联邦检控当局起诉。公布的起诉书指，各被告涉嫌触犯的罪行包括偷运军火、洗黑钱、买凶杀人、贩毒、偷运私烟和受贿等。余胤良面临的指控包括串谋无牌偷运军火、非法进口武器和六项串谋受贿罪。周国祥则面临五项洗黑钱罪、两项串谋收受及运送跨州失窃物品罪，以及串谋偷运私烟罪。

案情显示，联邦调查局的卧底探员透过周国祥和其"党羽"成功渗入合胜堂，揭发多宗敲诈勒索事件。卧底探员透过周国祥认识另一被告Keith Jackson，后者是位于旧金山的Jackson顾问公司的东主，也是合胜堂的顾问。

起诉书指出，由2011年5月起的数个月，Jackson曾要求另一名联调局卧底探员向当时竞逐旧金山市长的余胤良捐款，金额超出选举法规定的500元个人捐款额上限。该名卧底探员拒绝这样做，但介绍Jackson与余胤良认识假扮为商人的另一名联调局探员，两人被指要求后者捐款，金额达5000元，超出选举法规定的上限。

余胤良在2011年11月8日的市长选举败北后，欠下至少7万元竞选款项。案情指余胤良向卧底探员索取1万元竞选捐款，以换取他支持该客户取得公共卫生局的合约。

Jackson被指对卧底探员说，只要卧底探员向余胤良捐款，余胤良将会介绍一名军火商人给卧底探员。在会面中，余胤良和Jackson被指曾详细讨论可供贩卖的武器种类。

不过，有社区人士质疑道，有20余年从政资历的余胤良，会傻到由于急于想填补竞选捐款差缺而索贿，而与陌生人谈那些敏感的话题或者数字？甚至甘冒天下之大不韪打起军火生意的歪脑筋？还是他真的已经陷在"黑金政治"里不能自拔？面对陷阱般的"钓鱼执法"游戏，老资格的政客居然会以身试法？令人匪夷所思。

历史是惊人的相似与盘根错节。联邦调查局近年对数位华裔民选官员的调查，都绕不开"索贿受贿"、"政治献金"等硬伤和其它道德操守问题，值得反思。

2007年5月18日(星期五)下午4时，联邦调查局20多名探员突然同时搜查了旧金山市议员赵悦明(Ed Jew)在市府的办公室、他名下位于中国城天后庙街的"广东花铺"、和其位于旧金山日落区及中半岛柏林甘市的住宅，搜走了电脑及一批物品和文件，并问讯了赵悦明本人、他的助手和邻居等人。

时年47岁的赵悦明是旧金山市议会第4区市议员，于2006年11月的中期选举胜出后，2007年1月起正式上任；他是该届市议会11位市议员中唯一的华裔和亚裔议员。赵悦明在中国城出生，曾担任过华裔加州众议员余胤良的助理。

赵悦明事后向媒体透露，联调局探员查问一笔由一批商家交给他的4万美元现金，这些商人向赵悦明寻求帮助解决一些经商牌照事宜。他表示当时为Quickly(快可立)的店主们推荐了Bridgeway顾问公司的Robert Chan。几个星期后，"快可力"的店主到赵位于中国城的"广东花铺"，委托他将4万美元付费交给Chan。他说，虽然告诉商人们应该把钱直接给Chan，但他们执意让他转交，并拒绝任何收据。赵悦明表示，这种付费方法的确不寻常，但当时并没有意识到是否犯法。

联邦法庭2007年11月6日以欺骗、贿赂和敲诈等五项罪名正式起诉赵悦明。据悉，所有五项罪行都与赵以旧金山市议员身份为九家商店办理营业证过程中敲诈总共8万4000美元有关。另外，赵悦明也因2006年大选期间捏造住家地址、非法参选旧金山市日落区市议员等一共九项伪证与违反选举法，被加州法庭起诉。

《旧金山纪事报》2008年1月14日披露，华裔州参议员余胤良曾经向联邦调查局及旧金山市府律师提供资料，指赵悦明曾经向餐饮连锁店"快可立"的店主勒索金钱。在赵悦明事件中一直保持沉默的余胤良也在当日发表声明承认确有其事。

余胤良在声明中指出，"2007年4月，我得到一些有关赵悦明企图向销售珍珠奶茶的'快可立'商户勒索资金的消息。作为一位宣誓会维护宪法的参议员，和一名把事业生涯奉献于公益服务来保护我们居民利益的人，我有法律及道德责任去把这些资料转介给适当的机构。"余胤良还说："考虑到我与赵悦明以往的关系，举报此事时情绪上也承受压力；但如果我不这样做，我便会违犯法例和不能维持选民交托给我的信任。"

赵悦明的律师汉伦认为余胤良这样做的原因是出于政治目的。赵悦明的妻子陈嘉露则坦言，经此一番风雨，"看到政坛的黑暗与龌龊，现实与理想有很大的差距，在美国社会，歧视依然存在。"对于余胤良的言论，陈嘉露指出这等同"过桥抽板"的行径，"余当年为什么支持赵参选市议员，现在却又奚落他？"

赵悦明曾在余胤良就任旧金山市议员期间担任其社区办事处助理。余胤良也曾于2002年支持赵悦明竞选日落区市议员，但当年最终马世云胜出。在赵悦明2006年再度参选时，余胤良转而支持另一位华裔候选人麦浩妍。

同年10月20日，《旧金山纪事报》20日刊文披露，赵悦明与联邦调查部门商讨认罪条件时，交代了一个"非法收取现金"的民选官员名单，其中包括加州参议员余胤良。

该报道披露说，赵悦明曾告诉联邦调查局的调查人员，华裔社区中的人如果需要解决问题，会将现金放在红包内，交给在位政客；而该政客和其指定的机构将瓜分红包中的现金。赵悦明在10月10日认罪时也在庭上指出，他是依照其他华裔民选官员的错误模式行事才犯下大错。

条分缕析一些不太遥远的史料，重温某些"故纸堆"，当年赵悦明走上从政之路以及途中马失前蹄，相关环节中不乏余胤良的影子，颇堪玩味。

FBI对其他华裔民选官员的调查，也有其他案例备考。纽约市首位亚裔市议员、市主计长刘醇逸（John Chun Liu），2012年也因竞选筹款案被调查。他的两名竞选助手因参与"捐款欺诈"，被分别判刑4个月和10个月，外加3年的监管期。案子严重影响了刘醇逸参选市长的机会。

联邦调查局也曾经对前旧金山华裔估值官邓式美立案，但最终以清白告终。2004年秋，《旧金山市纪事报》报道称，邓式美自2003年上任旧金山市估值官后，在聘任部门职员时涉嫌任人唯亲，任用多名竞选时的支持者甚至亲人；还卷入怀疑为支持者削减物业估值的指控。

事发后，公务员委员会着手调查，几个月后公布的调查报告并未明确指出邓式美办公室在任用人选时存在偏私情况，但建议更改现行的公务员聘用系统。邓式美后来的辞职与此无关，宣称是家庭因素。

此番余胤良被联邦当局起诉多项违背公众诚信和串谋无牌走私军火等重罪，不论官司最后如何定罪，抑或余胤良还有抗辩的证据，但他的政治前途已然跌倒最低点。对华人社区而言，案情如此复杂诡异，华人参政遭遇重挫，但华人参政这个大方向则不可逆转。慎之戒之，这是一个吸取教训并且重新出发的时刻。

CIA又成众矢之的

2014年岁末，美国中央情报局（CIA）又一次成为众矢之的。

在联合国酷刑问题专家的要求下，美国参议院情报委员会公开了调查中央情报局（CIA）在2001年"911"袭击后对疑为恐怖分子酷刑逼供现象的报告摘要。参议院情报委员会网站在2014年12月9日上载了包含20个特定羁押犯盘问个案调查的报告摘要，指出CIA盘问人员使用了"强化审讯手段"，逼迫囚禁于海外秘密监狱的疑为"盖达"成员招供；称所用审问手法显然逾越了白宫、CIA或司法部律师授予的权限。

这一525页的文件详列了CIA人员动用多种心理与生理虐待方式对付受审者，除了早已被揭发的水刑、禁睡、禁食、"冰浴"等方式外，还曾动用电钻威胁蒙面疑犯，以扫帚作性侵犯恐吓，甚至恫吓性侵受拘押者的母亲。其他常用酷刑包括用嘈吵乐声折磨，或把疑犯暴露于极热或极冷环境，长时间蒙眼或塞耳令疑犯产生焦虑、幻觉或压迫感或撞墙等。在一个案例中，盘问人员暗示囚犯，会当他的面将其母亲性侵；而另一个案中则威胁割断囚犯母亲的喉咙。

CIA酷刑情况调查报告摘要披露后，引发美欧媒体聚焦关注，舆论一片哗然。《赫芬顿邮报》的文章标题直言"酷刑组织"（TORTURE SQUAD），今日美国网的标题则是《酷刑报告披露毛骨悚然的细节》，法国《费加罗报》称CIA"玷污"美国形象，英国《每日邮报》指为"西方之辱"……白宫发言人欧内斯特（Josh Earnest）强调，奥巴马总统支持公开文件。民主党参议员麦克卡斯基尔（Claire McCaskill）称报告凸显了美国审视自身问题的勇气。

CIA于2002年8月开始拘捕、盘问恐怖分子，时为小布什总统执政期间。报告称，被秘密囚禁的119名囚犯中，至少有26人是无辜者，而CIA纪录显示，39名遭逼供的拘留者中，有7人没能提供任何情报；其余能提供明显而准确情报的被拘留者，通常是在受酷刑之前，或不用任何酷刑下就提供情报了。前副总统切尼及一些前情报高层强调严刑逼供所获情报对反恐大有帮助，但该报告的最终结论却是：没有一个关键情报是只能靠严苛审问手段获取的。

在读者和网民的眼里，报告虽然谴责中情局误导华府决策层及公众，其盘审手段远较其对外披露的残暴；但报告大部分篇幅是说酷刑无助于获取情报，而非谴责酷刑。似乎CIA使用酷刑只是"技术错误"，而不是道德和人类良知底线的毁灭。

联合国酷刑问题特别报告员门德斯(Juan Méndez)说，我们对于全球反恐战争起初几年里酷刑使用之普遍及其残酷性和破坏性的担忧得到了证实。他也强调根据《反酷刑公约》，美国必须对每一个应该对此负责的人调查、起诉和惩处。

CIA甚至被媒体爆料，称其支付了高达8000万美元的报酬，予以帮助其设计"强化刑讯"项目实则即酷刑的医生。美国《发言人评论》(The

Spokesman-Review)披露，在"911"事件发生后，有两名费尔柴尔德空军基地(Fairchild Air Force)的心理医生帮助CIA设计并实施了酷刑项目。美国全国广播公司(NBC)报道也佐证了这一内容，称CIA通过Mitchell, Jessen & Associates公司，对那些总共七名帮助设计"强化刑讯"项目的心理医生和专家支付了高达8000万美元的报酬。那些原本在美国空军等机构担任心理医生，负责指导执行特殊任务的军人如何在被俘后应对敌方酷刑，强化他们的"生存、躲避、抵抗和逃脱"能力，结果在天价的报酬下却成了替CIA设计酷刑的帮凶。其中的细节在参议院的报告也有介绍：2006年，CIA与该公司签订总价值达1.8亿美元的合同，后来由于项目提前在2009年终止，这些酷刑的设计者拿到8100万美元。在合同履行的初步阶段，两位心理医生杰森和米切尔每天能分别从CIA拿到1000美元，而且免税。

CIA的酷刑，甚至使一位负责审讯事务的主管也感到后怕，而对酷刑项目及其对犯人的效果持"强烈保留态度"，并要求退休。他说："酷刑项目就像是一个等待发生的列车出轨事件，我打算在列车出轨前跳下去。"幸运的是，他被批准提前退休了。

不过，此前一直否认存在虐囚现象的前副总统切尼则自辩说，CIA采用的审讯手段与恐怖分子的行径"在道德上不具可比性"。他例举"非自愿肛门喂食"等手段，认为算不上虐待而是一种医疗手段，但此荒谬论调被医学专家否认。美国有线新闻网披露，切尼还放话称"将分分钟再搞一次（虐囚）"（I would do it again in a minute.），毫无悔意之间流露出惯有的杀气。

与此同时，切尼还否认时任总统小布什对虐囚毫不知情。他强调，正是小布什授权CIA采纳这些手段。"我们获得了总统的授权、司法部的授权，得以开展这一项目，它管用了。"可见，小布什政府对CIA违背人权和人伦的酷刑负有不可推卸的责任，难怪网民们声讨说；为何不追究小布什？！

中央情报局(Central Intelligence Agency，简称CIA）是美国最大的情报机构(美国政府的间谍和反间谍机构，是美国庞大情报系统的总协调机构)。1942年组建的战略情报局（OSS）堪为中央情报局的前身。可以说，导致太平洋舰队全军覆没的珍珠港事件催生了后来的CIA。当时的罗斯福总统迫于严峻形势着手组建情报机关。1947年，战略情报局合并到新成立的中央情报局（CIA），宗旨是"整理、评估和发布美国其他部门的情报，并向美国总统和国家安全委员会提出建议。"

随着冷战格局进一步明确和激化，1948年6月，杜鲁门总统签署NSC-10/2文件，明确规定中情局可以在国外从事各种秘密行动，"作为美国政府公开外交活动的补充"。秘密行动的方式不限，包括策反宣传、心理战、破坏、反破坏、颠覆、暗杀、准军事行动、策动和援助叛乱等等，几乎囊括了除发动大规模正式战争的所有方式。

中情局的局徽造型独特警醒，在蓝色镶金边的圆形底盘中心，是一面银色的盾牌。盾牌中心是一个有16个红色尖角的罗盘图形，盾牌上面是一只美国秃鹰的头。外圈写着"美利坚合众国中央情报局"的英文字样。银盾象征中情局是保护美国安全的一道盾牌。罗盘图形的16个触角象征中情局的势力渗透到世界各地。秃鹰则象征机警、灵敏和冷酷——这正是中情局的风格。

CIA与FBI（联邦调查局）的关系很微妙。CIA隶属于国家安全委员会，主要任务是公开和秘密地收集外国政治、文化、科技等情报，协调国内各情报机构，向总统和国家安全委员会提供报告和资料。

联邦调查局（Federal Bureau of Investigation，简称FBI）隶属于司法部，是联邦政府最大的反间谍机构。主要任务是调查违反联邦犯罪法，保护美国调查来自于外国的情报和恐怖活动，其中五大影响社会的领域享有最高优先权：反暴行、毒品／组织犯罪、外国反间谍活动、暴力犯罪和白领阶层犯罪。FBI当年在打击三K党的行动中，曾扮演了重要角色；而对于马丁·路德·金的调查则留下臭名昭彰的口碑。

中情局（CIA）成立之初，当时的联邦调查局局长胡佛开展了一项旨在限制CIA权限的行动，尤其限制其在国内领域的权限。印证CIA成立之初，就和更早成立的FBI结下了梁子，是联邦政府分别跑在两条跑道上的两架情报、间谍马车。面对强势的胡佛，CIA一开始就没示弱，当杜勒斯于1953年接掌CIA后，更处处逞强，欲势压FBI一头。在韩战、越战中不断遣派间谍、窃取赫鲁晓夫秘密报告、暗杀卡斯特罗、颠覆那些美国所不喜欢的国家政权，都是伴随着CIA无数丑闻的"战绩"。

中情局局长由美国总统直接任命，同时担任总统和国会的高级情报顾问。前总统老布什在1976年1月30日－1977年1月20日出任过中情局局长。

今天，CIA又一次因为自己的倒行逆施而成为众矢之的，这对于世界而言早就不是新鲜事，也不会使CIA让它的种种酷刑和不择手段的行事方式从此销声匿迹，因为其终极目标就是要不遗余力地渗透到全球各个角落，以刺探他国的机密、策反别国的要员，来刺激达到捍卫自身国家安全的目的，而不会顾忌是否触犯人权底线和国际法。事实上，CIA不乏把策反"敌对国"特工甚至把"基地"恐怖分子嫌犯改造成为美国服务的双重间谍的实例，在这个过程中，谁能清楚CIA究竟使用了哪些伎俩和酷刑？！

白宫拾遗

读书的总统

奥巴马在他的第一任期四年内以及第二任期的第一年，无论推动外交与内政，几乎都磕磕绊绊地走来，除了首次任期内获得那个争议不少甚至令人笑话的诺贝尔和平奖，更多的是讥评不息。美国驻亚洲发展银行(Asian Development Bank)特使陈天宗(Curtis S. Chin)撰文指出，纵观2013年，奥巴马可谓是最倒霉的人，国内政策得不到很好实施，亚太政策也未能如愿推行。《华盛顿邮报》记者克里斯·西里撒(Chris Cillizza)也直言，2013年在华盛顿情况最糟糕的人当属总统奥巴马了。2013年，美国饱受丑闻的困扰，斯诺登泄密事件与奥巴马推行平价医疗法案医改的失利也令白宫非常难堪。这个医改计划是奥巴马在首任内所签署的一系列立法的核心，应该有益于社会大多数，却被利益集团和权贵阶层看衰，可见贵为美国总统，奥巴马行动却如履薄冰，施以援手者少，冷眼旁观、放冷箭者甚至阻挠之徒众，奈何！

奥巴马身为政界的一匹黑马，从州参议员、联邦参议员直到登上政坛巅峰总统宝座，几乎都带给世人旋风般的震撼与惊奇。然而他依然可以说涉世不深，尤其是不谙华盛顿政治圈的众多"潜规则"，他本人应该也不屑于迎合或者迁就政治圈的种种清规戒律，只想施展自己的抱负，不得不在政坛的种种怪相里和政敌的狙击中谋求突破。何况，在美国特定的三权鼎立机制下，任何人贵为总统也不可能实现一言九鼎的威权，奥巴马则更因为其书生意气，而在某些方面与华盛顿政治圈显得格格不入，但却也因此可以赢得民众的尊崇。

笔者以为，奥巴马的书生意气，是其人格表现的一部分，这种人格特征源自他的好学，源自他的读书不倦。奥巴马小时候，他的母亲就为他朗读《独立宣言》，从小教育他自由、民主和美国精神，也培养他喜欢读书的习性。良好的家教，阅读的积累，影响奥巴马成长过程至深。他在哥伦比亚大学和哈佛大学读本科和研究生，泡在图书馆的时间最多，常常一呆就是一整天，书籍成为奥巴马最好的伴侣和朋友。网上曾经流行的一张奥巴马照片，就是他在哈佛手捧书本的留影。

在战后美国历届总统中，奥巴马可能是最爱读书的。美国媒体也认为，他是美国很长时间以来难得一见的"有文化的总统"。从他的自传《我父亲的梦想：奥巴马回忆录》中显示出的广博知识和优雅流畅的语言，也可以看出他的阅读之丰富。知名学者李欧梵在该书的台湾版序中说："即使奥巴马选不上总统，他也有足够资格成为一名作家。"并称赞该书是"富于文学性的大手笔"。奥巴马在自传中提到，每次遇到问题时，他都会找来相关的书阅读，希望从书中得到些启示。最感动奥巴马并且影响他人生的书是《圣经》，以及莎士比亚的悲剧。不论是《哈姆雷特》还是《李尔王》，书里对人性两难境遇的洞察何其丰富深刻，

奥巴马的阅读涉猎极广，文学修养和造诣颇高。他喜欢读一些文学性极高很少人涉猎的著作。奥巴马在竞选总统成功后，曾在与阿根廷总统克里斯蒂娜·费尔南德斯通电话时谈及对阿根廷的了解："大学时曾认真看

过博尔赫斯和科塔萨尔的小说，因此非常熟悉。"阿根廷媒体得知奥巴马读过本国著名作家博尔赫斯和科塔萨尔的小说，感到异常兴奋，因为"了解这两位作家的美国总统不多。"这两位作家在纯文学圈享有极高声誉，但因为对读者的阅读品位要求较高，极少获普通读者青睐。

近年，第一家庭度假的耗费不时引起媒体和民众的热议，但也有媒体为奥巴马开脱。英国《独立报》网站2011年1月3日一篇文章称，奥巴马一家人并没有把全部时间和精力都用在"奢侈"的购物和游山玩水上，总统在长达12天的圣诞和元旦假期中，已经读完了数本精装书。白宫官员称，奥巴马在夏威夷火奴鲁鲁附近的海滨小屋里，至少读了三本长篇巨著：一本是前总统罗纳德·里根的传记《终生难遇的角色》，一本是间谍小说《我们这种叛徒》，第三本是历史小说《雅各布·德佐特的千年之秋》。而在2009年8月奥巴马一家在马萨诸塞州玛莎葡萄园岛度假十天左右，白宫发言人比尔·伯顿透露，奥巴马除了和家人享受私人时光外，他还携带了厚厚的五本书，加起来有两千三百多页，在假期读书。据披露，他那次度假带的书包括乔治·佩利卡诺斯的侦探小说《归途》，托马斯·弗里德曼的《世界又热又平又挤》，大卫·麦卡勒所著的美国第二任总统传记《约翰·亚当斯》，描述有关种族和阶级分类的故事书《奢华生活》，讲述生活在科罗拉多大草原性格各异的八个人不同人生的畅销书《素歌》。

《纽约时报》2014年1月1日报道，奥巴马总统上周购买了一本小说《生命如不朽繁星》（A Constellation of Vital Phenomena）。报道称，奥巴马总统从未踏足车臣崎岖的山区，但如果他翻开自己购买的这本小说，他便会被带往那片暴力和悲剧不断的土地。

以前也有很多美国总统饱览美国历史和人物传记，奥巴马博览群书之际，其爱好更倾向于文学。巴诺书店曾专门列出了一个"奥巴马书单"，可一窥奥巴马读过的书之概略，既包括历史和传记，如《美国历史的反讽》、

《罗斯福传》、《和而不同》，也包括众多文学作品，如《土生子》、《所罗门之歌》、《金色笔记本》、《莎士比亚全集》、《圣经》、《白鲸》，等等。

此外，奥巴马的读书清单中还涵盖了胡赛尼(Khaled Hosseini)的《追风筝的人》(The Kite Runner)、索尔特(James Salter)的回忆体小说《所有一切》(All That Is)、马修斯(Jason Matthews)的《红麻雀》(Red Sparrow)、达维多夫(Nicholas Dawidoff)的《合理冲撞》(Collision Low Crossers)、爱泼斯坦(David Epstein)的《运动基因》(TheSports Gene)以及斯特尔德(Cheryl Strayed)的《荒野》(Wild)、拉希莉(Jhumpa Lahiri)的《低地》(The Lowland)等著作。

奥巴马喜欢到美国东部海岸马萨诸塞州的玛莎葡萄园岛或者夏威夷度假，除了暂时远离华盛顿政治中心，享受集阳光、海滩和新鲜空气于一体的海上"世外桃源"，也享受在闲暇时光里好好读几本书的幸福。他读的书里，又以文学类比重最大。

在第一家庭度假多次踏足的玛莎葡萄园岛上的书店"葡萄串"（Bunch of Grapes）里，奥巴马每次都会挑选自己喜欢的书，不少是获得评论界好评的畅销书，重在生活趣味和休闲。他从白宫和书店书架上选择的图书，基本上与国家政治或总统职务无关，大多偏向小说类，阅读品位不凡。其中包括《长沼三部曲》（The Bayou Trilogy，丹尼尔·伍德瑞尔著）、《罗丹的初次亮相》（Rodin's Debutante，沃德·贾斯特著）、《双生石》（Cutting for Stone，亚伯拉罕·维盖瑟著）、《直到大地尽头》（To the End of the Land，戴维·葛罗斯曼著）、《他乡暖阳》（The Warmth of Other Suns，伊莎贝尔·威克森著）。

美国历史上很多总统都是书迷，西奥多·罗斯福差不多每天都能读完两到三本书，据说只要没有人和他说话，他马上就拿起一本书读起来，从不间断。杜鲁门虽然没有上过大学，但博览而多识。杜鲁门有一句名言："如果你认为某件事是世界上新的东西，其实是因为你不知道历史上早已有之。"堪称他读书积累后理解了研究历史的重要性。老布什读书态度认真，他曾经读过的《大流感：致命的瘟疫史》一书对其执政产生过巨大影响。经过仔细思考后，老布什后来启动了国家对防治流感疫病的整体规划，多年来对民众的健康维护以及保护经济发挥了作用。克林顿的阅读量很大，他的假期读书是充电式的自我完善。而像奥巴马那样偏爱读文学书，真正视文学为兴趣而当作阅读主体的总统，极其鲜少，可能在世界范围各国首脑中也是如此。

一个喜欢读书的总统，一个不是为了执政找药方而寻求阅读的总统，奥巴马的读书是纯然而自然的习性使之，也许无助于他对付政治圈内的疾风暴雨，无助于他摆脱施政中遭遇的各种麻烦，但我相信，在阅读中的奥巴马是幸福的，他通过读自己喜欢的书而了解世界与人性，忘却世俗的烦恼与政治的纠葛。而在平民眼里，一个喜欢读书的总统，也是可爱的。

总统和平民的新年祝愿

新年许愿，似乎是古今中外民众都愿意做的事，一元复始，万象复苏，沾沾喜气，除旧布新；也是很多头面人物都不吝啬做的事，在许新愿、图吉利、谋福祉方面，人类有极其深远的传统，无论尊卑长幼男女老少概莫能外。而今甚至有一款游戏也称为"新年许愿树"，其它游戏和网络社区也都开辟不同的许愿活动。

在成千上百万美国人都在新年前夕为2014年的到来许下自己的新年愿望之际，民众对奥巴马总统及第一家庭会许什么新年愿望也抱有莫大兴趣，甚至也有相当多民众热衷于为奥巴马的新年许愿出谋划策，媒体也都津津乐道乐此不疲。

进入第二任期的第二年，奥巴马亟需在华盛顿政治的云雾笼罩下完成自己的施政抱负愿望。2014年对奥巴马而言绝对不会是轻松的一年，党派政治领域仍然内忧外患，共和党已然虎视眈眈，誓言要在保留众议院控制权的基础上夺回参议院的控制权，借以干预奥巴马未来一年的各项立法。

因此，奥巴马在未来一年可能将遭遇前所未有的立法压力，其戮力推动的移民法案、预算案、应对气候变化及外交政策等，都难以获得立法机构共和党人的同心，何况来自民主党方面的抱怨也足以让奥巴马头大。国会民主党人曾经多次发声，毫不掩饰多次在各项立法和政治僵局上支持了奥巴马、而总统似乎毫不领情的愤慨之情。参议院多数党领袖里德就坦言："我和他(奥巴马)说了很多次，白宫在修复奥巴马医保法案上改善了不少，但很多建议都是我们的参议员提出的，他们的功劳却一点都没有得到肯定。这样做很不合适。"如何团结民主党人，已成为奥巴马不能回避的功课，否则，在2014年势必与共和党展开的"立法恶战"中，奥巴马和民主党都不会太平。

媒体披露了给奥巴马提新年愿望建议的相关版本，其中共和党全国委员会设计了6张电子贺卡，以奥巴马的口吻列出了他应该考虑的新年愿望。其中包括：少打高尔夫球；就美国驻利比亚班加西领馆遇袭事件拉上希拉里"垫背"，一起为该事件负责；还有在和副总统拜登的例行午餐会上，"至少要假装听取一下他的意见"。

在一张贺卡的画面中，奥巴马身穿西装系着领带脚穿黑色皮鞋，在高尔夫绿茵场上挥杆；卡片一侧写着，"2014年我要尽量减少在工作期间打高尔夫球的次数。"奥巴马爱打高尔夫球早已人尽皆知，他每打一次高尔夫球，都会被共和党记上一笔。据共和党方面"精心而不完全"的统计，自2009年1月入主白宫以来，奥巴马已经创造了打至少155轮高尔夫球的纪录，把历届总统远远地甩在后面。

奥巴马本人公开的新年愿望似乎极其简单却不无玄妙。他在白宫例行新闻发布会上回答媒体记者提问2014年新年愿望时说：要在未来一年"对白宫记者团队更好一些"。他显然清楚自己无时无刻不被媒体"惦记"的现实，因此先捎上橄榄枝，希望新年里媒体记者们至少也能回应他的善意、会笔下口中留点情。

地球村各家的新年许愿习俗和活动也颇多趣味。俄罗斯人喜欢买枞树许心愿。各大城市主要广场及地标性建筑附近都会用枞树装点，喜迎元旦。有人还会在新年元旦零时打开家门许愿，或点燃写下心愿的纸条，将灰烬放进酒里喝下肚去。在南美厄瓜多尔，以新年前夜焚烧人形布偶来迎接新年的民俗最为独特；厄瓜多尔人认为，火焰可以祛除邪气，烧人偶一扫全年晦气。墨西哥人许愿吃葡萄12粒，辞旧迎新的钟声每响一下，墨西哥人就吃下一粒"许愿葡萄"，一共要吃12粒，每吃一粒许一个心愿，祈祷新年每个月都吉祥如意。

美国心理学杂志曾经归纳美国人最常许的新年愿望，依次为：减肥、更有组织能力、拥有更多储蓄、享受生活、身体健康、学习新知识、戒烟、帮助别人、谈恋爱以及与家人在一起。美国"有线电视新闻网"也曾经公布民众十大新年愿望的调查结果，包括享受生活、交新朋友、结束混乱状态、戒掉拖延等。《生命时报》曾整理了万余名网友建言，列出中国人的十大新年愿望，分别为：父母健康、找到好工作或工作有新突破、多些时间陪家人、吃到安全食物、去旅行、减肥成功、找到另一半、学会积极面对压力、希望父亲或丈夫戒烟、学点新东西。可见，各国老百姓的愿望都很实在，在某些价值观方面也比较相似。现代人更加关注亲情、健康和戒陋习，渴望享受生活，追求实实在在的幸福。

新年新愿景，人人各有梦。世人追求幸福美满、健康活力、自由无忧、平安喜乐的生活，却是异中有同、同中求异。

白宫"第一父女"的
相处之道

　　2014年6月中旬的父亲节前夕，奥巴马总统接受前总统布什的女儿詹娜（Jenna Bush Hager）访问，这是一个有趣的互动，而且能够观照出历史的痕迹，堪可玩味。

　　众所周知，小布什的双胞胎女儿中的妹妹詹娜青少年时期性格叛逆，就读德州大学期间曾经因为不到法定年龄而在酒吧酗酒被逮，罚做社工。成年后的詹娜"改邪归正"，2005年开始在华盛顿的一所小学当老师，并曾在联合国儿童基金会实习，还是联合国儿童基金会"下一代委员会"的青年领袖大使兼主席；2009年加盟美国全国广播公司(NBC)新闻脱口秀节目《今日》，为全职特约记者。2008年11月奥巴马胜选之后，白宫即将易主。10岁的玛丽娅(Malia)和7岁的莎夏(Sasha)随父亲奥巴马参观白宫时，詹娜以过来人的身份告诫新"第一千金"如何适应白宫生活，因为在詹娜看来，那是如同"博物馆、公共鱼缸兼监狱"的地方。今天，前"第一女儿"再度与奥巴马会晤，且是以记者的身份访谈，询问奥巴马如何当父亲，话题依旧离不开白宫生活，以及对已在白宫度过近五年多光阴的新"第一千金"的关注。

前"第一千金"詹娜在访谈节目中问奥巴马道，当美国总统和当两个少女的老爸，哪个更困难呢？奥巴马笑称他之所以竞选连任，是为了利用特勤人员看住玛莉亚和莎夏这两个女儿。奥巴马对詹娜说："你有过同样的经验，知道她们有特勤小组保护。我戏称，我竞选连任主要就是希望她们一直到高中毕业都有人盯着。""我们甚至不需要去检查她们的作业。"

事实上两年前奥巴马就说过类似的话，他称自己不担心女儿谈恋爱，因为时刻有带枪特工跟随在周围。父亲节前夕奥巴马又强调说："我不太担心女儿的社交生活，她们头脑很清楚，她们是坚强而又有自信的年轻女士"。

当被詹娜问到女儿会怎么形容他时，奥巴马回答说："我觉得她们会说我是个有趣的好老爸，有时胡闹到几乎让她们感到丢脸。"在白宫这个具备"博物馆、公共鱼缸兼监狱"等多项功能的地方，近几十年入住白宫年龄最小的两位"第一千金"，已然度过自己的童年，并向青少年的躁动期迈进，但她们与身为总统的父亲在某些方面还是存在代沟的。这一点在2008年奥巴马竞选之旅的过程中就已显露，至少，她们觉得父亲的演讲无趣，父亲与陌生人尤其是青少年打招呼的方式也不被她们认同。

最早形容白宫为"博物馆、公共鱼缸兼监狱"的，是约翰逊总统的女儿露西（Luci Johnson）。前总统福特的女儿苏珊也曾将白宫比作"监狱"，将白宫保镖视为"狱卒"；而她当年在白宫中唯一想做的事就是"越狱"（她最终在21岁那年嫁给了与她接触最多的保镖，这桩仓促的婚姻没多久便又匆匆告终）。而最早将白宫比作是"伟大的白色监狱"的，则是杜鲁门总统的女儿玛格丽特。可见那些"第一千金"们自己感受到的白宫生涯，并不那么美好、自由。奥巴马的两个千金会是例外吗？

白宫的"第一父女"会如何相处呢？好在奥巴马极为看重与自己家人在一起的亲子时光。奥巴马感慨道："我相信生命中没有什么比这更珍贵，当弥留之际时，你最想记住的是握着女儿的手"。即使日理万机，奥巴马还是经常设法与家人一起吃晚饭，并参加女儿在学校的活动，还是莎夏所在学校的篮球队助理教练，亲自指导她球技。他女儿就读学校的校长披露，开家长会时，奥巴马从不迟到。

奥巴马曾坦承，由于工作职责的关系，他失去了很多陪伴女儿的时光，也更关注女儿的成长，抓住每一个能够和她们一起活动的时机。为了言传身教，他戒掉了多年的烟瘾。他和女儿一起逛书店，为她们选书，和她们一起阅读。而在那首"神曲"《江南style》风靡全球之际，两个女儿也成为他的老师，教他学会了《江南style》。不过，奥巴马对女儿生活上的"清规戒律"也不少，大女儿玛丽娅到13岁时才拥有手机，而且只准在周末使用；两个女儿都不准在周一到周五期间使用电脑或看电视，除非作业需要；她们还被禁止开设Facebook账户。

奥巴马对女儿无微不至的关怀，则有更多可圈可点的表现。2014年3月中旬，就在第一夫人米歇尔·奥巴马将携两个女儿和自己母亲访问中国的前几天，奥巴马还特意抽空到商店为妻女挑选旅行衣服。奥巴马3月11日在纽约参加筹款活动之余，进入当地一家Gap商店，在颜色、款式诸方面精挑细选，最终给莎夏买了一件浅粉色上衣，给玛丽雅买了件珊瑚红的上衣。奥巴马又为第一夫人挑了件带拉链石蓝色运动夹克。他自得地说："我认为女士们(他的妻子和女儿)会对我的审美品味印象深刻。"

当然，如何应对女儿青春期叛逆，奥巴马也自有高招。他曾经对媒体透露说，警告女儿不要纹身，如果她们决定纹身，那么他和米歇尔夫妇两人也将在身体同一部位纹上同样的纹身，并且在视频网站YouTube上展示他们的"家庭纹身"。这样的妙招之下，两千金也会知难而退了。

第一千金

美国第一家庭历来都是媒体和民众乐于关注的。随着奥巴马入主白宫，他的夫人和两个未成年的女儿也顷刻间成为聚焦亮点。事实上，从2009年1月5日候任总统奥巴马阖家从芝加哥搬到华盛顿时，他的两位女儿安排入读学校的事，也在华府引起很大的动静。

现在，这两位女孩已经是名副其实的"第一千金"（自然还有长、幼之分），出行不仅会享受六人保安的规格，一举一动也都会被"狗仔队"的"长枪短炮"捕捉。如同前总统克林顿、布什的千金当年难免要忍受媒体的"骚扰"，就像布什的次女大学期间酗酒被曝光那样，她们也必得谨言慎行了。

可是，这个时候奥巴马的女儿一个10岁、一个才7岁，要她俩拘束度日太难了，也不符合她们的本来性格。看这两位千金在其父亲的就职仪式上的淑女形象与老道表现交织，"长公主"马莉娅还拿着照相机到处猛拍一通，可想她俩也不是没见过世面的。媒体和出版社甚已打起算盘，琢磨如何弄到马莉娅的照片，并一厢情愿地希望"长公主"未来出书立马畅销，进而更可搭上"第一家庭"今后出书的快车道。

《华尔街日报》曾经刊登前总统布什的两名女儿芭芭拉及詹娜写给奥巴马两名女儿马莉娅和萨莎的公开信披露，早在祖父老布什就职总统时，她们就以"第一孙女"身份做客白宫，到父亲小布什当选总统后又正式入住白宫8年的前"第一女儿"，以"过来人"大姐姐的口吻给予"新公主"提出诸多建议，包括"要有一班好朋友，他们会保护你们，一起分享快乐时光。""如果跟父母出席万圣节派对，不要放弃你们正常会做的事，打扮和化妆要有想象力和心思。""爱护你们的小狗，因为有时你们需要一些安慰，只有动物才能做到。""在白宫晒日光浴、举行游泳派对和在草地玩游戏，在这个神奇的地方享受你们的童年。""尽力出席所有活动，包括去肯尼迪中心看戏剧、出席国宴、圣诞派对、博物馆开幕仪式、游览纪念馆。4年很快过去，尽情享受吧！"以及指点小妹妹在何时或需要什么时去找哪位白宫接待员。巨细靡遗，充盈生活气息和人情味。

据《大观》杂志披露，奥巴马上任前夕给两个尚未成年女儿的公开信，展现了奥巴马决定竞选总统的心路历程，认为带领家人通向白宫之路是"大冒险"。在这封洋溢着父爱的感性的信里，奥巴马体认到："如果我不能确保你们此生能够拥有追求幸福和自我实现的一切机会，我自己的生命也没多大价值。总而言之，我的女儿，这就是我竞选总统的原因：我要让你们俩和这个国家的每一个孩子，都能拥有我想要给他们的东西。""我也要大家向自己的人际界限挑战，跨越使我们看不到对方长处的种族、地域、性别和宗教樊篱。""在我们准备一同在白宫开端新生活之际，我没有一天不为你们的忍耐、沉稳、明理和幽默而心存感激。"

正式就职前接受《美丽佳人》（Marie Claire）杂志专访的奥巴马，也畅谈他家庭和周遭的女人们，称两个女儿都不太喜欢布兰妮和帕丽斯·希尔顿，"每当电视出现她们觉得不适宜的内容时，她们都是第一个转台的人。"这多少透露出两位小千金的主见及其时尚流行口味。

奥巴马的两位千金如今已经随父母在白宫和华府生活了六年多，她俩还有近两年时光在那儿成长乃至度过青春期，她们的路还很长，让我们祝福她们，也祝福奥巴马践行自己的承诺：要让自己的女儿和美国的每一个孩子，都能拥有他想要给他们的东西。

白宫菜园的昭示

2009年3月20日，白宫南草坪划出一块面积1100平方英尺的地盘，用作开辟菜园，入主白宫刚刚两个月的"第一夫人"米歇尔·奥巴马亲自带领当地一群小学生翻动草皮松土。

路人往来就可看见的这个白宫菜园，将种植55种蔬菜，包括白宫厨师们指名要种的青椒、菠菜、芥菜，以及蓝莓、黑莓等浆果、香草植物，并由白宫木匠负责养两箱蜜蜂以自制蜂蜜。所有植物从播种、施肥到除虫都采有机方式进行。今后随季节变化收成的农作物将成为白宫大厨料理食材，成为"第一家庭"甚至国宴席上的佳肴。

到了6月16日，白宫菜园迎来首个丰收日，第一夫人又欢迎将近三个月前和她一起播种的36名小学生返回白宫，到菜园一起收割莴苣和香豌豆。米歇尔并当着孩子们的面，吃下刚收割下来的香豌豆，啧啧赞道："新鲜蔬菜好吃极了，我们每天都应该吃蔬菜。"最后又邀请孩子们一起品尝丰收大餐：莴苣沙拉、煮香豌豆、烤鸡，等等。她提倡的菜园计划本意一言以蔽之，就是让我们的食物和生活更健康。

有机食物提倡者十多年来一直推动的梦想计划，与奥巴马倡导改革和米歇尔提倡健康饮食的构想不谋而合。奥巴马夫人透露，"第一家庭"搬进白宫之际就酝酿了在园子里种菜的念头；而近期又有约8万5000名网友签署网络请愿书，共同呼吁奥巴马总统把白宫一块草坪改造成菜园，让"第一家庭"种植有机食物，供"第一厨房"和当地其他厨房使用。

看来，第一夫人不仅仅领军时尚潮流，也能够开新生活风气之先。白宫开辟菜园的举措不仅鼓励民众健康饮食，也将有助于倡导在金融危机中节省开支乃至励精图治的精神。也许当年延安时期开荒纺线自力更生的"南泥湾精神"堪为历史的参照，但世界超强的美国今天在总统官邸白宫开辟菜园，其表率意义则更无远弗届。

事实上白宫种菜也早有传统，约翰·亚当斯1800年上任总统时就开创了先例；1918年威尔逊总统为了节省战时资源，也在白宫养羊，从而帮草坪除草施肥。第二次世界大战时期，罗斯福总统也于1943年在白宫开辟了一个"胜利花园"，鼓励民众耕种自给自足，一时蔚然成风。在"胜利菜园"全盛时期，全美40%的新鲜蔬菜水果供应来自家庭后院。克林顿总统上任后也曾经游说白宫开辟菜园。

旧金山市长钮森在2008年也曾推动将市政府广场的一块草坪辟为菜园，一时景观骤变，访客如织，传为美谈。

推广有机农产品促进环保、利国利民的道理其实不言而喻，但今天白宫的"胜利菜园"更具备激励民众自强不息共渡难关的作用。

美国民众住房拥有率超过70%，其中大致七成为独立住宅，前后院面积不小，通常都植满草坪花木。果树成荫绿草如茵固然悦目赏心，但浇灌偌大的草坪花费水资源惊人。加州这些年缺雨干旱，各县市政府纷纷立法严格控制浇水量。人们也逐渐意识到某些事物中看不中用的弊端，在自家后院与其遍植花草，不如适当多种些蔬菜水果。尤其当经济衰退危机四伏之际，在自家后花园开辟菜地的民众与日俱增，不仅可在亲力亲为的劳作中品尝到过日子的酸甜苦辣与丰收的喜悦，收获种植成果之际的成就感也有利于增添生活的信心。

"胜利菜园"重现白宫之际，就是美国面对时艰、上下齐心战胜危难之时。

白宫是超越个人的

候任美国总统奥巴马一家于2009年元月5日抵达首都华盛顿，开始为20天后的就职典礼暖身；这昭示着白宫的宝座行将换主，即将卸任的总统布什一家将告别栖身八年之久的白宫。

不过，白宫并非是唯一一个"清除"布什这位"准前总统"痕迹之所。英国《星期日明星报》2008年12月28日就披露，全世界最著名的蜡像馆——伦敦贝克街的杜莎夫人蜡像馆打算"与时俱进"，将该馆收藏的一尊布什蜡像"下课"。

伦敦杜莎夫人蜡像馆的做法，据悉是将布什蜡像的脑袋"斩首"并回炉熔化，而蜡像的身体部分则将被"废物利用"，用来铸造其他名人的蜡像。杜莎夫人蜡像馆称："'杜莎夫人'历来与时俱进，而'布什时代'即将结束。没有人想看陈旧展品，而布什已经快过气了。"

这可真是"人未走，茶已凉"，"过气总统"不招人喜欢，"杜莎夫人"除旧迎新，也迎合了公众"喜新厌旧"的心理期待。与此同时，美国新任总统奥巴马的蜡像势必取而代之，被摆放至蜡像馆显眼位置。

其实，早在2008年10月，杜莎夫人蜡像馆便开始着手制作美国总统候选人奥巴马与麦凯恩的蜡像头部粘土模具。据悉，艺术家们仔细观察了麦凯恩与奥巴马的上百张照片、并观看数个小时的影像资料后，才塑造出这两具模具。

布什总统和英国前首相布莱尔身着"奶牛装"的蜡像在杜莎夫人蜡像馆一起亮相，也只是在三年前的2005年12月15日。据说，蜡像馆是根据该馆最受欢迎的童话人物来安排角色，布什和布莱尔依照童话故"杰克与魔豆"当中的母牛造型着装。布什为牛头造型，布莱尔则代表牛尾，似乎象征他俩是一对难分难解的"铁杆哥俩好"。

仅仅过去区区三年光景，布什蜡像便由于本尊的"过气"而"下课"，世态炎凉的现实意义在贵为超级大国的元首身上也体现出来，不能不令人叹息。这是否与布什作为近代民意最差的美国总统的"名声"有关，还是这个世界变化太快，只能任人猜想了。

消息来源还披露，小布什偕第一夫人早已在德克萨斯州达拉斯市买下了300万美元之巨的豪宅，加之"准前第一家庭"原先就拥有的德州克劳福德牧场家园，布什一家期望享受悠游自在的退休生活也指日可待了。其实，这恐怕更符合布什的"生活标准"，谁让他是一位经常在晚上9时左右就睡觉的"宅男"总统呢？这个纪录大概也堪为"美国总统之最"。

不过，小布什总统2009年1月7日在白宫椭圆形办公室与奥巴马及三位在世的前美国总统（老布什、克林顿、卡特）的一场罕见会晤时，倒说了很现实也不乏哲理的话。他提醒其前辈和继任者说，白宫是"超越个人的"。

小布什对奥巴马说，我们希望你成功，"不管我们是民主党还是共和党，我们深深关注我们的国家，我们这些在这间办公室中工作过的人都明白，白宫是超越个人的。"事实上，"过气"总统布什尽管争议颇多，但他没太拿自己当回事的人生态度，还是让许多挑剔的驻白宫记者释然的。

"铁打的营盘流水的兵"，白宫也不例外。不论两党轮替，椭圆形办公室宝座易主，白宫是超越个人的，唯有国家利益和人民福祉至上。

美国卸任总统的特殊功能

　　2010年1月12日海地发生7.3级里氏大地震，堪称西半球历史上所发生的最严重自然灾害，无数楼宇倒塌，各种设施损坏，灾区哀鸿遍野，宛如人间炼狱。

　　全球对海地赈灾的救援迅即展开之际，奥巴马总统也迅速邀两位前总统克林顿、小布什到白宫共商赈灾大计，成立以两位前总统为名义的救援基金会，向美国人呼吁募捐救灾。美国卸任总统的特殊功能又一次凸显于世人面前。

　　事实上，美国卸任总统的特殊功能历年来不断地在重大国际事务中表现、发挥出来。前总统克林顿2009年8月4日旋风式访问朝鲜，就成功演绎了无可替代的角色。他在平壤与朝鲜最高领导人金正日会谈、进餐之后，两名被刑拘的美籍亚裔女记者使得以脱离囹圄随他同机飞返美国。克林顿这一不平凡的"私人之旅"，举世震惊，喝彩惊叹声声，让全球各方聚焦美朝关系新转折动向之际，也对美国卸任总统的特殊功能作用再次刮目相看。

撇开政治的因素，也不探究克林顿平壤之行成果的影响，世人也许对美国卸任总统能够发挥的"特异功能"更感兴趣。

美国前总统卸任之后，仍继续享有政府特殊服务和津贴，待遇几乎不变。他们因人而异也许很快消失于公共社会圈，或应全球各方的邀约出访、演讲秀不断，兼可获得不菲的额外报酬。而凭借影响力有意识地参与社会意义广泛的慈善事业和人道主义工作的，更加赢得世人的尊重和赞扬。前总统吉米·卡特就是一个最典型的范例。他不仅重操老本行木匠营生，亲力亲为帮助贫穷的美国人盖房子，还多次以"特使"身分化解国际争端。在克林顿总统任内，卡特1994年就作为美国总统特使成功调停缓解了紧张的美朝关系。老布什和克林顿卸任后，也曾经一起前往遭受严重自然灾难亟需救援的地区，譬如为遭受海啸灾难的泰国人民寻求帮助，为卡特琳娜飓风肆虐下的美国墨西哥湾沿岸地区人民施援手。克林顿还设立了一个基金会，不遗余力支持人道事业，包括为世界各地的艾滋病患者提供低价药物而奔波不息。

卡特及其设立的卡特中心，如今在人道事业与国际事务领域早已名声遐迩，卡特也由于成功斡旋美朝关系在2002年获得诺贝尔和平奖，在美国社会享有"最成功的前总统"之誉。克林顿作为当年卡特访朝的"幕后推手"，在他卸任近10年后突然空降平壤，证明这个曾经"最受美国人喜爱的人"，迄今魅力不减，"余热"灼灼，也颇受朝鲜人欢迎；在关键时刻凸显了包括在任总统在内的其他任何政要都难以达成、发挥的特殊效能。

据传，美国前总统尼克松曾经说过一句话："世界上最难的工作，是做卸任美国总统。"这句"名言"也为克林顿卸任后所认同。以54岁英年走出白宫远离政治中心之后，也许曾经寂寞失落，但他很快寻找到比仅仅为金钱演讲更有价值的人生新舞台。尽管当年莱温斯基"实习生门"的阴影还没消除，但克林顿在争议中展现的非凡定力与活力，他那一流的口才和潇洒幽默的风度，以及平民化的亲和力，使他不仅成为美国人也是世界各国人民都喜爱的人物。如今，不足65岁的克林顿已然满头白霜，这也是他满世界奔波的身心代价，令人叹赏亦叹息。

克林顿2010年11月中旬，在忙完前阶段替全美各地民主党要员竞选站台背书的穿梭旅行之后，又现身泰国曼谷，在影片《宿醉2》中客串自演总统。据悉，在其中一场戏的拍摄中，克林顿演绎的总统角色驾轻就熟地发表了一通关于清洁能源的演讲。该片将于2011年5月26日在美国上映。如此惊艳亮相，在世美国卸任总统中，除了克林顿之外，还有谁堪媲美呢？

话说回来，克林顿平壤私人之旅，却也不可能毫无官方背景信息。两位女记者凌志美、李诚恩被朝鲜囚禁期间，美国国务院相关人士几乎每天致电她们的亲属，透露营救事宜及其进展；克林顿夫人、国务卿希拉里也参与了协商营救行动，而克林顿的凌波一飞导致最后成功，其背后又何尝没有大国外交的实力支撑。诚然，全美举国上下为营救两位普通公民的公开及非公开行动，彰显了人道主义的普世价值与光芒，才是最打动人心的。

美国前后期卸任总统
境遇大相径庭

读相关史料，美国竟然有六位总统晚景凄凉，经济拮据，最终一贫如洗，死于贫困，令人匪夷所思，却也叹息早期美国政体的清廉。虽贵为一国元首，总统也是公务员，是人民（纳税人）的公仆，不能发财也发不了财。

这六位死于贫困的总统包括：

第三任美国总统、《独立宣言》起草人之一的托马斯·杰弗逊(Thomas Jefferson)，他在8年总统生涯里，欠下了1万1000美元的债务，不得不另举债偿还以离开白宫，随后就陷入了入不敷出不断还债的晚年生涯，甚至不得不考虑拍卖田产，消息震惊朝野，引发各地自发为他捐款，但临了仍然还背下5万美元的债务。在贫困和过度劳累的双重压力下，在风湿病、泌尿系统疾病和腹泻轮番折磨下，奄奄一息的杰弗逊于1826年7月4日（恰是《独立宣言》发表50周年）在弗吉尼亚州的家中落寞辞世。

第五任总统詹姆斯·门罗(James Monroe)，出身小农场主家庭，家境不富裕。与当时其他总统一样，由于总统薪俸根本不足以支付开支，离任时审计发现，他用自己的橡树庄园卖地还债，所剩无多。1830年9月23日，门罗夫人因中风逝世，安葬完夫人之后，门罗几乎一文不名，所有资产耗费殆尽，只得搬到在纽约的二女儿家中，靠写书换取稿费。1831年，门罗卖掉了自己仅存的橡树庄园，成为彻底的无家可归者。当年7月4日（独立日），门罗在女儿家因心力衰竭黯然离世，终年73岁。

第七任总统安德鲁·杰克逊(Andrew Jackson)，竞选连任时宣布要偿还全部国债，1835年1月8日，他实现了诺言：美国联邦政府有史以来第一次偿清国债，但他本人因病离任后却无法还清自己的债务。他的主要债务来自1837年经济大恐慌和他的小儿子投资遭骗。1841年他的庄园棉花歉收，七匹良种马也死掉了，经济上陷入困境。他不愿意利用前总统的名声来接受朋友们的赠款，宁可接受贷款，而且必须以儿子的种植园抵押，还在遗嘱里加上一句：只有还清这笔贷款才可以处置遗产。

1845年6月8日，杰克逊因手术失败在家里逝世，终年78岁。他在遗嘱中注明，他出让所有动产、不动产以偿还欠款连同利息1万6000美元，留给后人的遗产只有3柄礼仪用剑，要求子孙们在必要时用剑保卫合众国宪法。

执政期间偿清了所有国债的杰克逊，在他自己离任后却始终陷于债务的困扰，悲夫！

美国第十一任总统詹姆斯·波尔克(James Knox Polk)，出身家境殷实的庄园主。在4年的白宫生涯中，波尔克工作勤勉、卓有成效；离任时，53岁的波尔克已经满头白发身体虚弱。他离任的次日就染上慢性腹泻，尽管妻子莎拉把田纳西的家收拾得格外温馨，但波尔克痊愈之后即投入到图书工作中去，繁忙的工作影响了波尔克的健康，离任刚三个月就撒手人寰。终年53岁。

波尔克夫人莎拉继续过着清贫孤独的日子。南北战争彻底摧毁了莎拉赖以维生的密西西比庄园，莎拉失去了经济来源，只得靠变卖庄园的土地换取一次性微薄收入。1882年，美国国会批准每年补助5000美元养老金，才保障了莎拉的生活。1891年莎拉逝世，终年88岁。

第十三任总统米勒德·菲尔莫尔（Millrd Fillmore），出身贫困农家，1850年7月10日接替病故的泰勒总统，1852年大选失败离任。由于总统任内花销太大，离任时他已经没有积蓄，陷入经济困境。他正式向美国政府建议：给每位离任总统12000美元的年薪。他说："我们的总统们，竟然被冷落地撇在一边，无人理睬，或许还迫于生计，在街道的拐角上开个杂货店，这真是国家的耻辱。"但没有得到答复。

菲尔莫尔在1856年大选中失败，便全身心投入家乡布法罗的公众事业，募捐以建立布法罗的中学、青年会、历史学会、总医院、图书馆，导致债台高筑，无力偿还。所幸他1858年2月获得一位富有的寡妇卡罗琳的爱情，为他还清了债务。

第二十八届总统伍德罗·威尔逊（Woodrow Wilson），出身于牧师家庭，1920年离任后，穷愁潦倒地过了4年，全靠妻子照料，直至1924年去世。

六位总统死于贫困交加的史实，有多种因素，但当时联邦政府未给卸任总统设退休金保障，也是重要原因。直到1958年，国会通过离任总统待遇法，历届卸任总统的各项福利待遇才被确立下来，退休后的生活与尊严得以保障，再无后顾之忧。这些待遇为：终身的退休金，退休后办公（包括邮资）和人员费用，旅行支出，特勤局保镖服务；后来还增设了建立卸任总统个人图书馆的费用。随着总统在任时薪金的增加（目前为40万美元），卸任总统如今每年可领退休金19万9700美元。倘若总统过世，其遗孀还可终身享受每年2万美元的退休金。2013年又开始实施卸任总统保护法，其中注明卸任总统和前第一夫人享受终身特勤局保护的待遇，改变了1994年离任总统保护法所立的只保护10年的规定。

现在，总统卸任6个月后，政府包揽起一名随员的费用；卸任30个月内，随员的费用最多为15万美元。之后，政府提供卸任总统随员费用每年不超过9万6000美元。任何超支的随员费用，需要卸任总统自掏腰包。至于卸任总统办公室费用，每年由国会酌情而定。卸任总统如果代表国家参与活动，政府承担其旅行费用，同时负担不超过两个随员的费用。当然，如果卸任总统自己想散心游逛，那就只能自己买单。对卸任总统子女的保护，特勤局维持到他们16岁为止。卸任总统及其夫人和未成年子女看病，则需要到军队医院就诊。

由于联邦政府给卸任总统支付可观的退休年薪和完善的保障，当代的美国总统不至于再如一个世纪前的前任们那般贫困潦倒了，何况如今卸任总统演讲、出书的报酬成倍加码，他们的日子其实比在任时还好过了。

相比之下，前总统里根的退休生活最为不幸。卸任最初几年，里根还是很火的，大把演讲费流入腰包。自从1994年被确诊得了老年痴呆症后，便很少在公众场合露面，最后足不出户，病痛缠身，儿女亲情也渐淡薄。

目前，美国健在的前总统包括：卡特、老布什、克林顿和小布什。前两位都已年届90高龄，后两位也奔古稀之年，但都活得很滋润，发表演说、筹款、热衷慈善事业，忙得不亦乐乎。

他们各自的"壮举"包括：

卡特卸任后热心公益事业，创立了非盈利、无党派性质的卡特中心，推动卡特工作计划，为促进世界和平、人权和医疗卫生文明而奔波，足迹遍布亚洲、非洲和拉丁美洲。卡特身怀木匠的技艺也是众所周知，退休后他每年抽出一个星期，穿上蓝色牛仔裤，系上木工围裙，和义工们一起为穷人盖房造屋。1988年的选房地址在休斯顿，卡特和6000名义工为贫困家庭建造了一百所低成本住房。

卡特曾经七次获诺贝尔和平奖提名，并于2002年获得了诺贝尔和平奖，实至名归。他与妻子一直过着非常俭朴而快乐的退休生活，一起钓鱼、打网球、骑自行车和慢跑。夫妇俩还双双荣膺总统自由勋章。

2014年6月12日，90高龄的前总统老布什在美国东部缅因州跳伞，庆祝自己生日。老布什在美国陆军"金骑士"跳伞队员的帮助下跃出机舱，采取双人跳伞的方式平安着陆。迄今，老布什创造了八次跳伞纪录。他曾在自己75岁、80岁和85岁生日时跳伞庆祝，人称"老顽童"。从孩提时代起（除二战期间外），老布什每年夏天都会到缅因州庆祝生日。

老布什第一次跳伞经历是在二战时期的1944年9月。他驾驶的飞机被日军击落，遂跳伞得以生还。

克林顿以54岁壮年之际卸任，成为美国历史上最年轻也最不甘寂寞的卸任总统。开始，他频繁地到国内外进各地演讲，赚的盆满钵满，每年光是演讲费进账就上千万美元，不仅付清过去打官司欠下的巨额律师费，也偿还了华盛顿和纽约两处住宅的贷款。

2004年初，克林顿联袂前苏联总统戈尔巴乔夫以及老牌电影明星索菲亚·罗兰，共同为童话故事《彼得和狼》配音，并因此荣获一项格莱美大奖，给自己的退休生活带来几多欢乐。又亲自执笔推出自传《我的生活》，甚至毫不回避当年"实习生门"莱温斯基的敏感问题，吸引无数民众的关注，再度成为"风光人物"，发了笔大财也在意料之中。这本自传为他进账1500万美元收入。

克林顿也成为后来历届总统大选时的最热门助选人物，他的风头甚至远远盖过了当年竞选总统的克里。后来为夫人希拉里竞选总统摇旗呐喊募捐募款，奥巴马竞选连任时，他也为之四处奔波。如今希拉里又可能再度出山竞选总统，克林顿的助选明星角色断然无人可以替代。如果希拉里2016年如愿当选美国总统，克林顿将成为美国历史上首位"第一丈夫"。

小布什退休后和夫人劳拉定居德克萨斯州达拉斯市郊区，生活安逸、热爱运动，常常被夫人支配做家务，刷盘子成为他的"新内政"。他也乐于被夫人耳提面命外出买杂物，还为老兵们组织自行车赛和高尔夫球巡回赛。虽然他本身就是富翁，却也不会拒绝发表有偿演讲的机会。令人惊讶的是，小布什还开始了绘画生涯，并且于2014年4月5日以画家身份首次在达拉斯南方卫理公会大学举行画展，展出他为各国领袖创作的20幅肖像画。

在当天美国全国广播公司播出的《今日》节目中，小布什接受了女儿、记者詹娜·布什·黑格的访问，称自己是受了丘吉尔的启发才尝试画画。他是读了丘吉尔的《绘画是种业余爱好》受到激励，有了学画画的闲情逸致。他师从达拉斯一位女教师，每周上一次课。小布什说自己身体内藏着个伦布朗（17世纪欧洲画家），而教师的任务是把伦布朗给找出来。

起初，他画画的对象主要是小动物、静物和乡村风景等，后来开始为与自己执政时交往过的各国领袖画肖像画。他在一年前接受的一次采访中说："我对待画画很认真，它改变了我的生活。"他的画中落款常常是数字43，人们猜测这可能代表小布什是美国第43任总统的意思。

美国著名艺术评论家萨尔茨评析说，小布什的画作看起来简单笨拙，但已经是无天赋者能做到的最好程度了。

前"第一千金"的薪水风波

前总统克林顿夫妇的独生女切尔西·克林顿(Chelsea Clinton)2011年11月加盟美国全国广播公司(NBC)为全职特约记者，年薪达60万美元。2014年合约到期，切尔西面临是否续约的抉择。据悉，NBC近几个月按月支付切尔西的薪水，以便到她母亲——希拉里·克林顿竞选总统时，双方可以及时终止合同。

美国政治新闻网站Politico 2014年6月13日披露的这一前"第一千金"消息，引发舆论赞弹不一。不少媒体记者在社交网站上吐槽：这笔薪水够找一批真正的记者了……

类似的抱怨在三年前就曾经让人耳熟能详了。当年31岁的切尔西行事向来低调，之前在为母亲竞选造势的时候也对媒体敬而远之；转瞬间却摇身一变成为响当当的大传媒的记者，让坊间人士大跌眼镜。据悉，切尔西所做的节目为"不一样的作为"（Make a Difference），聚焦那些为社会作出重大贡献的组织或个人。据称切尔西是在2008年帮助母亲竞选时被捐款的民众的故事所感动，因而选择加入这个"讲故事"的节目。

在进入美国国家广播公司当记者之前，切尔西毫无任何新闻界从业经验，仅在金融机构工作过。人们质疑她获得这份高薪而风光的工作，全是因为前"第一千金"的身份。一些批评家针对切尔西的第一场节目秀的表现指出，她毕竟缺乏电视从业经验，真正值得人们惊讶的是：为什么有人可以在周一晚间、以这样显眼的方式出现在电视上，并且还显得只有那么少的魅力？《纽约时报》的一篇文章甚至说，"就只因为她的姓氏，这世界上也有大把的好事和对慈善事业的传播可以去做，而不必非要成为一个电视新闻主播。"

也有媒体对切尔西不乏肯定与赞赏："一个从哥伦比亚大学与牛津大学毕业的学生足以从事任何她想从事的工作。""到目前为止，切尔西•克林顿记者，表现得比詹娜•布什要好。"

前总统小布什的双胞胎女儿中的妹妹詹娜•布什•哈格（Jenna Bush Hager）早在2009年就加盟NBC，成为新闻脱口秀节目《今日》的特约记者。因此，这两位前"第一千金"已经同事多年了。

"在很多年里，切尔西•克林顿都竭力避免张扬。她逃离人们的关注，与亲人朋友待在一起，成长为一名睿智的年轻女性。然后，你能想到吗？她在新闻摄像机镜头前面会害羞。"这是《华盛顿邮报》专栏作家Erik Wemple当年关注切尔西成为新科记者的表现，这种从专业角度对新人的关注，也由于前"第一千金"这样的"标签"而愈发显得引人注目，更遑论人们对前"第一千金"轻而易举获得体面而又不时能够在电视荧屏上露面的高薪工作的质疑了。自然，也有人会声称，比起那些动辄千万美元年薪的电视名主持人，区区60万美元年薪又算得了什么？

诸如切尔西、詹娜这样的前"第一千金"任职传媒业，以及其他如美国前总统罗纳德•里根的儿子迈克尔•里根与让•里根等前"第一公子"、甚至其他一些政要的子女也都曾经从事新闻行业，人们是否有理由质疑，其中可有"裙带关系"之类的因素起作用呢？有一点自然明确无疑，即那些传媒机构雇佣这些名人之后，显然不无"名人效应"的考虑，相信将总统子女延揽旗下，即使当作一块招牌，也会吸引更多眼球。

在NBC雇佣切尔西之初，传媒界的讨伐声就此起彼落，认为NBC雇佣了一个"毫无新闻经验"的前"第一女儿"。《纽约邮报》(The New York Post)刊文还极端评价切尔西"只是另一个被宠坏的、漫无目标的富二代，一路靠父母的关系成长"。自然，抱怨最多的是那些年轻而无背景靠山的记者，凭什么同样刚刚入门，你切尔西可以拿60万美元年薪，我等连十分之一都不到呢？这种不公平导致那种讨伐声音蔓延，其实也是抓到了社会不公平现象的一个代表性发泄口。

美国财经科技网站Business Insider借助数据库Nexis的统计，指出切尔西在NBC新闻节目中总计露面14次，在过去两年7个月里，切尔西参与的新闻片段总时长不足58分钟。综合上述数据核算，前"第一千金"切尔西出现在电视上的每分钟都有2万6724美元进账，即每秒445美元。这个按秒算的单价收益，甚至比她那迄今仍然颇受民众欢迎的老爸的每场演讲收益还高得多。

《华盛顿邮报》就此对比切尔西与其他电视明星的薪水。仅看原始数字，切尔西的薪水比其他电视明星要少得多——但她露面时间也少，NBC主持人马特•劳厄尔(Matt Lauer)一年大概收入2000-2500万美元，约为切尔西的40倍，但他几乎每个工作日都要上电视。劳厄尔的搭档萨万娜·格思里(Savannah Guthrie)年薪约200万美元，只不过比切尔西的工资多两倍而已。

美国新闻博客网站Gawker直言不讳，"NBC付了切尔西·克林顿60万美元来成为她自己(NBC Paid Chelsea Clinton $600,000 To Be Chelsea Clinton)。"这句绕口令般的话也有另一个佐证，当年《纽约时报》剖析切尔西选择媒体工作时这样理解道："她在美国国家广播公司的尝试，给了她自己一个成为切尔西·克林顿的机会。"因为在此之前，"她的所有工作经验也就是在基金会与非营利组织，基本上，克林顿女士总是被人当做这个国家前总统与现国务卿的女儿。"

有网友因此戏称道，"还竞选什么总统，我要竞选'第一千金'！"

不过，回顾切尔西在NBC的首场访谈秀，她提及刚刚才去世的外祖母，曾鼓励她活得开放一点，为自己的生活做更多。切尔西说，她由于外祖母的鼓励而一步步尝试从"谨慎的私人生活"走向"有目标的公众生活"。"我希望我这样做，会使她感到骄傲。"而切尔西也表示过，钱并不是她生活中成功的标准。她将把美国国家广播公司给她的薪水全部捐给克林顿基金会和乔治·华盛顿大学医院。

倘若这样，她从事的依然是一份慈善事业，只不过平台不一样。倘若这是真实的，那人们还会苛刻地对她说三道四吗？不过又有消息透露，NBC的年薪其实仅是切尔西薪资收入的一部分。媒体工作之外，她还有一个头衔：在其父亲创立的"克林顿基金会"担任副主席，甚至还参与管理一家对冲基金。可见，毕竟是名人之后，前"第一千金"还担心没有财路吗？切尔西的人生目标仅仅是挣一份薪水吗？

就如切尔西所做的节目名称那样，切尔西人生之途的"不一样的作为"，将会不断成为社会的焦点，并为媒体或大众解读。

文化视角

美国人的"三无"

2011年岁末及2012年初，美国社会甚至包括华人社区流传一段信息，其中引用一位美国牧师讲的笑话，说2011年美国人过圣诞节特别没劲没盼望，因为对美国人来说，过去四十年来相当崇拜的三位偶像级人物都在过去几年中逝世了。这三位人物即：苹果公司的创办人、IT界传奇天才史蒂夫·乔布斯（STEVE JOBS 1955年2月24日－2011年10月5日）、乡村音乐歌手约翰尼·卡什（JOHNNY CASH 1932年2月26日－2003年9月12日）和谐星鲍勃·霍帕（Bob Hope 1903年5月29日－2003年7月27日），所以，美国人如今过节过年沦落到"三无"境地：没工作（NO JOBS），没钱（NO CASH），没希望（NO HOPE）。

这个"三无"的说法，固然不乏美国式的幽默，却也与自金融风暴扫荡全球以来、美国经济迄今衰退的大情势下的心境不无关系。可以说是黯然的灰色调侃，是落寞的自求解嘲，不啻是不同阶层美国人时下心态的写照。

"三无"之中，最凄凉的是"没希望"。毕竟工作、金钱暂时缺失，还可以再找再赚，"面包会有的"，只要太阳继续从东方升起。可若是人心中没有了希望，那就几乎没有了前途、梦想、信仰甚至没有了生命。一个人倘若没有了盼头，活着还有什么意义呢？

自然，这三位偶像的名字正巧合上了"三无"的意思，美国人面对糟糕透顶的现状，也只能用偶像的名字来调侃一下，为无可奈何的生活添一点润滑剂。

其实，就以这三位人物来比照现实，却又恰恰足以让我们的生活和前程充满希望。因为他们留给世人的物质遗产和精神遗产都是何等丰厚，都需要我们好好继承、领悟和发扬。

新近谢世的乔布斯就不必多说了，这位由移民之子成为美国商业巨子及电脑业界与娱乐业界的传奇性人物，极大地影响了硅谷风险创业的变革，也昭示了未来高新科技的发展趋势。因此，无论从精神层面还是世俗领域看，乔布斯（JOBS）都给后人留下了做不完的工作（JOBS）。

身为美国横跨乡村和摇滚乐界的传奇人物，约翰尼·卡什驰骋乐坛半个多世纪，是影响美国近代乡村、流行、摇滚与民谣界最重要的创作歌手之一。他以浑厚深沉的男中音，简约活泼的吉他，创造了属于他自己的独特声音。他一生创作400多首歌曲，共售出5000万张唱片。他以独特的视角为不同阶层的美国民众代言，其作品触及知识分子的社会观察、蓝领阶级的悲苦生活、恋爱中的酸甜苦辣、市井小民的真实心声甚至罪犯的心理，透过淋漓尽致的描绘与刻画，他的歌唱出了所有美国人民的心声，堪为当代"美国草根精神"的奠基者之一。约翰尼·卡什岂止给世人留下了数百首经典歌曲，他留下的是丰饶而永恒的世界，是取之不竭的财富，又何止现金（CASH）呢。

至于去世最早的百岁谐星鲍勃·霍帕，这位出生于英格兰、四岁随父母移民美国的全方位天才艺术家，自奉以给世人增添笑声为天职，被誉为美国"笑坛长青树"、"喜剧之王"、"美国幽默主席"。他的单人"脱口秀"更是天下一绝，插科打诨的技巧臻于化境，连他自己的蒜形鼻子和矮胖身材也是逗笑的绝佳素材；他的自我调侃与不挖苦人的善意笑话，是无数美国人百听不厌的经典段子。从肯尼迪到克林顿等历届美国总统都对他赞誉不绝，肯尼迪就称霍珀为"美国的金牌全球亲善大使"。他也喜欢拿总统隐私或特征开玩笑，自罗斯福总统以来美国11位总统都被他消遣过。《今日美国》报披露霍帕拿总统当笑料的经典例子之一是：他说起会经常跌到的福特总统，"在高尔夫球场上要找寻福特并不难，你只要跟着那些打球受伤的人就能找到他。"

从1942年到1990年，霍珀每年奔波海内外劳军，至少有22个圣诞节都是和海外的美国军人一起度过，他的笑话是美国驻外官兵最希望获得的圣诞礼物。在洛杉矶国际机场就有以鲍勃·霍普命名的劳军服务中心，一周7天一天24小时开放，是让大批美国军人进出国门感受到家的温馨的领地，是为军人及其家属提供舒适安全的"避风港"。

鲍勃·霍帕说过的笑话不胜枚举，他捐赠给美国国会图书馆的笑话就多达50万则，已被输入霍帕"笑话档案"，供民众上网浏览。霍帕是少数将人类笑的功能发挥到极致的谐星巨匠之一，他的笑话激发多少人将笑持续不断欢乐永续，他的笑话人生本身也将成为美国人的经典，成为生生不息的希望（HOPE）。

因此，不管现实如何困顿，经济面临崩溃，前景几乎渺茫，我们只要想起乔布斯、卡什和霍帕的非凡一生，分享他们留下的精神遗产，我们就能够拥有足以满足生存需要的工作、金钱，更能够燃起不灭的人生希望，迈向人生的辉煌。

怀念罗宾的音容笑貌

　　好莱坞星光大道上的第6901颗星在这个夏秋之交时节倏忽陨落了。美国影星罗宾·威廉姆斯2014年8月11日在北加州马林县家中去世，初步判定为窒息性自杀（警方宣布"基本确认罗宾·威廉姆斯是上吊割腕自杀"），享年63岁。消息披露并扩散后，全美举国震惊。奥巴马总统哀悼这位艺人时说："罗宾是独一无二的。他像个外星人一样来到我们中间，却深入地影响了人们的精神生活。我们被他逗笑，又被他惹哭。他尽情地发挥了自己无与伦比的喜剧才能，无私地为最需要他的人服务，不管是远在国外的美国士兵，还是在国内被边缘化的群体，都从他身上得到了欢乐和力量。"

　　导演史蒂文·斯皮尔伯格、喜剧演员本·斯蒂勒、史蒂夫·马丁以及泰勒·斯威夫特、蕾哈娜、凯莉·克拉克森等美国著名艺人都纷纷痛悼罗宾的遽然离世。他们在异常惋惜和难过之际，也向这位"永远的船长"致敬。

　　曾经遭受抑郁症折磨的斯诺克解说人和球星威利索恩在twitter上写道："听到罗宾·威廉姆斯去世很伤心，一个喜剧天才，伟大的演员。抑郁症是恐怖的事情。"索恩感同身受地说："我自己受到抑郁症折磨很多年，人们觉得自杀是懦夫的行为，这是不公正的，罗宾，愿你安息。"

罗宾的发言人向《好莱坞报道》透露说："罗宾·威廉姆斯最近一直饱受严重抑郁症的困扰。这是一个悲剧也是一个巨大的损失。"

伴随罗宾最后三年光阴的妻子苏珊·施奈德说："我失去了丈夫和我最好的朋友，全世界也失去了一个备受爱戴的艺术家和一个善良的人。此刻我的心都碎了。我想代表我的家庭，请求大家尊重我们的隐私。同时也希望大家记住威廉姆斯为大家带来的欢声笑语，而不要一直关注他去世的这一悲伤的消息。"苏珊的心声展现了影星家人的良好愿望与素养，也锲合这位喜剧大师为人行事的风范。

有媒体推测，结过三次婚的罗宾需要支付两位前妻高达2000万英镑的赡养费，不堪重负甚至濒临破产，这或许是导致其患抑郁症并最终自我了结的因素之一。据悉，罗宾生前曾向朋友吐露，欲抛售掉自己位于加州的农场，甚至还试图卖掉自己收藏的50辆自行车来获取现金流，但并未实现。为了还债罗宾不惜降低自己的生活质量，打算2013年9月搬至位于旧金山以北Tiburon的一处寓所居住。可媒体TMZ的爆料称，罗宾不可能缺钱，他给三个孩子留下了"数额颇为可观"的信托基金，也可能给遗孀留下了一笔钱。消息还指出，两年前罗宾个人身家约达1.3亿美元，他不至于在短短两年内就败光自己的家业。

不过，苏珊·施耐德在罗宾辞世后两天发表声明称，除抑郁症外，威廉姆斯生前还饱受帕金森症困扰。包括许多医学名家的观点认为，帕金森症可能就是导致威廉姆斯抑郁症的元凶。

罗宾·威廉姆斯虽然以塑造喜剧形象著称，但患抑郁症已经多年，近年在自己的生活中情绪一度极其消极、悲观，据称他曾饱受酒精乃至毒品的折磨长达数十年。正如医学研究指出，一些喜剧演员的外向"或许是用来对付抑郁"。牛津大学学者2014年1月发表关于喜剧演员心理特质的研究报告称，对来自英国、美国和澳大利亚的523位喜剧演员的人格调查问卷分析发现，"喜剧演员有相当矛盾且不寻常的个性特征。""一方面，他们相当内向和压抑；另一方面，他们又相当外向和躁狂。"罗宾在银幕上塑造的多样性人生导师或喜剧人物形象早已定格在亿万观众脑海里（尽管有些角色并非他喜欢或者甘愿扮演的），他在尽一己之大能向人们传递乐观、豁达、笑声之际，却也不得不忍受自己心身的极大痛苦，这对于一个博大的胸怀而言，又是何等坚韧与残酷的考验。

生于芝加哥，成长于加州旧金山湾区的罗宾·威廉姆斯，从旧金山夜总会的小舞台走向星光闪烁的好莱坞，自然有其出类拔萃之处。他的喜剧天赋和幽默感遗传于母亲。儿时，母亲讲的滑稽笑话常常令小罗宾开怀大笑。他说，"喜剧是母亲和我交流的一种方式。她给我讲许多有趣的笑话。这些笑话令我父亲无地自容，却使我捧腹大笑。"本来在大学主修政治经济，志向是当外交官，但他很快入迷于选修的即兴表演艺术，天才般的喜剧才能，使他在大学的表演得心应手妙趣横生。罗宾享受到演绎喜剧的快乐，并觉得这真是带给人们快乐的事业，下决心做一名喜剧演员，随即转入纽约朱莉亚学院攻读。正是如此，美国虽然少培养了一名效忠祖国的外交官，却诞生了一位撒播大爱与欢笑的喜剧大师。

在主演电视连续剧《太空福星》成为广受欢迎的喜剧新星后，《莫克与明迪》中那个外星人角色也使罗宾走红欧美。1980年，罗宾首次登上大银幕主演真人版《大力水手》，演绎卡通人物波皮而深得观众青睐。不到十年，他就在美国电影界声誉鹊起，演艺生涯风生水起，奉献了《死亡诗社》、《心灵捕手》、《窈窕奶爸》、《哈得逊河丘的莫斯科》、《幸存者》、《天堂俱乐部》、《机器管家》等多部脍炙人口的作品，让观众过目不忘。罗宾的银幕形象其实相当多变，善于捕捉各种人物的特征，绘声绘色，极具感染力。《时代》周刊曾评价他在《哈得逊河丘的莫斯科》片中的演技，赞赏他活灵活现地饰演了一名"叛逃"到美国的苏联马戏团艺人，"非凡的复杂……他的俄国腔调令人惊愕，怪里怪气，却真实可信。"1987年出演《早安越南》，是罗宾演艺生涯的一个里程碑，在谐星之外又成为世人认可的富有内涵的演技派明星。片中罗宾饰演美国驻越军事电台的播音员，将高超的演技发挥得淋漓尽致。这一角色为他赢得了金球奖"最佳男主角"奖座，并首次获奥斯卡奖提名。

罗宾儿乎囊括了美国演艺界的所有大奖，曾获得三次奥斯卡奖最佳男主角提名，一次最佳男配角奖；七次艾美奖提名，两次获奖；五次MTV电影奖提名，两次获奖；十一次金球奖提名，获得包括终身成就奖在内的6樽金球；五次观众选择奖提名全部获奖；十三次美国喜剧奖提名，十次获奖。在群星璀璨的好莱坞星光大道上，他是那第6901颗星，熠熠生辉。

事实上，尽管病魔缠身，罗宾近年来依旧不忘带给人们欢乐，依旧倾心于他擅长也钟爱的喜剧艺术。他出演的《博物馆奇妙夜3》不久前刚刚造势，定于2014年12月19日在北美上映，他在这部遗作中继续饰演复活的美国第26届总统罗斯福。喜剧巨星的风采，留待人们继续慢慢欣赏。

北加州是罗宾多年居住的第二故乡。旧金山湾区的民众和这位喜剧巨星心心相印。据悉，罗宾最后一次在公开场合露面是在今年6月，当他参观旧金山的一家动物园时，园方为了向他表达谢意，特地将园内的一只吼猴命名为"罗宾"。他位于北加州的三处宅邸门前，在他辞世后都成了铺满鲜花的圣地，人们纷至沓来，献上鲜花，寄托哀思，愿心中的谐星安息。

在予世人欢笑、温馨的谐趣世界里，在遏制自我心身痛楚的天人交战挣扎间，生活中的大师和他众多的银幕形象交叠互动，巨星划过一道道令人惊异的弧光陨落了，恍若外星人般消遁，但罗宾的音容笑貌宛在，长留人间，常驻人心。

派克与美式文化的精粹

美式文化通过以好莱坞为代表的美国电影在全世界的流通、传播而影响之巨，似乎是其它任何媒介、渠道所难以匹敌的。远的不说，10亿中国人在"文革"浩劫后的解禁之初，有幸欣赏到的第一批美国电影所带来的视觉冲击、文化冲击是难以言喻的。那门户开放后的第一波美国电影就包括卓别林的《摩登时代》、格雷哥里·派克(Gregory Peck)主演的《百万英镑》、《罗马假日》等，尤其是派克和奥黛丽·赫本合演的《罗马假日》，以俊男美女的搭档与生动传神的演技，加上典型的平民公主奇遇记式的故事，让全球几代观众为之风靡，津津乐道，久看不厌。

就在辞世多年的玉女明星赫本的纪念邮票于2003年6月11日正式发行的次日凌晨，美国人乃至全球观众的偶像明星格雷哥里·派克于洛杉矶家中谢世，享年87岁。好莱坞于6月16日在洛杉矶新落成的天主教大教堂为他举行了盛大弥撒追思典礼，娱乐界与各界名流及影迷三千余众出席，"向这位电影黄金时代的巨人致敬"，足见人们对在银幕上创造了众多不朽形象的奥斯卡影帝派克的崇仰之心爱戴之情。

一代巨星陨落，并非一代伟业萧瑟或断层的标志，而恰恰象征一座高峰的永恒屹立和继往开来的新趋势。如果说美式文化在全世界的崛起和滥觞，得益于美国电影无远弗届的魅力，那么格雷哥里·派克和奥黛丽·赫本这一代的影星，正是创造这无穷魅力的主流甚或源泉，今天更有汲取的紧迫性。世界各地观众早在半个世纪前就欣赏到《罗马假日》、《百万英镑》这样的黑白片经典作品了，偶傥伟岸的派克所诠释的普通人形象，及其所代表的磊落、正义、善良、风趣，早已深入人心；而他本身温文尔雅、潇洒迷人的谦谦君子形象，使观众都从心里把他当作"好人"的最佳化身，以至他偶然出演"坏人"角色便不讨好，因为实在难以让影迷心里接受。

1944年涉足影坛的派克，次年即以《天堂之钥》一片获奥斯卡金像奖提名，随后又多次成为奥斯卡影帝热门人选，直到1962年他在影片《梅岗城故事》（直译为"杀死一只知更鸟"）中饰演一位无惧种族歧视、充满道德勇气、为受冤黑人伸张正义的律师，赢得了奥斯卡最佳男演员桂冠。他的这个银幕形象迄今仍是美国电影中最受尊崇的英雄之一。

派克的正义感、正直感在他早期从影生涯以及一生里都如影相随。他曾经公开反对"麦卡锡年代"的白色恐怖，在致国会抗议政府调查电影圈内所谓可疑共产党员言行的函件上签名。他也是好莱坞鲜见的没有绯闻缠身和充满爱心的大牌影星。

虽然派克获五次奥斯卡金像奖提名的影片，都未包括《罗马假日》和《百万英镑》在内，但这并不意味着这两部影片的份量欠足，或在某些方面"稍逊风骚"，恰恰是这两部广受观众欢迎的影片人情味十足娱乐性十足，或许反而让专业评审们另有取舍，不足为奇也不足为训，重要的是观众的广泛认同与叫好。这与派克的理念也甚吻合。他曾表示过，演员毕竟以娱乐大众为主要职责，而不是使他们有沉闷之感，因此演员必须以专业、真实和有魅力的演技去塑造角色、征服观众。

我想，派克的其它获奖或也颇受欢迎的数十部影片可以视作他开拓多元化领域和丰富银幕色彩的贡献，但最切合他为人本色并获观众欢喜的似乎还是《罗马假日》这样的影片与角色，浓浓的人情味又不乏传奇色彩，亲切雅致浪漫情怀让人心向往之。正如观众总是最欣赏克林·伊斯伍特早期饰演的西部片英雄、马龙·白兰度的黑帮教父形像、哈里逊·福特塑造的印第安纳·琼斯或亲身反恐怖攻击的总统形象，等等，派克在银幕上的平民记者形像及其与公主奇遇的佳话，也早就是深植亿万观众心田的佳话，万世难移。

明星要创造众多角色并不难，难的是在观众心底留下一个永不遗忘的形像。从这个意义上说，格雷哥里·派克的不朽无庸置疑。他是好莱坞星光大道上一颗必将恒久发光的明星。他的存在使美式文化中的糟粕部分无地自容，让世界上更多人懂得辨识什么是好莱坞电影的精粹，什么是美式文化的精粹，以及一个真正艺术家和明星的价值。

无奈的雄狮　永恒的米高梅

　　世界上凡是看过好莱坞电影的观众，都不会对那个"咆哮的狮子"的片头陌生，也或许对早期动画片《猫和老鼠》印象犹新；而说起电影史上最杰出的影片《乱世佳人》、《魂断蓝桥》，和历久不衰的银幕经典《007》詹姆斯·邦德，你我他也无不耳（眼）熟能详；当然，提及世界影坛至高无上的奥斯卡奖，人们也都趋之若鹜津津乐道；……这一切都与一个非凡的名字有关，那就是诞生于1924年4月24日的米高梅电影公司（Metro-Goldwyn-Mayer, Inc.，MGM）。

　　如今，这一曾经的"美国的象征"，好莱坞五大电影公司之一的影业巨头、发起创办美国电影艺术与科学学院、并推出学院奖也即奥斯卡金奖的米高梅，于2010年11月3日宣布申请破产保护，意味着雄狮帝国大厦倾倒，徒然引发全球影迷唏嘘不已。

　　从无声电影时代到有声电影时代，米高梅跻身为好莱坞最卓越的电影制作公司，其顺应潮流开风气之先制作的歌舞片《百老汇的旋律》，推动电影艺术和制作达到一个崭新的巅峰。随后，《人猿泰山》、《大饭店》、

《绿野仙踪》、《乱世佳人》、《费城故事》、《宾虚》等经典大片让米高梅的辉煌超越了国界。旗下更云集了克拉克·盖博、斯宾塞·屈塞、加里·格兰特、琼·克劳馥、凯瑟琳·赫本、葛丽泰·嘉宝、伊丽莎白·泰勒、费雯丽·哈利、英格丽·褒曼等超级巨星，先后近200次赢得奥斯卡金像奖。米高梅在20世纪50年代就雄踞好莱坞电影王国半壁江山，雄师"利奥"晃头怒吼的经典标志，也一度被世人视为美国的象征。

然而，昔日的"雄狮"在新世纪渐渐消退了威风与光芒，尽管还有《汉尼拔》、《律政俏佳人》、《风语者》等大片问世，还有007在不时出击拼搏，却缺乏艺术创新的震撼力，也难有票房保证，已然没有了当年力拔山河的气势与风光。如今更是债台高筑，背负40亿美元债务而黯然宣布破产，意味着雄狮咆哮气吞苍穹的时代索然退隐，意味着好莱坞影业帝国在资本、市场、艺术、科技、明星之间平衡术的失败，甚或也意味着美国娱乐业群雄逐鹿后的分崩离析，无奈地呼唤一个重新组合时代的来临。

其实，米高梅的破产早已"路演"过不止数次。2005年，负债20亿美元的米高梅彻被索尼以48亿美元收购。五年光阴消逝，米高梅未能突围困境，反而负债翻番，除了应债权人的要求资产重组外别无选择。因此，米高梅的破产，实际上是好莱坞与华尔街的博弈，资本从来不可能像米高梅电影制作的宗旨"为艺术而艺术"那样行动，当资本无法看到从雄狮身上追本逐利的曙光之际，如索尼这样的东家也只顾靠米高梅4100多部影片库藏发行DVD赚钱，而不愿意继续往雄狮大口那个无底洞砸钱了。

然而，瘦死的骆驼比马大。米高梅作为传统的独立制片公司，她那片首经典的狮吼，以及积86年推出的无数经典影片，早就塑造了无可替代的品牌。米高梅的品牌其实也是美国文化系列品牌之一，是让美国人足以傲视全球的文化底气积聚。但是，米高梅仅靠制作电影盈利的传统经营模式却显然脱节于时代，当好莱坞其他制片公司如派拉蒙以16亿美元收购梦工厂，迪士尼以74亿美元并购皮克斯动画工作室，20世纪福克斯变身为传媒巨头默多克集团的子公司，这些搭上集团化全传媒便车强强联合的影业大鳄，逐渐收获产业链不同环节的利润；相形之下，米高梅势单力薄，再无超越强手的本钱。

令人叹息和奇异的是，米高梅缘何未能最大化地利用自身的品牌产业效益？狮吼早已深入人心，米高梅却始终在原地徘徊。如此辉煌的一大文化品牌，米高梅迄今却还不是上市公司。遍布拉斯维加斯、澳门等全球各地的米高梅大酒店是酒店赌场业出类拔萃的典范，却是美国赌王Kirk Kerkorian以米高梅的名义所开设，而这些酒店其实与米高梅电影公司并无直接关系。当米高梅还在孤芳自赏外，资本大鳄却早开始打她这个品牌的主意了。

今天，为了避债而申请破产，为了不满外部潜在收购者压低的价格而宁愿破产，米高梅因其巨大的无形文化品牌价值稳可待价而沽。众多大鳄盯上了还在凄然咆哮的雄狮，其中包括跃跃欲试的儿家中国公司。然而，不似联想收购IMBM，不似吉利收购沃尔沃，想要囊括米高梅这一文化品牌在手的主儿，不仅仅只是财大气粗就行，不像中国的暴发户、煤老板有几个钱就能投资拍电影当制片玩一把附庸风雅，索尼近50亿美元入主米高梅到头来也折戟退缩。

连索尼都搞不懂如何运用资本于好莱坞，或者说连好莱坞也不清楚怎样凭借资本搞活娱乐的品牌，本身连电影娱乐机制和市场都欠规范成熟又缺乏品牌的中国，又有几个公司敢叫板或真有底气叫板雄狮呢？何况，离开好莱坞的环境，离开从美国衍生的国际市场，米高梅的雄狮之吼还可能原汁原味吗？毕竟，任何资本重组无非是寻求品牌生存发展的最佳模式，却无法弱化、消除品牌的内涵与魅力。

米高梅的雄狮是经典的，今天纵然发出了无奈的吼声，那狮吼依然是永恒的。

《时代》"年度人物"
传递的信息

　　一位蒙面妇女登上了《时代》周刊封面，全球的群体性人物"抗议者"，成为《时代》周刊2011年的"年度风云人物"（Time's Person of the Year is 'the　　Protester'）。这似乎有点出人意料，却在情理之中，基本符合《时代》周刊甄选"年度人物"的大局观。

　　2011年12月14日揭晓的本年度"风云人物"，《时代》周刊最终选择体性人物"抗议者"，而割爱了此前呼声很高的已故苹果创始人史蒂夫·乔布斯(Steve Jobs)，或许让一大批科技迷、苹果和乔布斯的粉丝失落和遗憾，他们不能不怀念2010年的辉煌与喜悦，当年正是IT界的传奇人物、社交网站脸谱（Facebook）创始人、首席执行官马克·扎克伯格获得了《时代》周刊"年度人物"的殊荣。他从"维基解密"网站创办人朱利安·阿桑奇、智利矿工、苹果CEO乔布斯、美国总统奥巴马、流行天后Lady GaGa等25名候选人中脱颖而出。扎克伯格当选"年度风云人物"，说明《时代》周刊瞄准了这样一个现实：社交网络的信息分享正成为影响人们价值观、生活方式和商业传播的标准方式，Facebook的信息及影响力不亚于新闻集团、时代华纳等任何传媒机构。

不过，本期《时代》周刊仍在"已故名流"（Fond Farewell）中撰文向乔布斯致敬："乔布斯曾表示要造所有人都会爱上的手机，这就是iPhone的根基。乔布斯知道，自己的产品和技术会改变人们的生活。"事实上，乔布斯曾七次荣登《时代》周刊封面，只是与"年度人物"失之交臂。

这次，《时代》周刊的"年度人物"评语写道："没人会料到，一位突尼斯水果商贩的广场自焚事件会激起阿拉伯世界推翻独裁统治的抗议活动，继而引发全球的抗议浪潮。2011年，抗议者们不仅表达了他们的不满诉求，他们还改变了全世界。"

这份权威杂志解释"抗议者"群体"也即"示威民众"当选"年度人物"，是向无数普通男女表达敬意，是因为"这些示威民众从中东国家扩展到欧洲、美国，他们改变了全球政治格局。"从"阿拉伯之春"到"占领华尔街"，他们"重塑了人民的力量"。《时代》执行编辑里克·施滕格尔说："我们的人民取得许多共识。"

从另一方面看，"抗议者"群体当选《时代》周刊"年度人物"，也反映了全球社会弊端丛生难题待解的客观现实。这一"抗议者"形象涵盖了全球范围内不满现状的民众：中东阿拉伯世界的抗议者、非洲抗议者、墨西哥呼吁打击毒贩的抗议者、智利和印度反犯罪反腐败的抗议者、希腊债务危机抗议者、美国及全球"占领者"，以及俄罗斯反对总统选举舞弊的抗议者，等等。《时代》周刊分析说，受民众抗议影响的国家人口加起来有30亿，"政客无法继续连任，他们拒绝作出艰难的选择。这是我们今年没有选择某一个人的原因。起领导作用的人来自金字塔底部，而非顶部。"今天，无名英雄们改变世界的力量，不亚于所谓的精英。

《时代》周刊"年度人物"评选始于1927年，迄今已形成具有权威意义的传统。该奖项授予具有划时代意义的个人、群体或者事物甚至概念。美国飞行员林白凭借首次不着陆飞越太平洋的壮举，成为第一位年度人物。以群体性人物为"年度人物"并非"破天荒"，2006年的《时代》"年度人物"，便是选择了代表千千万万网民的"你"（YOU）这个概念，也可以说是搭准了当年的时代脉搏。因为互联网上的个人正在改变着信息时代的本质，对于芸芸众生而言，互联网上的博客和视频比传统媒体更及时更亲切甚至更权威。1982年个人电脑（计算机）成为首次非人物的《时代》周刊"年度人物"，凸显了个人电脑引领时代潮流的风向标作用。《时代》对评选的定义是："年度人物"不是荣誉，也不是对当选者的认可，这一评选是以清晰的目光认识世界，挑选的是那些改变世界的个人或力量。

　　由此观之，"抗议者"群体当选《时代》周刊"年度人物"，代表了本年度从政治到民生的全球风云主流，是足以影响世界格局的草根群体意识和力量。纵然，呼唤改革、反对专制的精神在地球村不同角落有不同的解读，抗议者乃至占领者的行动却容易产生多米诺骨牌效应。面对全球"抗议者"群体的风起云涌，面对互联网时代的民风民情，时代无疑也传递着清晰的信息：社会需要变革，世界需要进步。统治者与被统治者都回避不了这个大趋势。人民的觉醒意识超越以往任何时代，人民的力量也更具备变革与时代的特征。谁不与时俱进，不思变革，谁就可能被抗议，被变革。

《花花公子》"变脸"的警示

　　就在全球金融危机蔓延、各国传统媒体尤其是平面媒体遭遇新媒体前所未有的挑战之际，一向以身材热辣妖媚诱惑的年轻封面女郎著称的美国杂志《花花公子》(《playboy》)在传出裁员纾困、旗下明星纷纷跳槽的消息之后，封面忽然也破天荒改头换面，其2009年10月16日上市的11月号《花花公子》封面刊登了一位妈妈级女士玛吉(Marge)的像，不过她只是卡通电视剧《辛普森家庭》里的人物。这显然是一个不同寻常的信号，问世半个多世纪以来，《花花公子》首次以卡通人物作封面女郎，透露出该杂志企求以另类"香艳"绝色去为落伍的《花花公子》撑起新局面。然而，这样的"变脸"是否能够奏效，《花花公子》特有的千娇百媚风情万种的封面女郎，历来带给成人世界无限的梦幻与遐想，继玛丽莲·梦露、辛迪·克劳馥、猫头鹰餐馆(Hooters)性感女招待等各界养眼美女之后登场的玛吉，是否堪当此大任，俘获《花花公子》读者的心，还有待市场观察。

　　数十年一纸风行的《花花公子》堪称美国杂志界的一个奇迹。自该杂志出版人海夫纳从1953年10月创刊，花500元买了一张"性感小猫"玛丽莲·梦露的照片作第一期封面，不仅杂志声誉鹊起独步全美，也使玛丽莲·梦露红翻了天。创刊号畅销了5万3991本，当月便赢利。之后《花花公子》销路扶摇直上，到1972年每月销量高达700万份，全盛时期每期销数冲破800万份大关，形成拥有财产达2亿美元的"花花公子"金圆王国。

海夫纳的出版美梦是："我希望出版一份给城市知识分子看的娱乐杂志，以漂亮姑娘的照片作封面，可在开始时保证一定销路，但这份杂志必须有格调，等以后银行有存款后可以提高杂志的素质，减少美女照片。"这个主意在那个年代够前卫大胆。《花花公子》意味着高水平的生活、狂野的集会、醇酒与美人，这正吻合了城市知识分子和中产阶级增长并注重追求享乐主义生活的需求。

《花花公子》经海夫纳在20世纪70年代大加整顿，增加了严肃的内容，提高了品味。他付出全美最高的稿费，网罗大批著名作家包括史坦倍克、海明威、英洛维亚、阿西摩夫的新作品都曾在《花花公子》上最先发表，每篇主要文章或小说最少付1万5000至2万5000元的稿酬，一时"洛阳纸贵"，风靡海内外。

进入21世纪以来，《花花公子》销量逐年滑坡，但目前名次仍居全美国杂志的第12位，在文化生活类杂志中居第一位。它在国外出了9种外文版，也进入亚洲等市场，全球拥有3000万读者。公允地说，《花花公子》虽然是美国著名的性文化和成人性教育杂志，却不能简单地称之为"色情淫秽"刊物，其在传播性文化、推行健康的性生活、普及成人性教育知识方面，其实尚不失为较严肃的生活杂志，内容除了女性裸照外，文章更多介绍时装、饮食、体育、消费等。

如今，《花花公子》在新媒体的冲击及人们娱乐选择日益多元化之际，想要维持昔日的盛景已不可能，目前的销量已从2006年的315万本减到260万本。要靠"变脸"来吸引读者，企图借"玛吉"吸引更年轻的读者，同时不致让年纪较大的读者反感。这样的"变脸"能否再令《花花公子》异军突起"华丽"变身，还很难说。但杂志的这种变革、创新精神与试验，堪为全球传统纸媒的借鉴或警示。

当下，以互联网为代表、数字技术为基础的新兴媒体迅猛出击，与传统媒体分庭抗礼的态势已然形成，报纸这一最老的传统媒体遭遇前所未有的挑战。海外华文报纸的生存发展环境本来就相当有限，在电子新媒体和电视电台的夹击中狭缝求生的出路更加严峻。自2008年全球性金融海啸导致经济衰退迄今，大多依赖广告生存的海外华文报纸的困境愈加恶劣，几乎已被逼到无可退避的绝境。

不仅是一些华文报业关张的消息频频传出，连许多主流社会英文报业破产、消逝的"新闻"也不绝于耳。在2009年第一季度停刊的数十家英文报纸中，连美国百年老报《基督教科学箴言报》也未能幸免，停办印刷版，只保留其网站。其他如科罗拉多州丹佛市有150年历史的《洛基山新闻》被迫关门，有146年历史的华盛顿州《西雅图信息邮报》中止了印刷版，只保留网络版。包括《芝加哥论坛报》、《洛杉矶时报》等大报业也相继申请破产保护。

美国报业困境引起了国会议员甚至奥巴马总统的关注。马里兰州选出的民主党联邦参议员本·卡尔丁建议报纸转为非营利机构，以便获取慈善机构和教会所享受的免税待遇。选自马萨诸塞州的民主党参议员约翰·克里5月主持了参议院商业小组委员会有关美国报业困境的听证会，他称："报纸已经成为一个濒危物种"。

如何应对衰退乃至生存危机，显然是让传统报业殚精竭虑的命题。传统报业未来生存发展之道，依然是把握定位、锁住读者群，在扬长避短的前提下锐意创新。《花花公子》在创刊宗旨和锁定城市知识分子和中产阶级读者方面，一向拥有我行我素的把握，如今借助其"封面女郎"的更新与"变脸"，纵然未知收获几何，但这样的意识与作为，不失为困境中的进取步伐。

万圣节：秋天的礼赞

　　记得刚到美国纽约上州不久，便碰上头一个悦目赏心的秋季，除了惊讶便是感叹。近郊湖畔和小城所有林荫道两侧的枫叶渐渐红了，在朝晖夕霞间辉煌得令人心旌摇动且又温馨万分，宛如徜徉在美仑美奂的童话世界，那由淡而深、绚烂无比的红枫天地直让人浑然忘却尘嚣。与此同时，另一种与这自然秋色相映成趣的人文景观，也渐渐吸引我的注意力：超级市场和果园的桔红色南瓜堆积如山，家家户户门口也出现了一个两个又大又圆的南瓜，有的画成或雕刻成人脸鬼脸状，有模有样；有的内部掏空，点上了灯(或蜡烛，以寄寓指引幽灵离开吓跑鬼魂之意)，在其它灯饰的映衬下将夜晚装扮得格外精灵，也将这秋色秋景点缀得更有活力更生活化了。

　　我很奇怪，乡土味颇重的南瓜何以在现代气息很浓的老美心目中那么"神圣"，那么当一回事？纳闷老美怎么还喜欢玩弄这种庄稼物当摆饰？渐渐也看出点苗头，这一律桔红色的或圆或扁大小由之的南瓜还真是北美一宝，虽然中看不中吃(超市卖的食用南瓜完全是别一番样式与颜色)，在大人小孩的生活中都至关重要，属于老美传统中根深蒂固的"南瓜文化"的"基础"。最初是一位美国大学生丽莎向我透露家家门口摆南瓜的象征意味，她不厌其烦地为我描述行将来临的10月最后一天的万圣节(Halloween，又称南瓜节或称鬼节)的种种趣味景象。丽莎特地关照说，万圣节晚上应当带上我们的小孩去挨家挨户敲门"要糖"，见识那风俗将是十分有趣的经历。

随着红枫、橙色南瓜的色彩愈来愈璀灿，万圣节的"鬼气"也愈来愈浓了。直到那一天，10月31日上午，我到小城最大的购物中心(Mall)里转了一圈，发现各个店里的营业员和流动的顾客群里，都夹杂着穿戴着奇装异服其实是以想象中的鬼神来装扮自己的人士，有的戴上面具，有的干脆就画了一副油彩的鬼脸，神气自在地逛来荡去，我才领悟到当天美国人已在过鬼节了。

其时6岁的儿子初进当地小学，在万圣节前两天就已接受了从"南瓜文化"到"鬼文化"的一系列熏陶与操练。老师布置他们回家自制或采购装鬼弄神的面具服装，没有任何特别规定，随学生(其实是家长)自行发挥，也许是愈出格愈鬼样才好。房东小姐温迪在为她的两个儿子操办"道具"时，也热心地为我们的儿子张罗出一件"行头"，那是一件绿色披风，罩在身上再套一顶高帽，也便显出几分"鬼气"了。临到活动的那天，儿子兴奋莫名，我也好奇莫名，下午便按时赶到学校去"观礼"。只见家长们早已挤满礼堂环绕四壁，层层叠叠的人墙翘首以盼，只等那班　"小鬼精灵"们现身了。一会儿，小孩们和老师一起按班级排队进场了，神气活现，果然个个打扮得鬼模鬼样，骷髅状、动物型乃至变型金刚、外星人的化妆模样，应有尽有，绕场一周，引来家长们发疯也似地阵阵叫好。然后全体队伍又拉到操场环行一周，余兴未减，再拉出校外，沿着大街环绕整个校区又游行了一圈，可以说个个士气昂扬人人兴高采烈。

万圣节当晚，儿子重又换上下午在学校里用过的扮鬼披风，拉着我出门了。我们沿着这一大片住宅区的街道走去，平常冷冷清清的夜道上不时传来笑语欢声；走过三五成群或也有家长陪伴的"小鬼"们，他们和我的儿子一样，都把家家户户的门铃按得格外响，也把那句奇妙的话讲得愈来愈精神抖擞又熟练流利——"Trick or Treat"(意为是要恶作剧呢还是款待)，并且也都把自己随身带的小袋小篮装满了一粒粒五颜六色的糖果。温迪的父母事先就关照，当晚一定也要去他们家"敲门"，我们遵嘱去了这个已经光临过多次的温馨家庭。照例由儿子按铃，门马上就开了，那位在本城颇有名气的医生——温迪的父亲笑容可掬地塞给儿子满把糖果，又不失幽默地说："我就一直站在门边，省得听到门铃声又跑上跑下。"问起他的两个小外孙，回答说当然也出门装神弄鬼去了。

这一晚的印象，连同红枫、南瓜的景致，连同家家户户窗上屋檐下各种神鬼怪装饰，以及美国人戏弄鬼怪的人生态度，无不在我的头脑中产生潜移默化的反应，不同文化的反差凸显出来，不容你不深省反思。我们从小接受的文化就是不要装神弄鬼，不要化妆吓人；又因为历来鬼怪故事多得不计其数，传统上大多又是贬意，是恶魔的象征，因此20世纪50~60年代何其芳先生还秉承最高领袖的旨意编写了一本《不怕鬼的故事》。那用意固然不错，但老百姓的迷信积习却很难减轻，怕鬼的心理代代相袭。到了"文化大革命"时，又人为地制造了那么多"牛鬼蛇神"，很有鬼气熏天的味道，更兼有血腥的气息，而事实上也有那么多生灵涂炭化作冤鬼，弄得事情愈加复杂，人们敬(避)鬼神而远之的心态更甚。迄今在中国大陆连同港澳台等地，要让那儿的普通老百姓用鬼的形象作为家居的装饰、庆典的灵魂，那无异于要他们的命，至少会萌生太"不吉利"的阴影吧。

反观美国这边，各种鬼形鬼样凭籍人们丰富的想象力而应有尽有，借鬼神之形而别出心裁的各式服饰、道具在专卖店及各类商场都不少见。犹记得1998年万圣节前，因总统绯闻案、"实习生门"而出名的莱温斯基、史塔尔独立检察官、秘密录音者崔普和克林顿等的"标准"服装订单向全美各地的服装出租店飞来，尤其是莱温斯基那颇有"出典"的蓝色洋装炙手可热。

骷髅可以装点门面招引客人，也可以成为居家度日的玩伴乃至小孩子们的玩具。迪斯尼乐园里的"鬼屋"中有上千种鬼形鬼影，在阴森森的"地域"发出各种怪异的鬼声，却天天吸引游客排长队赏玩，一睹鬼怪"真面目"。美国各地的"鬼域"、"鬼城"以及大大小小的游乐场内，也都喜好辟有形形色色的"鬼怪世界"，无不成了招揽游客的好去处。这种"鬼文化"看来不可思议，更彷佛应该与美国这个新兴的现代化的国家的精神毫不相干。深入一层想，却透露出生命的辩证法，显示了面对生与死的淡然，打破了鬼神世界与人世间的界限，自然也消除了人们的恐惧，以至孩子们从小就不知畏惧鬼为何物，将一切魑魅魍魉等闲视之，继而益生研究大千世界万物质变的兴趣与自信，这是何等的不简单呵！我自己以前也难免有闻"鬼"色变的经历和心理，来美后各种鬼样或骷髅形直扑眼廉，也便见怪不怪、习以为常了；再也不曾闻"鬼"色变，倒是愈发感叹美国的儿童个个都不怕鬼。

这种"鬼文化"自然也是全美上下举国一统。9~10月间甚至延续到11月的感恩节，美国到处是南瓜滚满场园、商场与家家门前，到处是"家鬼缭绕，骷髅把门"，令人过目难忘。事实上全美各个州的万圣节习俗也都是惊人的一致。在北加州的半月湾(傍靠太平洋的小城镇，以产南瓜等著称)每年都在万圣节前循例举办"南瓜大赛"活动，吸引东西南北的美国人趋之若骛。2014年10月13日揭晓的本年度"南瓜大赛"成绩，一位来自北加州酒乡纳帕的农夫哈克（John Hawkley）以自己种植的2058磅重巨大南瓜，刷新了半月湾"南瓜大赛"41年来的纪录，也打破了北美最重南瓜纪录。依照每磅6美元外加最重纪录获得者的1000美元额外奖金，哈克拿到超过1万3000美元的奖金。哈克称，因为加州连续干旱水源匮乏，他也仅使用节水的喷灌系统给南瓜浇水，并没有浇很多水，自己也惊奇这个南瓜居然长得这么大。要知道，1971年开始举办的半月湾"南瓜大赛"，25年内还没有出现重量超1000磅的南瓜；直到1996年，一个名为"世界南瓜联盟"的团体悬赏5万美元奖金，激励人们打破南瓜1000磅纪录。结果当年最后的优胜者，是来自纽约州的查尔斯夫妇种植的一个1061磅重的大南瓜。

美国人自制的南瓜糕或南瓜饼，虽然用料不一，但都别有特色，味道鲜美、滑腻可口，入口就酥。虽说那桔红色的南瓜"中看不中吃"，其实也是可用以作南瓜"派"的。我初次品尝这美式南瓜派（即南瓜糕）是在房东温迪小姐和他父母家的感恩节夜宴上，至今仍回味无穷；后来虽然也多次在超级市场买回南瓜"派"，似乎都不如那房东家自制的香甜糯软。

万圣节即"南瓜节"也可说是感恩节、圣诞节这一系列北美最盛大节日的前奏，从枫叶变红、南瓜陆续登场起，人们就开始沉浸于年底的节日气氛中。比起南瓜大赛，若要选拔各种"鬼怪"的优胜者，那就实在太难了。家家户户都在"鬼文化"上竭尽其能变化多端出奇制胜，他们装点居室渲染氛围自得其乐，要裁判高下优劣实在难掌握什么标准，还是人人图个轻松随意自在吧。

现在，一到秋天，看到那一个个硕大可爱的南瓜，看到美国人家形形色色的鬼怪"图腾"，我就想到了群魔乱舞的景象，万圣节确乎也是群魔乱舞的庆典，是美国人借机放松一口气潇洒一回抑或浪荡一遭的时刻。然而这美国的"鬼文化"又是何等洁身自好，他们只是自娱娱人而已。连小孩子敲门要糖讲的那句"恶作剧还是款待"的话，也不乏"先礼后兵"的风度。其实，孩子们讨糖只是个幌子由头，骨子里是想玩耍甚而恶作剧一番的，可惜大人们很少给他们表演的机会。

据说，典型的万圣节恶作剧是在玻璃上抹肥皂、用粉笔在门上乱写乱画，或是把垃圾箱翻个身，把门铃搞得响个不停，不过现在这样的玩法已经绝无仅有了。典型的结果还是装神弄鬼的小孩们捧回了一大堆糖，吃不了或根本不吃，又捐给了相关慈善机构，成全了好事一桩。只是前些年还常传出孩童"讨"回的糖果中，有裹着针尖甚至毒药的，那当然是这人世间的邪恶妖魔藉万圣节的幽灵来掩护见不得人的举动，必会遭致人神共愤。

溯源寻根，"万圣节(夜)"(Halloween)是西方并主要在英语国家流行的节日，其意为"所有圣徒的前夕"，原是起源于基督教的一个活动，却注入并流传了源自异教徒的风俗。早在基督纪元以前，居住于不列颠群岛等地的凯尔特人在夏末举行仪式，感激上苍和太阳的恩惠。当时的占卜者点燃并施巫术，以驱赶据说在四周游荡的妖魔鬼怪。后来，罗马人用果仁和苹果来庆祝的丰收节，便与凯尔特人的仪式融合成万圣节了。

可见，万圣节其实是赞美秋天的节日。而古代不列颠和爱尔兰的祭司在庆祝这个赞美秋天的盛大节日之际，还相信死神——萨曼在那晚会把当年死者的鬼魂(幽灵)统统召来，因此要设法驱赶邪灵。后来的人们却都把万圣节前夜演变成尽情玩闹、讲鬼故事和互相吓唬的好机会。这个赞美秋光丰收的节日，变成了祭拜神怪、巫婆和鬼魂的日子。万圣节的两大流行色：黑色和橙色，就意味着死亡与收获。现代万圣夜的产品也大量使用紫色、绿色和红色。戴面具的风俗和种种象征也由此诞生：鬼魂、骷髅、女巫、黑猫、蝙蝠、猫头鹰和吸血鬼(僵尸)，以及秋天的元素如南瓜和稻草人等。

犹记得近年印象深刻的一幕：由于2010年10月最后一天的"万圣节"是星期天，硅谷地区一些公司都提前在星期五（29日）举行各种形式的万圣节狂欢活动。当天，如谷歌、甲骨文、英特尔等著名高科技公司的许多员工，也不约而同地化了各种各样的妆上班。在谷歌公司上班的儿子前一晚也准备好一套装束，并且邀请我也去他公司参加狂欢。

谷歌当天下午3时半后特地在一处园区辟出万圣节狂欢派对区，从各个办公楼区涌向狂欢区的员工，都按照自己的喜好，打扮成千姿百态的模样，放松心情。笔者下午4时许来到现场，但见上千人摩肩擦踵、花花绿绿一片；外星人、南瓜头、大披风、骷髅装，等等，应有尽有。四周还散布了一些帐篷、摊位，免费供应各色饮料及爆米花、糖果等。还有一个耍大蟒蛇的摊位，吸引了不少大胆的员工跃跃欲试。

现场临时搭建了演出台，配备了音响设备，主持的司仪让化了妆愿意自我表演一番的员工们排队依次上台，他们的古怪装饰或各式动作、语言别有滋味，激起那或席地而坐或站着围观的同事亲友们一阵阵笑声、呼啸声。高科技工作者们在提前庆祝万圣节的时刻也疯狂，千姿百态也凸现硅谷企业的别样文化。

爱因斯坦的小屋

在华屋豪宅无数、绿茵似锦的南加州帕萨迪那(Pasadena)，这一栋小屋并不起眼甚至还略显简陋、寒酸；但它坐落在著名的加州理工学院校区周边，便可能具备某些超凡脱俗的特质或令人景仰的历史内涵。

世界顶尖高等学府加州理工学院（California Institute of Technology，缩写：Caltech）的校园不大，周围的一些民居也早被纳入、派作各种用途，几乎便注定会有一段不寻常的故事。事实上，拥有过30多位诺贝尔科学奖得主的加州理工学院的每一栋楼宇、每一间小屋，都几乎蕴涵了科研的人文的逸事轶闻，何况是这一栋小屋呢？

这是20世纪科学天才爱因斯坦曾经生活并撰写研究论文的小屋。紧挨着加州理工学院的校园，其实也就是校园的一部分，和周围整条街上排列的其它屋宇相比，显得小些，却很符合加州理工学院"袖珍型"校园的风格。走过校园的这个街区，很容易忽略这栋两层楼小屋。尽管造型还算优雅古朴，在周遭豪宅林立的环境中被淹没也是正常的事，毕竟没有其它宅邸吸引"眼球"的亮点。唯有那葱绿的草坪上竖立的一块昭示牌，才可能让漫不经心或者刻意寻觅的人止步观望，遥想万千。

我就是在不经意的漫步之间看到了这块小牌，见上面写着两行英文字：Einstein Papers Project(或可译作：爱因斯坦论文研究计划)，才停下来面对这栋小屋，不禁肃然起敬。虽然很早就知道爱因斯坦曾经在加州理工学院待过些日子，但近些年出入学院多回却也未刻意寻访过大师的遗迹，想不到那一次偶然遭遇，可谓"得来全不费功夫"。于是驻足察看，摄影留念；可惜小屋当时没有对外开放，只能向它、向大师行注目礼。

查阅爱因斯坦年谱，1930年12月11日至1931年3月4日，爱因斯坦第二次访问美国，主要在加州理工学院讲学，这栋小屋应该是他当时的居住、研究之所。年谱还记载，1931年12月，爱因斯坦再度赴加州讲学。爱因斯坦在加州理工学院的时间不长(他后来定居美国，主要在东部普林斯顿），但这栋小屋却因他而倍添历史、人文渊源。加州理工学院将此屋辟作纪念馆，自然是本着科学的精神，也吻合美国各地重视名人、史迹的传统，予人充分的怀旧、纪念的自由与方便。

在2005年爱因斯坦逝世50周年，也是以"狭义相对论"等问世为标志的"爱因斯坦奇迹年"100周年之际，联合国将当年定为"世界物理年"，以纪念这位跨世纪的伟大科学家。著名华裔物理学家李政道那年在纪念爱因斯坦的文章中提到：1931年，爱因斯坦在美国遇见喜剧大师卓别林，卓别林对爱因斯坦说：我们俩都是名人，可是我们出名的原因不一样。我出名，是因为随便哪个人都知道我在做什么；而你出名是因为没有人知道你在做什么。李政道指出，当然，这是卓别林的幽默。"爱因斯坦的成功是因为他了解自然界的规律，他的理论也符合整个自然界的演变。爱因斯坦对20世纪的科学有极大的影响；很可能，他对21世纪的科学也有同样或更大的影响。"李政道还指出：我们的地球在太阳系是一个不大的行星，而我们的太阳在整个银河星云系4000亿颗恒星中也好像不是怎么出奇的星球，而整个银河星云系在宇宙中也是非常渺小的。"可是，因为爱因斯坦在我们这个小小的地球上生活过，我们这颗蓝色的地球就比宇宙其它的部分有特色，有智慧，有人的道德。"

如今，看到了爱因斯坦曾经居住过的小屋，甚至走在加州理工学院的校园，我的心里就荡漾起温馨的暖流，荡漾起要向科学与科学大师顶礼膜拜的冲动，荡漾起对人类智慧、道德和人文关怀精神的向往激情。我的脑海间就会闪现出那幅独特的形象：蓬松浓密的白发、庞杂下垂的胡须，爱因斯坦硕大的头颅————简直就是举世无双的天才标志！

与斯坦贝克有约

距离硅谷以南一小时车程的加州小镇莎琳娜斯（Salinas），是美国著名作家、诺贝尔文学奖获得者约翰·斯坦贝克（John Steinbeck 1902~1968）的故乡。很多年前大学修外国文学史时，对几位美国文豪印象深刻，还特地找了约翰·斯坦贝克的成名作《愤怒的葡萄》的中译本来读。前些年偶翻资料，才清楚他的故乡就在离我居住的硅谷不太远的的莎琳娜斯，那附近的蒙特雷湾17哩风景胜地是我几乎每年都会去散心的，开车从101号高速公路往洛杉矶也是必经之地；可旅居旧金山湾区十多年从未去造访过斯坦贝克的故居，真是失敬得很。据悉他也曾在属于硅谷地区的洛斯阿托斯居住过，这样说来我们旅居湾区硅谷的人，与他也算是前后近邻了；但今天美国芸芸丛生里还有多少人记得甚或知道曾经有这么一位杰出的作家，为美国赢得了不朽荣誉吗？！

那年盛夏之际终于"专程"赴莎琳娜斯，因缘际会是赶第30届斯坦贝克艺术节（30th Annual Steinbeck Festival）的场。以文豪命名的艺术节2010年8月初在当地的国家斯坦贝克中心（National Steinbeck Center）连续四天举行，吸引来自加州和全国各地读者、研究者和民众出席。本届艺术节的主题为"旅程：斯坦贝克环游世界"（Journeys: Steinbeck Around the World）。

我去赶场的那天是星期六上午，阵阵鼓乐声将包括笔者在内的游客引导到位于莎琳娜斯老镇主街尽头的斯坦贝克中心，门厅前的小广场（露台）早已围聚起不少民众，正在观看陆续表演的印第安土著祭奠仪式及舞蹈，以及富有当地民间特色的民间舞，甚至还举行了爱犬竞美比赛。斯坦贝克中心前厅露台顶张挂着艺术节海报，醒目而别致。

步入中心大厅，参观访问者们分别可以细细鉴赏不同的展品，一对纽约夫妇捐献的斯坦贝克生前用过的沙发、地球仪也陈列其中。大厅环墙布置起各种与斯坦贝克生前旅行足迹所到之处相关的图片。配有中文"戏院"字标的小电影院内轮回放映着介绍斯坦贝克生平及其故乡莎琳娜斯历史风光的影片。

在另外一侧的展厅，展示了关于斯坦贝克生平的各种图片、实物。一幅斯坦贝克1962年在诺贝尔奖领奖现场的巨幅照片格外夺目。他以小说《我们不满的冬天》荣获1962年诺贝尔文学奖。展厅一角陈列了斯坦贝克当年带着爱犬一起环游美国的房车（复制品），及其旅行路线图。斯坦贝克1962年曾经自驾车带着爱犬查理，踏上了横跨美国之旅（从东北新英格兰到西部老家加州）。一路的见闻、观察和思考，后来写成了一部随笔《斯坦贝克携犬横越美国》，风行一时。

展厅不同的角落也在放映根据斯坦贝克小说改编的电影，或者展出上世纪40年代的相关电影海报，以及世界各国出版的斯坦贝克各种版本作品集，其中包括介绍他的早期小说《愤怒的葡萄》（1939），曾获普利策奖，堪称20世纪美国文学的经典。

会议厅里，上下午都相继安排了多种讲座、报告会，包括"与斯坦贝克一起旅行"（Travels with Steinbeck）专题系列。女主持人介绍、引出研究斯坦贝克环游美国50年来美国各地变化的作家、研究者 Greg Zeigler，概述自己沿着斯坦贝克环游美国足迹的考察心得。据悉，当天斯坦贝克艺术节活动，同时也在美国东部一些城市和墨西哥城、阿姆斯特丹、巴黎、柏林等世界不同城市举行。

美国新大陆的历史很短，但其文学成就与其经济、科技的发达同样昂首阔步于世界之林，这得益于包括马克·吐温、福克纳、海明威、斯坦贝克、欧·亨利、杰克·伦敦、索尔·贝娄等大作家的持续贡献。斯坦贝克创作于1939年的长篇小说《愤怒的葡萄》奠定了他在文坛的世界级地位，比他获诺贝尔文学奖的小说似乎更著称于世。1962年颁发他诺贝尔文学奖的评审委员会理由是："由于他那现实主义的、富于想象力的写作，把蕴涵同情的幽默和对社会的敏感结合起来"。他的小说艺术造诣相当高，糅合了写实风格与幻想风格，影响了后世美国文学尤其是西部文学的发展。

斯坦贝克生长于莎琳娜斯一个面粉厂主的家庭，父母的文化教养对他影响至深，从小就接触了不少古典文学名著。长期的小镇、乡野、牧场的自然环境熏陶，使他对家乡的风土人情熟谙在心；细腻敏锐的洞察力，使他观照及描绘清贫困苦物质环境下人类各种生存状态得心应手，栩栩如生。他读大学时修文学外还研读过海洋动物学，在小说《愤怒的葡萄》中，他描写从奥克拉荷马州迁移加州的失业寻梦者如何千辛万苦地奔向梦想中的"黄金的西部"，就像"群体动物"似的被求生的本能所驱使。这个"群体动物"之喻应该是来自他海洋动物学知识的启示。大学毕业后，斯坦贝克相继在牧场、筑路队、制糖厂和建筑工地打工，这些经历折射在他的写作中，便是更多的关注下层劳动人民的生活与命运，充满对小人物的同情和宽泛的人道主义精神，刻画底层小人物的善良、质朴的品性，创造了"斯坦贝克式的英雄"形象。同时，他的小说艺术造诣很高，将写实风格与幻想风格有机地结合起来，对后来美国文学，尤其是西部文学的发展起了重大的影响。他写于1944年的长篇小说《制罐巷》和1955年创作的《伊甸园以东》，在幽默诙谐中潜伏着对美国物质文明的批判之际，还提及中国人的勤劳耐苦和慷慨、忠厚，这应该是他在家乡接触到中国移民的直接印象。他小说中写到的李昌杂货店便是"克隆"自莎琳娜斯当年的"荣昌行"，事实上华裔移民很早就在当地聚居了，那儿的中华会馆1934年还在离斯坦贝克故居不远处建了"孔教会"。我那次观摩斯坦贝克艺术节时，也顺便穿过几条街到传说中的"中国城"寻迹访古，倒是看见了"孔教会"的建筑及其牌匾，孤零零地坐落于那条没落萧条的街区。

认识斯坦贝克，与斯坦贝克有约，就从那时开始了。这些年，读他的书，访文豪的故居，参观"斯坦贝克图书馆"，仿佛亦是认识美国社会、生活、积累常识的途径之一。

事实上，自2002启动"纪念斯坦贝克百年诞辰"系列活动以来，他的家乡即成立了"斯坦贝克图书馆"和"斯坦贝克中心"(www.steibeckcenter.org)。加州人文科学委员会和加州图书中心并策划在当年10月发起了全州146个图书馆分别举行"加州的故事：朗读《愤怒的葡萄》"专题活动，旧金山中国城图书馆是极少数用中文（汉语）来交流此项节目的图书馆之一，由知名作家分别引导读者用汉语朗读这本20世纪30年代美国文学的扛鼎之作，体验斯坦贝克"蕴涵同情的幽默"与"对社会的敏感"。想一想，这样亲近文豪的怀旧也很别致。

马尔克斯与福克纳的渊源

哥伦比亚作家、记者和社会活动家加夫列尔·加西亚·马尔克斯（Gabriel García Márquez）因病不治，于2014年4月17日下午在墨西哥首都墨西哥城去世，享年87岁。世界文坛的一颗巨星在宇宙与人世间游走87个春秋之后徒然陨落。

哥伦比亚总统曼桑托斯当天在其个人微博上说，马尔克斯是史上最伟大的哥伦比亚人，伟人永远不会与世长辞。

墨西哥总统培尼亚·涅托当天以国家名义向当今最伟大作家的去世表示哀悼和惋惜，认为马尔克斯使拉美魔幻现实主义文学走向了全世界。

据悉，马尔克斯早在1999年就被查出癌症。在美国接受化疗后症状改善，肿瘤缩小。2012年7月，马尔克斯的家人称其患上了老年痴呆症，可能今后无法再从事写作。今年3月，他因肺部和尿道感染到墨西哥接受治疗，被医检发现癌细胞扩散至肺部、肝脏。4月8日，马尔克斯出院回家做保守治疗。4月14日病情再次恶化，终于在17日回天乏术而谢世。

1927年3月6日出生于哥伦比亚一个小镇的马尔克斯，自小在谙熟拉美传统神话故事的外祖母等家人熏陶中成长。1961年移居墨西哥继续从事他在祖籍国就热衷的文学、新闻和电影工作。他凭借1967年出版的长篇小说《百年孤独》于1982年荣获诺贝尔文学奖，也奠定他作为魔幻现实主义文学领军人物的地位，成为20世纪最有影响力的作家之一，甚至被视为整个拉丁美洲的骄傲与民族英雄。他的其它代表作还有《一桩事先张扬的谋杀案》、《霍乱时期的爱情》、《苦妓追忆录》等。当年瑞典皇家学院颁奖予马尔克斯的理由是："像其他重要的拉丁美洲作家一样，马尔克斯永远为弱小贫穷者请命，而反抗内部的压迫与外来的剥削。""由于其长篇小说以结构丰富的想象世界，其中糅混着魔幻于现实，反映出一整个大陆的生命矛盾。"足见文学的使命与丰富内涵兼而有之。

马尔克斯受美国文豪、意识流文学代表人物、1949年诺贝尔文学奖得主威廉·福克纳（William Faulkner 1897年9月25日－1962年7月6日）影响极深，他称福克纳为自己的导师。其小说《百年孤独》与福克纳的代表作《喧哗与骚动》有异曲同工之妙。威廉·福克纳正是以其充满了神话色彩的古典史诗般的杰作，高度浓缩了美国南方社会的兴衰史，再造了一个爱与恨交织纠结的虚幻王国，从而把美国南方文学堂而皇之地引进了世界文学的神圣殿堂。马尔克斯在《番石榴飘香》中谈及福克纳对他创作的影响："可能在我的早期作品中看出我是受了他的影响。……因为在我创作的初期，由于需要而借鉴了他的东西。"而马尔克斯坦言自己从福克纳的作品中获取了创作的灵感，开启了智慧的大门、创作的源泉，使他从印第安人、混血种人与农民身上找到了普遍的人。有评论者甚至说，马尔克斯的小说在主题、题材和深层意识上与福克纳的作品极为神似。

《百年孤独》的故事发生在虚构的马孔多镇，描述了布恩蒂亚家族百年七代的坎坷、兴衰、荣辱、爱恨、福祸，和文化与人性中根深蒂固的孤独，折射出哥伦比亚乃至拉丁美洲的历史演变和社会现实，让读者思考导致百年孤独的原因，寻觅摆脱命运作弄的途径。小说内容涉及社会和家庭生活的方方面面，数十年内战的血腥冷酷，热恋中的情欲煎熬如慕如诉，人世鬼界远古未来变幻莫测的神奇诡异，堪称拉丁美洲历史文化的浓缩投影。凝重的历史内涵、犀利的批判眼光、深刻的民族文化反省、庞大的神话隐喻体系，借助马尔克斯独特的神秘语言体系贯串始终，其中的象征主义手法，从未来角度回忆过去的新颖独创倒叙手法，影响了20世纪末期无数作家的写作。

《百年孤独》的各章节段落文句中的精华扑面而来，垂手可拾。请看这些箴言、警句式的文辞，今日读来依然令人新奇、警醒：

"无论走到哪里，都应该记住，过去都是假的，回忆是一条没有尽头的路，一切以往的春天都不复存在，就连那最坚韧而又狂乱的爱情归根结底也不过是一种转瞬即逝的现实。"

"一个幸福晚年的秘诀不是别的，而是与孤寂签订一个体面的协定。"

"即使以为自己的感情已经干涸得无法给予，也总会有一个时刻一样东西能拨动心灵深处的弦；我们毕竟不是生来就享受孤独的。"

"战争已经被扔进了存放悲惨记忆的高阁，它仅仅在开启香槟酒的砰砰爆气里被偶尔提到。"

"生命中曾经有过的所有灿烂，原来终究，都需要用寂寞来偿还。"

…… ……

文学是通向人类心灵的阶梯。在当下这个丰盛而变化多端的世界，这个充满孤独、纷扰、竞争、苦闷、杀戮、诱惑和种种意外的世界，人们实在需要沉静下来，哪怕沉静片刻也好，哪怕潜心静思读一页文学名著或者任何纯文学作品也好。读书，读文学作品的心灵愉悦和精神通感，是无法言语的，也是任何其它享受无法比拟的，但肯定会使读书的人接近宁静致远的境界，使人类和这个世界变得更加美好。

文坛巨星陨落，但《百年孤独》永远传世，马尔克斯的文学贡献和文学创新，是人类和世界永恒的财产，而他与福克纳的文学渊源，也是世界文坛文字神交的佳话。

硅谷脉动

穿帽衫的CEO引领潮流

全球最大的社交网站Facebook(脸谱)2012年5月18日在美国纳斯达克上市，市值高达620亿美元甚至接近1000亿美元，超过了麦当劳和高盛。又一个网络神话诞生，抑或未来会产生又一波网络泡沫？不过，眼下比这些更令人关注的，显然是Facebook的创办人、权力独大的CEO马克·扎克伯格(Mark Zuckerberg)。

Facebook2012年5月7日在纽约开启了其首次公开招股（IPO)上市交易的路演程序，吸引了成百上千的投资者。Facebook掌门人、这位28岁的亿万富翁的出场显然循例是扎克伯格式的：标志性的连帽运动衫、牛仔裤和运动鞋。当他乘坐的黑色SUV抵达位于曼哈顿中心的喜来登酒店时，他身旁的Facebook CFO大卫·埃伯斯曼(David Ebersman)是鲜明的对照，埃伯斯曼穿着西装打着领带，手里提着一个背包，一副职业科技人或者商人的典型装束。

扎克伯格一身大学宿舍式的休闲着装，虽然近年来在公众视野中已经司空见惯，还是遭遇到一些华尔街人士的惊讶甚至指责，称这是对金融业的不尊重。Wedbush Securities分析师迈克尔·帕赫特(Michael Pachter)认为：“扎克伯格穿着标志性的连帽衫，向投资者明确表示，他不关注这一问题。他将会做自己，做他以往一直做的事情。我认为这是不成熟的标志。他必须意识到他正在吸引投资者，必须向投资者显示应有的尊重，因为他正要求他们投资。”他进而指出：“我并不是说他必须穿西装，只是说他应当放弃连帽衫，并显示自己的尊重，这可以是夹克衫、T恤或牛仔裤。”按照帕赫特的逻辑，也许人们应该很讶异为什么保安没有把扎克伯格赶出去，因为条纹西服和高级定制领带才是华尔街的常规服装。

帕赫特的观点受到科技界人士的批驳。科技博客The Next Web刊登一篇文章“古怪的分析师嘲笑扎克伯格的连帽衫”，指称“投行拼命希望获得参与Facebook IPO的机会，而Facebook的标志性人物也来到了华尔街。不尊重的人正是帕赫特，因为他完全不知道自己在说什么。”科技博客作者欧姆·马利克(Om Malik)在一篇题为“蠢货和他们的扎克伯格连帽衫理论”的文章中说，如果想要从扎克伯格的连帽衫中找茬，那么问题实际上是对时尚的反感。

看来，连帽衫这类平民化的着装很被一些人不屑，在某些人眼中甚或就是街头小混混的“招牌”。

2012年2月26日晚，身穿“连帽衫”的17岁非洲裔少年马丁在佛罗里达州桑福德一居民区被巡逻的保安齐默尔曼当作“形迹可疑”分子，在报警、跟踪并与马丁对峙时，齐默尔曼开枪射杀了这个帽衫少年。马丁之死迅速导致各地出现大规模的抗议集会，示威者身穿马丁遇害时穿的“连帽衫”，要求警方严惩杀人者。

其实，自视颇高的金融界人士难道忘了，很多年以前，盖茨、乔布斯就早已颠覆了IT界CEO"应当向外界展示的形象"。纵然乔布斯的黑衫、牛仔裤着装很酷很霸气，难道就代表了IT界CEO的成熟？而扎克伯格的帽衫就欠老辣吗？

事实上，扎克伯格对自己的招牌着装也偶有过妥协。2011年4月20日上午，奥巴马总统造访Facebook总部时，扎克伯格特意一改平时的休闲外形，穿上西服系上领带，以示对总统的尊重。不过扎克伯格下半身仍然穿牛仔裤和运动鞋，奥巴马为此调侃扎克伯格道："是我让马克穿上了西服外套，系上了领带。"双方落座后，奥巴马又开起玩笑说："他感到不舒服。我们脱掉外套怎么样？"两人随后双双脱下外套，轻松访谈。

无可置疑的是，穿帽衫的扎克伯格不拘小节无视传统，不喜欢循规蹈矩，也不会投上流社会所好。他因此被一些熟人称为"最穷的有钱人"。直到2011年5月，扎克伯格才花700万美元在加利福尼亚州帕洛阿图买下一座5个卧室的房子，在当地远远称不上是"豪宅"。他也没有法拉利，没有保时捷，没有布加迪威龙，只驾驶一辆日产无限。重要的是，扎克伯格的创新基因与敏锐触角，使facebook重新定义了互联网,重新定位了网络社区。扎克伯格的创新丰富了美国国家品牌中创新的内涵，无愧为美国在互联网时代的创新先锋，且迎合了美国品牌年轻化的需求。扎克伯格因此成为美国品牌的新符号，也是美国经济并没有衰落的新旗号，即使他总是穿着那帽衫、牛仔裤、运动鞋，他也引领了80后CEO和科技界新生代的新潮流。据悉，扎克伯格曾被古希腊和古罗马的文化深深吸引，他童年最喜爱的一款视频游戏是《文明》。该游戏的获胜目标是"建设能经受时间考验的帝国"。随着岁月的增长，《文明》成为扎克伯格"发展Facebook的基石"。

当然，人们需要关注并且思考的是：一家八年前在地球上还没有踪影的公司，如今凭什么谱写当代商业史上最伟大的华章？成为巨富、持有股份价值将达到187亿美元的扎克伯格是否已经足够成熟，有能力驾驭一家比麦当劳和高盛更值钱的公司？一直不愿使Facebook上市的扎克伯格，如今不得不通过无情的股票市场面临外界的评判。而深深洞悉市场无情的IT界人士，则不会愿意2000年整个硅谷.COM泡沫破碎的历史再一次被复制。

听扎克伯格秀汉语

依然是那身招牌式的连帽运动衫、牛仔裤和运动鞋，Facebook创始人兼首席执行官马克·扎克伯格（Mark　Zuckerberg），就这样轻松自如地会晤西装革履的清华大学校长。而当他次日现身清华经管学院舜德楼，面对满座师生，与主持人对话，他也只是套了件灰色短袖T恤，穿蓝色牛仔裤，那般无拘无束，随意潇洒，展现心身的充分自由与自信。

2014年10月下旬的访华之旅，30岁的扎克伯格再度让中国一流大学的精英们惊讶、好奇、叹服。让人惊叹的还有他在对话中秀汉语，并且全场坚持用汉语对答。这段对话通过视频传播全球知晓，虽然他的汉语听起来有外国人通常都难免的口音腔调，不太流利，语速较慢，但咬字清楚，能够听懂汉语的提问，反映敏捷，应对自如又不乏幽默，给世人留下深刻印象。

扎克伯格此次访华之所以会出现在清华，是他被增聘为清华经济管理学院顾问委员会委员，他之所以愿意出任这个顾问委员，则出于他关心教育的意愿。他在美国就做了很多支持教育的事情，包括给学校捐款、赞助电脑设备等。他希望"参加清华经管顾问委员会能为我提供一个好机会，学习和支持中国的教育。"

据悉，在清华经济管理学院的讲座中，主持人原本只希望扎克伯格开头说一两句汉语，调节活跃一下气氛，想不到扎克伯格一发而不可收拾，索性就说汉语到底了。大家都知道扎克伯格的妻子普莉希拉·陈(Priscilla Chan)是华人，所以他学中文说汉语必定与此有渊源。其实普莉希拉·陈的中文也谈不上棒，她为扎克伯格另外推选中文家教。他也道出了自己坚持说汉语练中文的三大原因：第一，我太太是中国人。她在家说中文，她的奶奶只说中文。我想要跟她们说话。第二，中国是伟大的国家，所以我想学。第三，普通话很难，我一直说英语，但我喜欢挑战。

扎克伯格也披露，几年前他和普莉希拉·陈决定结婚，要求她教自己中文，她非常吃惊。事实上，当年扎克伯格为了博取女友的芳心而学习汉语，这件轶事其实早在2010年扎克伯格接受"脱口秀女王"奥普拉专访时就首次披露了。当年，同时就读哈佛大学的两人是在一个派对等候使用卫生间时开始相识的。

扎克伯格在对话伊始就开诚布公地说明：我的中文很糟糕，但是我天天都会用。我觉得自己还需要练习。这是他在公开场合自觉接受挑战的一个实例，可以印证他为了和妻子的奶奶说汉语，已经坚持成为习惯了。这种坚持本身也是一种爱的付出和自我挑战，既有对妻子及奶奶的爱，也包涵不惧困难的精神。同时，正如他所表达的，学习语言可以帮助学习文化。因此，我们可以想象他的家庭环境和创业背景，他多学习一门外语也就乐此不彼了。

扎克伯格的答问，也展现了这位全球最年轻IT新贵的梦想与坚持，以及他一手哺育的脸谱公司的成功秘诀。譬如："我觉得最好的公司，不是因为创始人想要成立公司，而是因为创始人想要改变世界。如果你只是想要成立公司，你会有很多想法，但不知道哪个想法最好，最后影响公司的发展。但反过来，如果你想要改变世界，有了很好的想法才去创业，这样你才会成立好的公司。"

"最重要的是不能放弃。另外，你可能还需要做很艰难的决定，比如解雇一些员工。放弃是很容易的，大部分都会放弃，最后坚持下来的是少数人。"

"今年facebook十岁，我问下个十年我们应该发展什么，我觉得我们要发展三点：第一，我们想要连接整个世界，所以我们要帮助所有人用互联网，第二，我们想要发展人工智能，第三是所有人用手机以后，我相信下个平台是虚拟现实（virtual reality），oculus是第一产品，我们希望还有别的很多产品。"

这些扎克伯格用汉语表达的语汇，已然相当丰富地展现了一位现代创业创新者的思维和目标，有很清晰的蓝图，很宏大的理想，还有很接地气的依托平台（项目）。

他在答问中也透露了自己喜欢的色彩是红色或绿色，因为facebook是蓝色。喜欢的中国菜包括胡同小吃和北京烤鸭，还会自己"做饭"。他的答问也让人们了解到，这位全球最年轻大公司的CEO，整天没有时间在"工作之外"，不是忙这就是忙那，要关注要操心的事是全天候的。

我不知不觉听完、看完了这段扎克伯格秀汉语的视频，觉得他的自信和坚持都是常人欠缺的，不必再去寻觅其他的潜质和优势了，这两个扎克伯格风格的特色，足以说明他为什么会创业成功，并且一定还会达成自己的新目标。

说不尽的乔布斯

"苹果教父"乔布斯的遽然谢世，令2011年10月5日当天硅谷发生的特大枪击案、甚至蔓延全美国的"占领华尔街"行动的新闻性都黯然失色。《纽约时报》、《时代》周刊、CNN等媒体都无不称颂这位传奇式的新一代美国英雄，他几经起伏依然屹立不倒、创新不止、改变世界的精神与经历，堪为世纪里程碑。

苹果官方网页讣告指出：苹果失去了一位远见卓识、开拓创新的天才；世界失去了一位令人惊叹的人物；我们这些有幸与乔布斯共同工作过的人，失去了一位密友，以及一位善于鼓舞人心的导师。乔布斯的精神永远是苹果的基石。他的"才华、激情和精力是无尽创新的来源，丰富和改善了我们的生活。世界因他无限美好。"

似乎怎么评价乔布斯都不为过，纽约市市长彭博的说法不乏概括性和前瞻性："美国失去了一个天才，乔布斯的名字将与爱迪生和爱因斯坦一同被铭记。"尽管乔布斯改变人类与科技互动的创新方式，是否堪与爱迪生划时代的一级发明相提并论尚有争议，但彭博的下一句话还是经得起咀嚼的："乔布斯的热情、信念和才识重新塑造了文明形态。"

与乔布斯相识近30年、一直是伙伴、竞争对手和朋友的比尔·盖茨说："很少有人对世界产生像乔布斯那样的影响，这种影响将是长期的。"

奥巴马总统在Twitter上悼念乔布斯道："我们2012竞选团队的所有成员感谢你所做的工作。""乔布斯让电脑个人化，把互联网装到我们的口袋里。"正是乔布斯不断进取的创新精神，让高科技深入寻常百姓家，让世界浓缩到世人的手掌之中。在科技制造业和商业发展史上，乔布斯的影响力堪与美国汽车业巨擘福特 （Henry Ford)和酒店业大亨希尔顿(Conrad Hilton)比肩。

乔布斯生前获得的世俗的荣誉令人炫目：1985年，被里根总统授予国家级技术勋章；1997年成为《时代》周刊封面人物；同年被评为最成功管理者，以"计算机狂人"而声名显赫；2007年，被《财富》杂志评为年度最伟大商人；2009年被《财富》杂志评选为十年间美国最佳CEO，同年当选《时代》周刊年度风云人物之一。但是，他的创新与成果让他看薄这些，因为他自许"活着就是为了改变世界，难道还有其他原因吗？"

为了寻求心灵的安宁与创造的灵感，乔布斯"愿意把我所有的科技去换取和苏格拉底相处的一个下午。"也许，苏格拉底的哲学深深感染他，让他思考自己每天的生活如何带给世界更多的真善美。

对于东方人而言，信仰禅宗佛教的乔布斯仿佛平添了另一层亲近感。身处一个可以让梦想翱翔的国度，美国的无数移民后裔更以乔布斯为傲，因为他身为叙利亚裔美国人后裔，在叛逆而动荡的20世纪60年代度过骚动甚或颓废的青少年时代，才华横溢却性格乖戾，离经叛道而又注重创新，最后凭借自身的奋斗在开放自由又强手环伺的环境里脱颖而出，统领时代潮流之风骚，一时无人与之匹敌。

一出生便被生母送人的乔布斯，有幸遇上他那宅心仁厚的养父母，为了孩子的前途，没有高学历、只赚取蓝领薪水的老乔布斯夫妇倾尽所有，为少年乔布斯改善、提供尽可能优越的学习成长条件，甚至有过媲美"孟母三迁"的举动，为养子搬家、换学校，让他得以在硅谷最好的环境成长，后来还为他支付昂贵的私立大学里德学院的学费。

　　虽然乔布斯读大学不满一年就缀学闯世界，这一点和比尔·盖茨的经历相似，但他与盖茨的交往中却流露出并非完人的一面。1997年，苹果因经营不佳求助微软，盖茨出手相助，致使苹果在财务上暂无后顾之忧。而在此期间，乔布斯仍经常讥刺微软"没有品位"。在世所关注的富翁慈善捐献举动方面，他也与盖茨大相径庭。拥有0.6％苹果股权、7.4％迪士尼股权、资产高达83亿美元的乔布斯，至今仍未有公开捐款行善的纪录。1997年重掌苹果后，他以提高公司利润为由，关闭公司内的慈善部门。几年前更拒绝加入由盖茨、巴菲特发起的"捐献誓言"（The Giving Pledge）计划。如今，拥有超过400亿美元资金的苹果王国依然没有从事企业慈善事业的迹象，也因此被列入"美国最不慈善的公司之一"。

　　也许，乔布斯极端注重隐私，他的控制欲直到生命最后一刻也未减弱。也许，他无意关注类似消灭非洲肆虐蚊虫或者拯救贫困儿童的慈善领域，他要集中潜心研究和发明创新，给人类带来iPod、Mac、iPhone等等高科技产品，直接和间接地"造福于人类"。抑或说，乔布斯意欲改变世界的观念，天然地使他在创造和慈善的层面固执己见，这也是他人难以苛求的。其实，乔布斯早在1985年就说过："我对钱这个东西的主要看法是：有人只关注钱这很好笑。因为钱并不是我所碰到的最有远见或最有价值的东西。"他的心思意念确乎没有纠缠在金钱之间。

　　乔布斯最后的几十天岁月，是一个天才的思索、晚期癌症病人的淡定和渴慕并享受亲情的最后时光，因为有子女和妻子相伴，他坦言，"这比任何事情都让我高兴一万倍。"长期重疾缠身，他的生命观似乎也一遍遍地在大脑中过滤。2005年夏季他应邀作为嘉宾在斯坦福大学毕业典礼演讲时曾经谈到："死亡对于我们每一个人来说是终点，没有任何人能够逃脱。事实就是如此。因为死亡可能是生命最棒的发明，它是生命的调节剂，旧的不去新的不来，现在的你光鲜亮丽充满活力抱负，假以时日你将逐渐老去。抱歉，这充满了戏剧性，但它就是这样。""你的时间是有限的，所以不要浪费时间活在别人的生命里，不要迷信教条——那意味着你将活在其他人的想法里。……永远要有勇气去跟随你的心与直觉，只有它们才能知道你真正想要的是什么。其他一切都是次要的。"这样的生命哲学一直伴随着他。

天妒英才，乔布斯的生命不敌癌症的攻击，科技和金钱都未能有效地挽留这位旷世奇才。医学界也更提醒人们防癌胜于治癌，健康生活第一。试想，乔布斯从8月24日宣布辞去苹果CEO一职，仅仅40余天就驾鹤西去，留给他自己、家人（包括始终未能相认的生父）和世人太多的遗憾，又何止一声叹息！

说不尽的乔布斯呵！人类因你而更新思维，世界、科技、文明因你而继续改变。

从印度裔移民出任
微软CEO说起

在IT（Information Technology，即信息技术）为主导的全球高科技重镇硅谷，早期以集成电路（Integrated Circuit）也即半导体工业为基础，Integrated Circuit简称为IC，而这个IC还代表Indian–Chinese，意即从事IC产业的工程师主要是印度人和中国人。

如今硅谷的行业早已不再局限于IC产业，而印度工程师的人数也远远超越其他族裔。将近十年前就有研究报告表明，在硅谷的工程师三分之一是印度裔，硅谷高科技公司里百分之七的CEO是印度人；印度人创建的工程和科技公司比英国人、中国人、日本人所创建的总和还多。不仅华裔工程师群体把印度裔当作在公司乃至整个行业的最大竞争者，甚至白人工程师也抱怨自己沦为硅谷IT行业新一拨少数（"White Caucasian men the new minority in Silicon Valley IT"）。

微软公司于2014年2月4日宣布，任命45岁的微软云计算和企业部门执行副总裁萨提亚·纳德拉（Satya-Nadella）担任CEO（执行官），这位

1992年加入微软的45岁印度裔高管也成为微软继比尔·盖茨和鲍尔默之后的第三任CEO。而在新任CEO纳德拉的强烈要求下，微软创始人比尔·盖茨同意以技术顾问的新角色在董事会中任职，并承诺将用更多时间为公司提供技术和产品方面的咨询。这是盖茨2008年转投慈善事业后，首次明确回归微软公司。

纳德拉的任命，加之谷歌安卓的掌门人皮贾伊也是印度移民，这似乎意味着印度基因已经逐渐渗入到硅谷。印度人将控制三大移动互联生态中除苹果之外的两大家，印度裔在IT界的实质影响，也将超越以往硅谷三分之一工程师是印度裔的现象。

纳德拉出任微软CEO，在硅谷工程师群体中也产生了震荡，网上对此的讨论异常热闹、激烈。华裔工程师们对印度裔为何在冲破职场玻璃天花板方面比其他族裔有更多斩获褒贬不一，但无论如何印度裔工程技术人员在高科技界的惊人成就是难以忽视了。

印度裔在美国硅谷的杰出成就，有一个重要原因，就是互相帮衬，群体提升。最初是美国的科技公司发现了印度人的IT能力，后来，成功的印度裔不断伸手帮助其他后来的印度裔，无论他们来自印度哪里和什么阶层。有印度媒体也指出，印度人在美国硅谷已经建立了人脉资源网络，一些人脉在科技公司内拥有极强的影响力，这些人脉网络资源增强了印度裔高管的职业竞争力，通过相互推介，也促使更多人获得更高的职位。

这种在职场互相提携团结互助提升影响力的文化，正是华裔工程师群体最欠缺的。

早在2005年，加州大学伯克利分校、斯坦福大学进行的一项调查发现，52.4%的硅谷科技公司有一位来自国外的高管和技术领军人物，印度裔占到了25.8%。而到了2012年，印度裔人才领导的公司占到了33.2%。

虽然印度裔只占硅谷总人口的6%，但其创办的公司占到了硅谷公司总量的15%。

印度裔在大公司做高管的现象比较普遍。除了皮贾伊之外，在谷歌13名顶级高管中，印度裔占了四个。当年扎克伯格的脸谱（Facebook）招聘到的第一个女工程师也是印度裔。印度裔在创业方面也更乐于与其他族裔合作，只要他们认准对方是靠谱的人才。笔者认识一位在硅谷艰辛打拼最终成功推动公司上市的华裔企业家，他的合作伙伴便是一位印度裔技术人才。十多年前在硅谷发迹如今转战中国大陆VC界的华裔企业家朱敏，他当年在硅谷的公司合伙人也是一位印度裔。

技术人员出身的纳德拉上位，意味着前微软CEO鲍尔默"销售员"时代的结束，盖茨的亲自背书则象征工程师文化再次重回微软。而前两任CEO都愿意放下身段辅助新CEO纳德拉的这一现象，也表明纳德拉之前与他们的合作亲密无间，互相认同、彼此欣赏是持久合作的基础。

尽管所谓"跳槽"文化也是美国职场文化之一，如何把握这个"度"却很有讲究。部分华裔工程师习惯不停地跳槽，藉此争取更好的薪资待遇或者职位，但与此同时也在一个公司失去更多的机会，以及不断失去更多的信任。难以想象一家企业高层会把关键职位留给经常跳槽的工程师。就像某位如今转到中国大陆变身"青年导师"的前硅谷工程师，他虽然凭借多次跳槽和其它本领在后来的几家公司谋到不低的职位，但在这些公司都待不久，最终也不可能更上层楼，只能将这些职务经历当做炫耀的资本而已。

纳德拉在微软脚踏实地工作了22年。他曾经在微软创始人和前CEO盖茨的领导下工作，出任过负责研发（在线服务集团）的高级副总裁，负责微软企业事业部的副总裁，以及负责微软服务器和工具事业部的总裁（该部门营收高达190亿美元）。在谷歌的四位印度裔高管也都有十年以上的资历。时间和经历的相互淬炼，才能证明人才的真正价值。

一些大公司的高管阶层也不乏华裔的身影，他们个别是依靠自身不懈努力而逐步提升地位，应该还有上升的空间；个别的则还是公司的创始人之一，但随后就渐渐跟不上趟，在攀登企业阶梯（corporate ladder）的进程中落伍了。

很多人以为印度裔在硅谷职场比华裔等其他少数族裔"混"得好，是因为他们在语言上比先天不足的华裔等占优势。这其实只是事物的枝节，那为何也是以英语为主要语言的菲律宾裔还是没有同样的成就呢？关键在于对西方主流文化的认同感迥异。印度裔在融入西方主流文化特别是大企业文化方面，绝对更主动更积极。其实犹太人的现状也差不多。在IT或者其它高端商务领域打拼的族群，谁都不会是傻子，聪明的程度也绝不会相去太远。当一个族群执着于在融入主流文化的过程中发挥自身的优势和聪明才智，在职场奋斗的道路上不忘记携手互助，而不是对同胞对异族都不入法眼，只顾个人感受去留图一时之快，或撞钟度日，而是专注于汇聚每个个体的点点滴滴优点，汇聚并累积整个族群优势，就会离成功不远。

还有些华裔网友称希望寄托在第二代身上了。第二代第三代的华裔固然不再有语言方面的障碍，但他们同样面对在美国长大浸淫西方文化的印度裔和其他族裔第二代第三代的竞争，谁能执未来职场之牛耳，依然要凭借多方面的综合优势，依然要看谁更能在主流文化中如鱼得水般悠哉游哉。因此，未来的竞争远未有结论，还是从眼下的竞争中急起直追吧。

亲历谷歌"父母上班日"

在美国加利福尼亚州的旧金山湾区、硅谷乃至全美企业界，也许人人都听说或者体验过"带孩子上班日"的活动，但在年轻员工云集的谷歌公司，大部分员在30岁以下，还没有孩子，甚至还没有结婚，他们难道就享受不到类似的"福利"吗？事实显然更具人情味也更难以想象。

那个晚春5月初的一天，硅谷山景城谷歌（Google）公司总部举行员工"父母工作开放日"（即"父母上班日"，Parents to Work Day）活动。在谷歌工作的儿子两周前就转发来公司邀请函，我们期待这一天快快到来。虽然早就粗略知悉谷歌的文化多元、开放、创新，也曾经参观过谷歌公司，却从来没想到作为其中一名员工的家长，还能够获公司正式邀请，参加并体验谷歌的这一盛大活动。从公司通知文件上获知，这一天只对员工的父母（含继父母）开放，不包括祖父母、叔伯、阿姨、兄弟姐妹等，Google员工最多可以带两位家长出席。这样的规定，其实也体现了美国家庭的核心价值观。

工作日从早餐开始

加州的阳光和空气似乎是上天特别的恩赐，硅谷的天空也照例碧澄寥廓。当天上午9时许，我们从居住地——"硅谷之都"圣荷西驱车来到山景城谷歌总部一侧的海岸线圆形剧场，开始了一天新奇的谷歌"父母上班日"之旅。但见场外人群熙熙攘攘，排队领取事先注册的证件，谷歌的员工义工忙忙碌碌地招呼众人。约9时半，各自领了证件的家长们次第进入剧场旁的草坪，那里俨然已装点为一个大派对的场所，公司在现场提供丰富的欧陆式早餐，包括各种糕点、麦片、牛奶、咖啡、橙汁等饮料、草莓、苹果、香蕉、菠萝等格式水果，人们或站或坐，怡然自得，轻松惬意。置身其间，我恍然有参加一场大学毕业典礼或者花园开放式婚礼的奇异感觉，那感觉应该是源自一种既时尚又休闲、既庄重又惬意的氛围。我因此也感受到精心筹备此次活动的谷歌管理层的慎密体贴与无所不容的接纳。

10时许，家长们陆续涌入隔邻那以白色巨型帐篷为显著标志的海岸线圆形剧场，一一就位，3000多座位的剧场很快就快坐满了。在音乐和掌声中，家长们迎来了晨报欢迎会。先是由谷歌人力资源运营高级副总裁Laszlo Bock做主题演讲，他先是报告说，公司不久前刚刚举行过员工子女开放日"带孩子上班日"，今天共有2500余名谷歌员工的父母亲参与"家长（父母）工作日"，这么多家长来自全球各地，祝愿大家来到谷歌总部，自己或者在自己子女的陪同下开始度过美好的一天。一位来自巴基斯坦的老年妇女在观众席上站起来"自报家门"，这位家长随后被邀请到台前述说自己的激动心情。Laszlo　Bock还随机抽报了几个家长证的号码，凡是"中奖"的家长随后都接到了谷歌工作人员送上的礼品。大多数没有"中奖"的家长也一样欢欣，向"中奖"者的席位送去了欢笑与祝福。

谷歌为何能凝聚全球人才

Laszlo Bock介绍谷歌公司的基本情况和员工招聘、福利诸方面信息，每每引发台下家长们的惊叹和笑声。譬如，他说想要进谷歌工作的全世界人才数量之多（每年超过20万应聘者），获聘难度之大，超出一般人的想象：是哈佛、耶鲁、斯坦福这些名校录取率的1/65。进入谷歌的员工自然得以在最宽松最富激励性的环境中工作，尽可能发挥各自的创意。谷歌秉承的独特企业文化，是聘请那些聪明睿智、意志坚定的人，看重能力胜于经验；员工来自地球村各个角落、使用数十种语言，代表了谷歌所服务的全球受众群体。谷歌自创始至今一直力求保持通常创业公司才有的开放文化，每个人都毫无保留地贡献自己的慧智，并毫无顾忌地交流各自的想法和观点。员工在每周的例会中可以直接向拉里（Larry）、塞吉（Sergey）等公司创办人和其他高层主管提出与公司相关的问题，更不用说通过电子邮件或在咖啡厅提问商榷了。

谷歌也许是全球高科技行业最让人神往又最体贴员工的一家公司，工作时间弹性自由，员工在公司内部选择工作部门甚或"跳槽"（换部门）的自由度也相当高；各种娱乐、健身、游戏项目应有尽有，员工的福利几乎让人无可挑剔。公司提供每天早中晚免费三餐丰盛的食品，不仅保障员工在饮食、生活上没有后顾之忧，而且也相当注重各种饮食的搭配与营养。

工作之余，员工们不出公司园区就可以放飞各种各样的兴趣和爱好：骑自行车、养蜂、玩飞盘、跳狐步舞、练瑜伽、健身、打保龄球，等等。在总部园区内，共有1000多辆如谷歌LOGO般色彩鲜艳的自行车分散在各个办公楼前，供员工或来访者随时在园区内来来往往代步，骑行者的身影连同那彩色自行车散布在园区，因此也成了迷人的风景。

在山景城谷歌总部上班的数千员工分布在旧金山湾区各地，其中约

4500名员工每天搭载谷歌公司提供的巴士通勤上下班。公司每个工作日有100辆大巴士来回穿梭于湾区各个城市与山景城之间，按不同班次满足自选不同上班时段的员工需求。

如果您是一位女性员工，怀孕待产后即享受5个月的带薪产假；若是男性员工，假若您的配偶生产，您也自动享受六个星期的带薪"陪产假"。万一员工在职期间故世，其家人在随后10年间每月都能得到该员工生前薪水的一半。……

体验园区之趣

报告会之后，展开谷歌园区巴士之旅。按照预先选定的参观项目，分为红、黄、蓝、绿、白、黑等不同颜色的梯队（在早上领到的身份证上就有区分），分别到不同的园区开始下一步的访问。我们被划分在红队，与相同色别证件的家长们一起排队上了大巴士，在园区转了大半圈后，停在几栋办公楼之间。被告知先用午餐，再继续下午的节目。

每栋楼的底层都有大小不一、风味各异的餐厅，虽然儿子以前也曾经邀请我们去过谷歌的餐厅用餐，我在多年前也应一位在谷歌工作的朋友之邀，领略过谷歌餐厅的风味（每个谷歌员工每个月可以带两位亲友用餐一次），但这回是由公司邀请，又让我们自行选择，时间上也更充裕；就把三栋楼的各个餐厅都先看了一遍，包括意大利、墨西哥、地中海等各式口味之外，最终选定了当天提供烩大虾、煎豆腐和炒饭等中式口味、当然还有不同沙拉、甜品和饮料的一家餐厅，享用了一顿可口的午餐。谷歌总部各大楼间究竟有多少家餐厅？18间？24间？不同的员工告诉我不同的答案，但我觉得这个数字几乎多于硅谷乃至旧金山湾区全部自助餐厅的数量了，而餐饮品种繁多，质量、口味更加上乘。谷歌的前主厨干了几年后下海自行创办餐厅，在硅谷地区也马上吸引了众多饕餮族，也成为硅谷衍生的另类创业佳话。

午餐后的时光，公司安排了不同的讲座或演示活动，依据事先选择注册的项目，我们红队的成员相继可选择出席三场讲座，包括介绍谷歌如何盈利，如何凭借源源不断的广告赚钱；谷歌除了不断扩展搜索功能、开发不同的新颖技术之外，其广告业务也水涨船高，收入占了总营收的九成以上（2011年，谷歌总营收达到379亿美元，其中广告业务就为此贡献了96%）。其它话题包括谷歌如何激发员工的创意、智力，并且适时地调整员工的情绪，给予他们在心智、心理上的辅导。其中卡内基梅隆大学与谷歌合作展开的脑力、心智训练课程，尤其对那些忘我工作的员工的心理及时疏导、减压。谷歌在激励员工发挥聪明才智的同时，也非常关心员工的身心健康。在这个IT的王国里，人才是第一重要的。

这些讲座结束后，我们得以自由地在谷歌园区甚至办公楼内随意走走、看看（这在其它一些公司例如苹果公司可是禁忌），观摩了一间活动室里在舞蹈教习外，顺便到保龄球室玩了一会；到了室外，看到那些散放在楼边、过道上的彩色自行车，又情不自禁地骑上转儿圈。

大约下午3时半，临近家长开放日的尾声。家长们陆续搭乘巴士回到了上午聚集的海岸线圆形剧场一侧草坪，参加公司为大家组织的酒会。如果说上午享用的早餐带给家长们更多的期待，眼下大家庭般的酒会则让大家放松尽兴。人们分布于不同庭院、摊位前，惬意地享用啤酒、葡萄酒、各种非酒精饮料、各式美味甜点，以及各式烤肉、点心，同时也可以选择做一些不同的小游戏项目。谷歌的员工在现场向每位家长发放小礼品袋，包括这场家长工作日活动的标记及杯子、印有谷歌标志的笔记本、圆珠笔等。小礼品因为"烙"上了谷歌公司和当天活动的标记，弥足珍贵，颇具纪念涵义。

难忘的谷歌"父母上班日"，难忘的谷歌企业文化。在这样开放、温馨的文化氛围中，以谷歌为荣的自豪感也渐生渐长，因为无论你我他，谁置身于如此的环境氛围里，谁都会感觉到自己真想成为谷歌人，自己就是谷歌人。

感受"硅谷之都"的变迁

2009年11月最后一个星期天(11/29)，全美第十大城市、北加州的圣荷西（San Jose)市中心最老的历史遗迹——San Pedro广场内的Peralta Adobe和Fallon 古屋现场举行的一个庆祝仪式，让人们领悟到这个高科技重镇所在的"硅谷之都"，已经渡过了232载春秋岁月。

当地历史协会会长巴瑞（Alida Bray）称，从目前在圣荷西市政府展示的Pueblo Papers的文件副本中得知，1777年11月29日确实是圣荷西成立之日。

邀请民众参观，听取历史学家解说，点燃"创始者蜡烛"，简洁而隆重的仪式，使这个经过修缮后的早期市民居住的土坯屋及其用具等遗迹遗物，闪烁出早年"原住民"游牧生活方式的色彩。这个San Pedro广场内的土坯屋，正是加州仅存的、反映早期居民生活面貌的遗迹。

据介绍，圣荷西市诞生20年后的1797年，当地出现了第一批定居者，并在市中心一带形成了小规模社区，还通过选举产生了最高的行政长官，圣荷西的城市就初具规模。

从一个早期以农牧业为主的社区，到如今的全美第十大城市，更是全球瞩目的高科技重镇硅谷的中心（硅谷之都），圣荷西两百多年的演变、发展史，见证了美国社会、经济和科技的神速发展，也见证了硅谷移民谋生、创造的变迁和奇迹。

世人口耳相传，美国有两个地方可以让打工族无论白领灰领在短时间内发财致富：一个是华尔街，一个就是硅谷。

硅谷(Silicon Valley)之名最早于1971年才在全球通行。此时，硅谷所在的中心城市圣荷西已经建市194年了。

硅谷的源起自然得益于天时地利，以及围绕此地发生的种种创新创业传奇。最早因为有一个海军的研究基地，花的是政府的钱，周围也便衍生不少公司企业；附近的斯坦福大学不乏才华横溢之辈，一个名为Frederick Terman的教授，在20世纪40年代开设了鼓励"创业投资(venture capital)"事业的方案模式，本意旨在留住当时那些在斯坦福大学毕业就去东部工作的人才，后来扩展为斯坦福研究园区(Stanford Research Park)，成为硅谷成百上千的"把创新技术化为金钱"的公司的大温床。惠普、肖克利半导体实验室等成为这类公司的鼻祖。随着20世纪60年代中期以来，以微电子技术为主的高科技产业在这片谷地迅猛发展，人们开始以半导体材料中的主要化学元素"硅"（也称"矽"）命名这个崛起的高科技重镇为硅谷，其地理位置甚至涵盖辖圣荷西等城市的圣塔克拉拉县并北上旧金山约50英里的狭长地带，而圣荷西则开始冠上了"硅谷之都"的大名。凭借周围极具雄厚科研力量的名牌大学斯坦福、伯克利加大等为依托，形成上万家高技术的中小公司群，除半导体产业外，生物、空间、海洋、通讯等技术的研发也领先全球。惠普、思科、英特尔、朗讯、苹果、应用材料、国家半导体、太阳微系统、甲骨文等大公司始终是硅谷的"招牌"，更有雅虎、谷歌、eBay等网路公司诞生，推进了IT产业崛起；绿色能源科技等新兴产业也在近年冒尖，硅谷的高新科技日新月异，平均18个月就要更新换代，名副其实成为美国高新技术的摇篮。

即使以2000年的统计，也即网路神话遭遇泡沫的当时，硅谷的"知识经济"的"牛气"和高科技致富神话也令人咋舌。硅谷平均每天诞生65个百万富翁，平均每5天有一家公司上市股票大"发"，平均每星期注册17家新公司，而倒闭、破产、被兼并的公司每星期也达到两位数。

在硅谷近万家公司中，前五大公司的市值超过2500亿美元；世界500强公司中有26家总部位于硅谷，总市值达8250亿美元，超过法国整个国家的国民总市值。

硅谷65000个家庭中，平均九分之一的家庭财产超过100万美元（不包括会继续升值的房地产），数以百计的家庭财产不低于2500万美元；亿万富翁深藏不露，很可能就是你的邻居。

硅谷总计约30万名工程师中，华裔至少有五分之一；华裔自行创业的公司不下1000家，其中至少20家公司已经上市。

硅谷各类科研机构数近900家，每百万人口拥有研究机构数达132家，居全国第一；硅谷地区高等院校如斯坦福大学、伯克利加州大学等排名在全美前10名的研究生项目超过55个，居全国榜首。

不断创新，崇尚竞争，鼓励冒险，宽容失败，平等开放，资讯共享……正是硅谷精神和文化的真谛。

活生生的硅谷其实远远没有被以上数据定型，即使在当下经济疲软期硅谷的变化也是日新月异。社会学家或许担忧像谷歌创始人佩吉、布林或雅虎创始人杨致远等等"科技新贵"中会出现"暴发户症候群"，新贵们的子女乃至更多的硅谷儿童在争富斗奇的风气下也具备了别地区少儿不可能有的狂妄。他们比谁的父亲更"厉害"甚至不必说钱的数目。一句"我爸爸能够买下你爸爸"便可定江山胜负了，这可比中国等地的孩子经常比谁的爸爸官衔大更有"资本"特色。

区区在下一介学文科甚至是学中文的书生，一转眼在这硅谷居住也超过了十年，不时想起自己是不是来错了地方，却发现至少目前也离不开这块谷地了。在有钱人的堆里，担当起了那些令人炫目的数据的"分母"角色，也算忝为一个"硅谷人"了。或许曾经或许正在和百万富翁为邻，更多的场合、时刻曾经与百万、千万乃至亿万富翁同行，却也修练出不卑不亢的品性，懂得那钱是生不带来死不带去的东西，发不了横财就过自家的安生日子，"小康"也好，"脱贫"也罢，只要过得下去就不错，就应该感谢新大陆和山姆大叔的"兼容并蓄"。

倒是琢磨着这硅谷到底还是富翁们的自在天地，你看这儿的房屋价简直冲上了天，富翁们尽可拨出点股票权换来大把现金轻轻松松在希尔斯堡、阿瑟顿、拉斯阿托斯山、帕洛阿图等隐密地置下深宅大院；而"工薪阶层"升斗小民面对这般平均房价是全国一倍以上的房地产市场，便只有望房兴叹自求多福了。富翁们隐居在豪宅内，过他们那个等级的日子，开"派对"大宴客玩腻了，就随时远走高飞一阵，甚至驾着私家飞机悠游五大洲任何一个想得起来的去处。他们当然不可能觉得生活的无聊、娱乐的贫乏和牵挂享乐的代价。这个世界对他们来说绝对是应有尽有的天地。

好像又落入了俗套："金钱不是万能的，但没有钱也是万万不行的。"放置四海而皆准啊！但在美国、在硅谷尤其如此。

事实上，华裔移民定居硅谷（圣荷西）创业的身影和轨迹，似乎也与圣荷西从农牧业朝现代工商业直至高科技产业发展的变迁轨迹相吻合。早期到圣荷西的华裔移民，多从事花卉、蔬菜、水果种植业，也成立了诸如菊花会等行业、乡亲协会；后期的留学生学成后一批批拥进硅谷谋求发展，于是像玉山科技、硅谷中国工程师、美华电脑、硅谷科技商会、华源科技等形形色色的专业协会也如雨后春笋般勃发成长。点染了中国文化特色的各种中文学校、才艺学校、中餐馆乃至合唱团等艺术表演团体也遍地开花，融为硅谷文化的一部分。

何其有幸！这儿的移民无一例外地感受到"硅谷之都"的变迁史，也正在创造、发展着硅谷的新历史、新文化。

硅谷民谣

近年频频来往太平洋彼岸的科技界商贸界人士与日俱增，促进美中经济学术交流之际，也对东西方文化乃至社会风气有了切身感受的对照。硅谷华人圈近年流传两句民谣："好脏好乱好快活，好山好水好寂寞。"前者说的是对中国大陆的观感，环境虽然脏乱差些，但吃喝玩乐乃至夜生活的各种享受让回国者不亦乐乎；后者指的是美国这边的情景，尤其是硅谷这样的高科技重镇，缺乏热闹寻欢的去处，实在无趣。

这两句民谣尽管不乏夸张，但对比之强烈、反差之真切，还是大多数人都能感同身受的。多年前硅谷地区还曾经流传一首民谣："一进硅谷，心里发毛；二手旧车，东奔西跑；三十出头，白发不少；四室小屋，要价奇高；五彩荧幕，键盘敲敲；六神无主，终日辛劳；七夕牛郎，织女难找；八万家当，股票套牢；九点回家，只想睡觉；十万头款，房抢不到；百事无成，上网闲聊；千辛万苦，虚无飘渺；万般无奈，只得跳槽。"有些版本还有"四尺作坊，跑跑龙套"等说法，无非都是给硅谷人的生活、工作与精神状态"画像"，倒也堪为"好山好水好寂寞"的细部素描。

这首颇有点打油诗味道和时代地域特色的硅谷民谣流传一时，还冠有"硅谷华人工程师之歌"的标题，活脱脱是近年来旅居硅谷乃至旧金山湾区的留学生、工程师等新移民、IT业界"码工"生存状态与心理的写照。民谣中涉及到各地大学毕业生梦想落户硅谷、成为硅谷人的难处，不乏贴近生活实际犹如在你我他身边发生的情景：找工作难，有了工作操劳拼搏也难，谈恋爱找朋友难，租房子难买房子更难的种种境况，可谓高度概括客观描述。生活的颠沛、工作的艰辛以及那种六神无主、百无聊赖、万般无奈的感觉，想必每个在硅谷的"过来人"与刚刚开始体验硅谷生活的"新鲜人"，都曾有过及正产生着五味杂陈的人生况味。

硅谷民谣虽然通篇白话的自嘲，却是高度写实的。硅谷IT界人士或者自嘲为"码农"们（编程敲键盘之谓）的日常生存状态、工作状态乃至前程、梦想，都在这百八十字十来句里显山露水，那么微妙又那么现实而逼真。为什么会"一进硅谷，心里发毛"？为什么"三十出头，白发不少"？为什么"六神无主，终日辛劳"？又为什么"千辛万苦，虚无飘渺"？除了职场的打拼、文化的碰撞、社交的隔阂，还不都是那高房价（四室小屋，要价奇高；十万头款，房抢不到）闹的？帕洛阿图、拉斯阿图斯、库柏蒂诺等华人喜欢扎堆、群居的所谓好区，那房价早就直逼天庭，小小一块院子、破旧不堪的世纪老破屋，开价都在百万数百万美元以上。一个名校高材生能够在苹果、谷歌、脸谱等顶级IT公司拿到10万20万美元以上高薪，面对那天价的小屋也入不敷出；即使已经在硅谷打拼了十几年乃至熬过更多岁月、仿佛立足中产阶层甚至更高阶层了，在硅谷的房屋市场面前，还是不敢掉以轻心。

一位当地资深房地产经纪人曾经说过这样一个事例，还在本世纪初"网络泡沫"发生之前，许多较早进高科技公司的工程师都靠着公司分配的股票，或者凭自己纵横股市，积累下不菲的财产。当然那暂时还是账面上的数字，在没有兑现之前什么都说不准。有位中年工程师就在当时积攒起几百万美元的股票。他的配偶催着他赶快兑现一部分，有现金买栋房子，好安居乐业。他也找到这位经纪人要求多看些房子，但又太挑剔，跟着经纪人两年内转遍了硅谷几个好社区，各种样式、年代的独立屋看了不下100栋，居然还没有掏钱买的冲动，总想着看"下一个"更好的。结果时不我待，2000年"网络泡沫"被一一戳破，股市随之大跌，他持有的股票大多顷刻间一分不值，身价大缩水，从原先已然步入百万富翁行列，又跌回到清贫的打工阶层，一切都要从头干起，徒唤奈何。

也听闻一些早期留学生毕业后进入硅谷的公司，熬过相当岁月后，从工程师一直做到管理层，期间与外族员工的竞争一直非常激烈。尤其是和华人同样喜欢扎堆且更抱团的印度裔，他们的母语是英语就更有优势。因此硅谷许多大公司的管理层岗位，印度裔工程师占多数，早就是不争的事实，也是华裔的强有力竞争对手群。

此外，近些年来，硅谷公司的新人愈来愈多，一些工程师干几年大多会厌倦单调的程序式工作，喜欢跳槽换岗位，却始终有不接地气的感觉，职务也基本原地踏步。还有些人专门找初创公司，期许在那儿打一二年工就能够随着公司"上市"而发迹。不过这种梦幻般的奇迹已然愈来愈稀缺了，虽然硅谷依然天天在诞生百万千万甚至亿万富翁，但现实中更多的例子则是，十有八九的初创公司最终都无疾而终。毕竟，有梦想很美好，但想发财并非单单靠梦想。

实际上，不仅是从外州外国初来乍到的新移民，踏足硅谷后的新鲜感会很快就被可怕的生活现实撞得"心里发毛"，就是许多在硅谷"混"了10年20年以上的"老油条"，在硅谷这样一块弱肉强食、适者生存的领地，也绝不会有丝毫安逸感。因为这是一块由淘汰机制、命运法则决定一切的领地，即使你今天已是百万千万富翁，已经在上市公司谋得美差并且获取高利润，倘若在生涯规划或者理财投资中稍有差池，也仍然有可能陷入"六神无主"、"虚无飘渺"、"万般无奈"的氛围中。

这就是新大陆，就是硅谷，是新移民开始构筑"美国梦"、创造新生活的热土，又是一片注定要饱受生存危机冲击和煎熬并且极难操控自己命运的"飞地"。但愿经历千辛万苦又遭遇金融海啸经济萧条之后的硅谷人，在这好山好水好地方坚持不懈迎接挑战，抓住机遇，未来的收获不至于"虚无飘渺"，而最终都能够圆一个自己的"美国梦"。

移民情怀

美国亚裔崛起的真相与愿景

　　无党派的权威调查机构皮尤研究中心2011年6月19日公布了题为《亚裔美国人的崛起》的调查报告，指出亚裔已成为美国社会增长最为迅速、收入水平和受教育程度最高族群，其近年来的新移民规模已超过拉美裔移民。报告援引政府统计数据指出，亚裔在新移民中所占比例自2000年的19%升至2010年的36%；与此同时，拉美裔所占比例则从2000年的59%降至2010年的31%。

　　报告显示，美国亚裔的收入水平和受教育程度均高于美国平均水平。美国亚裔年均家庭收入为6.6万美元，高于美国平均水平的4.98万美元。亚裔近年来新移民中高达61%拥有大学及以上学历。82%亚裔对自己生活水平表示满意，高于整体美国民众75%的满意比例；51%亚裔对自身财务状况感到满意，也高于整体美国民众31%的满意比例。

　　据统计，美国亚裔2011年人口约为1820万人，是1980年时的4倍，占美国总人口约5.8%。其中，华裔移民人口居首，约为400万；其次是菲律宾裔(342

万人)和印度裔(318万人)，排名第四至第六的为越南裔、韩裔及日裔。

报告显示，美国的亚裔新移民在2010年达到了43万人，占当年移民总数的36%，首次超越拉美裔移民(31%)。作为世界最大的移民国家，美国的移民结构正在悄然发生变化，亚裔崛起似乎是不争的事实。报告并描绘了亚裔在美国各族裔中的优越表现，包括受教育程度最高、经济状况最好、更加珍视婚姻、父母，更加勤奋和事业成功。

亚裔的崛起也在美国政治中有所印证。就在6月18日，美国众议院通过议案，对包括1882年《排华法案》在内的美国历史上通过的一系列排华法案道歉。这不仅对历史上为美国崛起作出重大贡献的华人表达了尊重，也体现了包括华裔在内的亚裔已经成为美国政治中不可忽视的群体。

不过，人数增加、规模扩大、经济状况佳、事业成功等等，并不绝对显示亚裔受重视程度和政治地位的提升。对这份报告，国会众议院亚太裔党团小组以及亚裔权益组织均予以反驳道，皮尤的统计报告将亚裔描述得过度美好，可能会引发误导，容易使一些需要帮助的亚裔群体遭到忽略。

华裔众议员赵美心认为，必须避免过分简化结论，不要忽略亚裔多样化小区所面对的许多实际困难。而亚太裔全国联盟（NCAPA）主席艾尔(Deepa Iyer)也表示，皮尤的研究忽略了亚裔社区的多样性和面对的挑战。美国亚裔公正中心负责人米·莫厄则警告说，持续忽视亚裔选民的诉求将对选情和政党的支持率产生长远影响。据莱克研究机构和美国亚裔公正中心等机构5月公布的民调结果，随着人口增加、投票意愿增强，亚裔族群投票率有望在总统选举中有所突破，但这部分选民的意见目前仍被政党及其竞选阵营忽视。

当天出席皮尤研究中心《美国亚裔的崛起》报告发布会的美国首位华裔内阁部长、前劳工部长赵小兰表示，随着亚裔人口占美国总人口的比例越来越大，亚裔的观点会被越来越多地看见和听到，这对亚裔社区是好事。另一方面，华人和亚裔不应羞于与主流社会分享勤奋努力、重视家庭、重视教育的价值观，因为主流社会能够从华人和亚裔养儿育女方式以及重视家庭和教育的价值观里获益，大家应当更自信。赵小兰又强调说："我们的人口还少，当我们发展壮大时，当我们的第二代更自如地讲英语，在文化上更加融入美国主流社会时，我们就会自然而然地在美国社会发挥更大作用。"

赵小兰的说法更像是指出了亚裔在美成长、发展的愿景。皮尤的统计也许展现了历史的变化，却未能呈现全部的事实。真相是，亚裔还确有诸多不如意和亟需改进之处，亚裔的经济状况只能说比下有余，亚裔的教育程度和政治地位与犹太裔和白人也有差距。加州公立高校中亚裔学生人数目前达40%，而亚裔校领导比例严重失衡。加大系统目前仅剩一名亚裔校长（即圣塔芭芭拉加大华裔校长杨祖佑），副校长中更全无亚裔身影。拥有23所分校的加州州大，除位于旧金山湾区的三所州大校长为亚裔外，其余高层校领导罕见亚裔的身影。亚裔在管理层岗位的缺失，几乎涵盖了教育、科技界乃至企业界，这既有社会的因素，也不乏亚裔自身的缺陷。就参政问政的层面看，从实质性的选民登记到参与投票的热情，亚裔都输给拉美裔。因此，提升亚裔在美国选举中的潜力和影响力，利用选举政治来维护并扩大族裔的利益，亚裔还有许多功课要做。

还有，正如《洛杉矶时报》刊登的一篇文章称，美国须警惕新的"仇亚症"，亚裔的成功被夸大，被比喻为"新的犹太人"，有可能煽动种族之间的仇恨，各种族群体之间的经济差别会引来人们的嫉妒心，尤其是在经济危机的时刻，会变得极其危险。30年前，美籍华人陈果仁被两名失业工人用棒球棍殴打致死，上周是他被杀30周年纪念。因此，历史和现实都告诉我们，亚裔在美国的努力和奋斗值得肯定，成功值得庆幸，但任何的夸大和误导，都会产生不良的后果。

谈谈"移民赤字"吧！

"中国与全球化智库"2014年1月22日发布的《中国国际移民报告（2014）》国际人才蓝皮书显示，截至2013年，中国海外移民存量已达到934.3万人。报告通过对海内外中国国际移民状况分析与研究，归纳出当前中国国际移民现状呈现所谓"17大热点"问题，包括"中国在海外'新移民'阶层出现"、"移民赤字"现象比较明显、国际人才在中国"流入""流出"失衡，"教育移民"成为中国移民的新群体等。

美国移民和公民服务局公布的数据显示，2013年美国颁发的投资移民签证，中国人占了3/4以上。中国已成为美国最大的人才输入国。参照美国历史悠久的权威民意调查机构盖洛普公司2012年4月公布的一组调查数据：全球有逾6.4亿人有意向移民，大约占到世界各国成年人的13%。其中约有1.5亿人表示想要移民美国。有研究预测，到2018年，到美国的技术移民将变为原来的3倍，达到50万人，其中35%-41%以技能为基础。可以预见，在这样的背景下，中国劳动力向发达国家的流动依然会是一个趋势。

"移民赤字"现象已然成为一个话题。中国与全球化智库(CCG)主任、《中国国际移民报告（2014）》主编王辉耀在谈及中国移民现状时表示："如果在国际市场有更好的投资，就像中国吸引国外投资一样，资金流出也是一种正常的现象。但是，今日中国存在的'移民赤字'的问题，是一种极不正常的移民趋向。"

据联合国经济和社会事务部估算，1990年，移民海外的中国人数量为408.6万人，同期居住在中国的外国移民数量仅37.6万人，当年"移民赤字"约为371万人。到2013年，中国的"移民赤字"达到约849.4万人。而"2014蓝皮书"调查统计的"移民赤字"指出，2012年，仅中国对四大移民国家——美国、加拿大、澳大利亚和新西兰的永久居留移民人数就达到14万8034人，而同年中国的永久居留证发放数量只有1202张。2012年中国在海外的留学人员达到113.69万，而在华留学生仅有32.63万人。2012年，中国在海外的劳务人员为85万人，而在华外国劳务工作人员仅有20多万人。

理性地观察和分析"移民赤字"现象（移民移出移进的巨大差距称为"移民赤字"），其实不像一些舆论所渲染的那么危言耸听，譬如《环球时报》指报告称中国为西方培养人才，"移民赤字"触目惊心。我们更需要认识所谓"移民赤字"现象的客观形成背景，以及如何在务实的机制、政策下，借鉴发达国家的成熟体制，利用人口流动取得"移民红利"。

移民指人口在空间上流动的现象。跨国境的移民又分为移民出境（英语：emigration）与外来移民（英语：immigration）两种。全球化经济构架下的地球村，移民、国际人才在世界范围内流动早已常态化。移民，既是一种个人的取向，也是双向的选择。为了谋求更好的生活、教育、居住环境，甚至为了体验异国他乡的生活，都可能激发人们移民的念头；而倘若选择的移民目的地国家采纳开放、接纳的态度和政策，则移民的选择更容易，乃至形成自愿和难以阻遏的潮流。因此，当一个国家的环境优越、社会充满活力、国际包容性强大，人才进出自由并具多元化选择，才会缩小"移民赤字"甚至消弭这个现象。

辨证地看问题，中国人移民海外绝不是坏事。国际间的移民潮使世人逐步关注国与国之间、尤其是欠发达国家与发达国家之间的差距，成为国家反思和赶超的动力，也成为国人奋发进取的动力。移民虽然带走了资金和技术，但也在海外形成民族自身的海外人才库，并且在适当的时机也会回流祖籍国。反过来看，如何吸引更多国际人才移民中国，则更加考验中国人的心态，以及政府机制政策的合理化。

北京大学学者张颐武认为，中国的"移民赤字"现象还会持续，要有平常心。随着中国国力加强，中国的机会更多，这种"比较优势"会吸引更多外国人到中国发展事业。还有专家学者建议，应打破国际人才赴华壁垒，切实降低国际人才移民中国的门槛，譬如：尽快取消限制外国留学生毕业在华工作的政策，开放外国留学生在华工作实习签证，吸引优秀外国人才在华工作，建立中国国际移民体系，如果外国人能够在华找到高精尖行业的工作，准许其长期居留，甚至发放绿卡；对待海外华人和加入外籍的中国留学生，通过开放长期签证，发放侨胞证和开放的国籍政策也足以吸引外流的人才回流中国。

中国向美国的移民现象具有鲜明的人才移民特征，而美国招揽海外人才的完善体系，也是吸纳高端人才的利器。从大学研究生院招生到外国学生毕业、就业，从申请工作签证到技术移民，一条龙的筛选过程把海外人才最优秀的精英部分留在美国，并淘汰那些竞争力不强的海外学生。在这样精心设计的移民体系下，最有竞争力的海外人才被美国给予永久居留权，最后成为美国公民，而次优的人才被动分流回祖籍国。近些年中国各省市到美国招聘人才，也出现某些误区，譬如要求人才须为博士、博士后。其实，很多被美国人才体系淘汰的博士后群体，正是最终在美国难以进入实业界或获得"终生教职"的一群彷徨落寞者。而那些富有创新创业能力、留在美国高科技界和高校中的真正人才，却因为受限于中国移民和国籍政策，没法回国效力，只能在美国科技界实业界实现自己的美国梦。

将国际人才红利引入国内，这是发达国家一直采取的人才措施。在王辉耀看来，中国还没有开放"国际人才"移民来中国，也没有开放"国际投资"移民来中国，需要进一步解放思想。他还建议，中国应该尽快建立中国的移民局。王辉耀说："美国是在79亿人中选择，而中国是从13亿人中选择。"面对人才流失、国际人才引入难等问题，中国应利用国际移民的理念，突出自身的吸引人才竞争力。中国更应该具有与自身国际地位相契合的大国心态，用最开放的立场去改善最有益于自身的机制政策，吸引和选择全球各地的人才，那样，"移民赤字"就不再成为问题。

移民的国度 移民的权益

　　尽管美国未将五一国际劳动节列为国定假日，但美国的草根民众近年还是以自己的方式庆祝这个节日，或者说是藉这个节日表达争取、捍卫自身权益的愿望。从东海岸到西海岸，纽约、洛杉矶、旧金山、西雅图等城市，每年都几乎有总共数万民众于5月1日同步集会游行，争取劳工权益和呼吁推动移民改革。

　　从各地民众游行队伍亮出的横幅标语显示，今天民众的诉求聚焦为："马上移民改革！为了家庭团聚！实现美国梦！"纽约移民联盟等多个团体还组成了"纽约人支持真正移民改革（New Yorkers for Real Immigration Reform）"运动，加入游行示威行列。

　　之所以特别标举"支持真正移民改革"、"为了家庭团聚"，显然是人们对联邦参议院负责起草全面移民法案的"八人帮"于2013年4月16日公布的草案有所保留与不满。这一草案主要内容包括增大投入加强边境安全、满足美国工商业对于低技术与高技术工人的需要、改革签证系统提高效率等，给予1100万非法移民合法化身份。此方案标志了移民改革方向与重心的重大转折，即从家庭转人才；从以往以家庭团聚为核心，转为以技能为基础的积分制度；增加职业移民比例，减少亲属移民，兄弟姐妹移民将最终被取消。美国每年颁发的签证，75%是亲属移民签证，今后十年里将把职业签证的比例提高到50%，亲属移民比例减少到近50%。新草案对公民的未婚成年子女移民也有限制，即不得超过21岁。香港等地享有的美国绿卡抽签（也称"多元化签证"diversity visas），今后也将取消。

对留学生和高科技人才来说，似乎是利好消息，他们有望更快拿到绿卡。而对于更多移民和家庭，他们的美国梦似乎要打折扣。看到"八人帮"（包括四位民主党参议员核心人物舒默、德宾、梅嫩德斯、班内特，四位共和党参议员核心人物麦凯恩、弗莱克、格里汉姆、卢比奥）持续不懈的努力和改革意愿，人们会感谢甚至感恩，也会有质疑。对于移民家庭而言，不人道、不顾人性地被剥夺直系亲属和兄弟姐妹团聚的未来，是断然不可接受的。

美国新大陆由始至今都是世界上最开放的移民国度，一代又一代来自全球各个地方的移民及其后代，在这个国度寻求别的地方所没有的东西，追求实现各自美好而无限光明的美国梦；他们在美国宪法精神和人权光辉的庇荫下获得前所未有的自由和权益，也为这个充满活力与机遇的国度毫不吝惜贡献出自己的力量和智慧。这个移民的国度，从来就是把移民尊为公民尊为主人翁；这个移民国度的一切，也从来都与移民的一切交融一体，生生不息发展，权益不可侵犯。今天，在移民改革的关键时刻，当上千万非法移民及其家庭成员都将被允准为合法身份，可以居留下来为新大陆和自己的明天打拼，为何合法移民的兄弟姐妹乃至成人子女倒应该被剥夺原本法律赋予的移民机会？甚至连永久居民（绿卡）的亲属都基本无障碍可以获得合法签证，公民的亲属移民反倒要设限加宽加高门槛？这种举措无疑是削足适履，失却民心、割裂民意，怎么能够以法律的名义行蹂躏民众的权益呢？！对于很多移民来说，家庭成员一起或者陆续移民，是来到新大陆追求美国梦的主要动力，新移民法草案终结现行兄弟姐妹移民类别等，不再保护家庭团聚权益，排斥低收入的劳动阶层，对百年前修建美国铁路的华人劳工后代的移民权益和无数珍惜传统文化的华裔移民家庭也是当头一棒，太不公平，甚至退回到业已废除70周年的"排华法案"相关条例边缘，实在不是明智的国策。这种冷血的举措不仅将断送无数移民家庭的团聚愿望，也将根本上断送多少未来"美国梦想家"的前程，对于美国的未来建设经济发展也是弊大于利。

正如华裔国会众议员赵美心不久前指出，该草案迈出了走向实质性移民改革的第一步，但是取消兄弟姐妹和成年已婚子女类别的签证，削弱了以家庭团聚为基石的移民政策。她呼吁亚太裔社区配合国会修法发出声音，多方面全方位增进移民家庭的利益。

这是一块雄奇的新大陆，这是一个不断创造奇迹的移民国度，移民的权益不仅依靠宪法精神的保障，也要凭藉移民自身的争取与捍卫。奥巴马5月1日发表总统公告，宣布2013年5月为亚太裔传统文化月，肯定亚太裔对美国的历史贡献，并特别提到成功的移民改革有助于美国吸引全世界最优秀和最聪明的移民，包括来自亚太地区的移民。当然，我们肯定最优秀和最聪明的移民必定有助于美国的新发展新进步，但一个进步发达的移民国度，如果以断送家庭成员团聚为代价，则太不人道；何况，那些最优秀和最聪明的移民，他们未来的亲属移民也要遭遇这样的限制，那将情何以堪？！

移民的国度！移民的权益！让我们一起发出自己的心声，发出基于美国梦的追求。

不仅仅是"文化差异"

　　活跃在纽约布鲁克林日落公园的华人大妈舞蹈队，2013年盛夏终于"大热"，成为社会焦点。一是其大跳广场舞、交际舞，在音乐伴奏下俨然成热门景观；一是由于过于吵闹，引起了公园周边居民抱怨和抗议，警方接到报警后来到现场，甚至铐住了领头的大妈，也成了海内外热门的新闻。

　　第一次报警发生在当年6月底。警方赶到公园，发现有一支华人大妈舞蹈队正在排练腰鼓舞。尽管年约60岁的编舞与领队王女士向警方作出解释，但警察还是强行给她戴上了手铐，并开出传票。传票上列出她被控罪的理由是"在公园内没理由地制造噪音"。

　　奇特的是，为了迎接当年8月6日的全美"打击犯罪之夜"，当地警察局也对这支华人大妈舞蹈队发出邀请，希望这支舞蹈队届时能在日落公园表演腰鼓，于是华人大妈们继续排练。不过，腰鼓与音乐声再次引发报警投诉。7月26日上午9时许，舞蹈队队员们到达日落公园准备排练之际，警车也呼啸赶到。一名警察警告王女士称："别让我第二次看到你。"7月27日上午10点，舞蹈队再次来到公园时，警察又有备而来，王女士再次被铐。

王女士认为自己没犯什么大错，警方的反应过度、涉嫌种族歧视，还不外是文化差异引发的问题。

事实上，这个事件映照出的现象或是本质，都绝非"文化差异"那么简单，也不宜拿"种族歧视"的帽子扣到人家头上。旅居海外的华人移民或到海外旅行的游客，其实更需要做些自我反省。

就在7月初，因在地铁站台上跳舞，纽约一对年过半百的情侣也被执勤警察逮捕。消息称，54岁的牙医卡罗林·斯特恩和55岁的道具师男友乔治·赫斯在观看完一场爵士乐表演后，来到地铁站候车。正逢有人演奏钢鼓，斯特恩和男友被鼓声打动，便情不自禁在站台上跳起舞来。警察随后上前制止了他们，并要求他们出示身份证。斯特恩当时身上只带了一张信用卡，警察便要求他们一起前往警局。此时赫斯拿出照相机，想把这件事录下来，这让局面变得更加糟糕。警察将他和斯特恩逮捕，指控他们"阻碍交通流动"，但斯特恩表示当时地铁站里几乎没有人，并称逮捕事件"荒唐透顶"。虽然两人在警察局被关23小时后，检察官撤销了对他们的起诉。斯特恩和赫斯后来就逮捕事件起诉纽约市政府。

这一事件无论警方执勤是否过度，至少不是"涉嫌种族歧视"的行动。同样，警察对华人大妈舞蹈队的干预，最好也是就事论事，扣"种族歧视"的帽子有点牵强，甚至强词夺理。

提及"文化差异"，则是一个更复杂也更需弄明白的定义和话题。德国文化教授霍夫斯坦特曾对文化下了这样一个定义：所谓"文化"，是在同一个环境中的人民所具有的"共同的心理程序"。因此，文化不是一种个体特征，而是具有相同社会经验、受过相同教育的许多人所共有的心理程序。不同的群体，不同的国家或地区的人们，这种共有的心理程序之所以会有差异，是因为他们向来受着不同的教育、有着不同的社会和工作，从而也就有不同的思维方式。概言之，"文化差异"即是指因地区异同，各地区人们所特有的文化异同而产生的差异，虽然其赖以比较的坐标系大不相同，但有些价值观、生活体验常识和社交礼仪，则是相通的，不宜排斥或自我标榜特殊。尤其是旅居他国，入乡随俗更有必要。

华人大妈的广场舞，早些年就风靡大陆各地城镇，包括某些地区运动式的大唱红歌行径，其实在当时当地都不无质疑、反对的声音，被诉扰民等现象时有发生。因为你有大唱大跳的自由，别人也有不受大唱大跳干扰的自由，这在海内外各个角落应该都差不多。在美国城镇居住，无论是独栋屋还是公寓楼，假如你或者邻居开派对噪音太大，或者听音乐、看电视声响超高分贝，必然影响旁人的休息和正常起居生活，受到投诉和报警的概率很大，已然成为移民入乡随俗须知的内容之一。

诸如华人在住家阳台、窗口乃至后院晾出内衣内裤的习惯，或者中国游客在海外旅游景点大声喧哗，在餐馆用餐喝酒吆喝甚至大声猜拳行酒令等举止，在中国或许见怪不怪，在海外则太为出格，令人侧目，不会燃起任何"正能量"。特别是在沿街阳台或花园里被人见到内衣内裤在空中飘舞，常会引来邻居愤而上门指责甚至报警。在英国伯明翰南部，有华人女子将内裤挂在窗把手上晾晒，让老外误以为是提供色情服务的信号而报警。这种实实在在的"文化差异"、不雅行为，我们的同胞却很少留意、改正。

同年8月中旬又有网友曝光北京大妈在建外SOHO广场的喷泉下搓澡的照片。这位"豪放"的大妈自备毛巾等搓澡用具，悠哉游哉地冲洗搓澡，却不知又成了一个国人超级大胆的"形象代表"。若这样的举动发生在海外，显然又会引发一场"文明的冲突"。

看来，不仅仅是所谓"文化差异"的问题，事情也远远没有如"文化差异"那么简单。

岁月回眸：

华裔在自信而谦卑中前行

从元旦之夜惊爆纵火案，到华裔家庭灭门案、校园留学生命案及小留学生意外事件频发；从华裔参政精英遭FBI搜捕，到华裔民众发起抗议SCA5提案维护权益活动，以及岁末传来纽约州长签署农历新年公校假期法案；……2014年对于全美华裔社区而言，注定是不平静的一年，也是不平凡的一年。经受疾风骤雨的洗礼，面临接踵而至的挑战，迎接活力四射的曙光，全美华人华侨正重新梳理身心，披挂圣诞、新年的节庆喜气，迈开跨入2015年的步伐。

如果说，中国驻旧金山总领事馆正门元旦之夜遭一名中国籍男子泼汽油纵火案件，惊动舆情的关注度在于敏感的驻外机构和美方的依法处置程序；那么，德克萨斯州休斯顿和纽约州府奥伯尼多起华裔家庭灭门案，则凸显了华裔族群侨居异乡后因为种种因素形成的矛盾、陋习乃至恩仇导致的悲剧，值得深思。至于南加大再度发生中国留学生命案、纽约耆老郭伟权被非裔推下地铁碾死、耆老阮文辉被非裔当街打死等案件，则反映了治安不靖的美国社会现状亟需整治。

加州首位华裔参议员余胤良2014年3月26日在其旧金山的家中突然被联邦调查局（FBI）逮捕，被控涉及受贿、渎职、走私军火（无证贩卖枪械、阴谋非法运输枪械）以及公共欺诈等8项罪名。同时涉案的还包括旧金山中国城老牌江湖团体——五洲洪门致公总堂会长周国祥（"虾仔"）等20余人，在政坛和社会持续引发震荡，令人扼腕催人反思。FBI以"钓鱼执法"手段对付华裔政要等精英，也引发民意争议。

原本极有胜算竞选州务卿的余胤良，事发后宣布退出州务卿竞选。政情巨变不仅重创了长期占据超级优势的加州民主党阵营，更削弱了华裔参政力量，负面影响不断发酵。陷入"反腐风暴"的余胤良迄今否认所有控罪，整个案情复杂犹如好莱坞剧情，审理旷日持久，但其声誉已然大半毁损。不过这一个案，难以抹杀他25年参政的功绩，更不应该影响、冲击华裔参政的大局。

所幸的是，2014年11月初的中期选举，各地华裔踊跃参政，激情、勤奋与诚信收获了靓丽的成绩。不仅国会众议员赵美心轻松连任，南加州华裔候选人几乎全盘告捷，竞选国会众议员的刘云平一举成功，也成为进入国会山庄的首位华裔新移民议员。在加州政府主要职位的竞选中，江俊辉、余淑婷和马世云分别赢得加州财务长、主计长和第2选区税务委员职务。潘君达当选州参议员，邱信福、朱感生、罗达伦、周本立、张玲龄分别顺利当选为加州众议员。31岁的罗达伦则成为加州史上最年轻的亚裔州众议员。丁右立也顺利连任州众议员。而在县、市层面及学区教育委员的选战中，华裔候选人也多有斩获，印证了多年耕耘社区的努力及华裔选民更多投入选举活动的趋势。

在维护权益、勇于发声方面，华裔社区也展开了卓有成效的尝试。加州参议会2014年1月30日通过的第5修宪案（SCA5提案），要求限制亚裔学生入学比例，提高非裔和拉丁裔学生等少数族裔学生入学率，此举迅即引发加州乃至全美其它地区亚裔和华裔社区的强烈反弹。亚裔居民在白宫前发起请愿，反对SCA5提案；南北加州华人社区连续发起反对SCA5提案的投票活动，并且日益获得草根民众的积极参与，让州府的政客们只能暂时搁置提案，华裔和亚裔在对SCA5说不的声浪中提升了政治影响力。

岁末的钟声敲响之前，幸运之神又再一次降临。在国会众议员孟昭文、纽约州众议院议长萧华等民选官员多年戮力推动下，纽约州长葛谟12月17日晚签署法案，宣布农历春节为纽约州法定学校假日。这一历史性的法案，为当地亚裔学生众多的公立学校设立农历春节为法定学校假日提供了法律保障，也为多元化的美国社会又增添了一个从善如流的人性化范本。当地学校、社区和政要、民众庆祝这一里程碑式的时刻之际，必定会更加珍惜争取和维护权益的自由。何况，得益于亚裔社区的日益发展壮大，农历春节为法定学校假日的立法也让当地全体学生受益，未来扩大到加州等亚裔族群比例相当高的地区，让更多民众受益，让更多家庭分享多元化的特色，将会更有益于美国社会的蓬勃发展和族群融合。

回眸动荡喧嚣而又非凡的一年岁月，身处美国大熔炉的华裔族群，无暇慨叹卑微的日子转瞬流逝，将更自信也更谦卑地面对未来，去开拓我们梦想的明天。

余胤良案情不应冲击

华裔参政大局

加州首位华裔参议员余胤良2014年3月26日在其旧金山的家中被联邦调查局逮捕，被控涉及受贿、渎职、走私军火（无证贩卖枪械、阴谋非法运输枪械）以及公共欺诈等8项罪名。事件至今正好满一周，在政坛和社会继续引发震荡，令人扼腕催人反思。

余胤良遭逮捕并被起诉，成为近期第三位同样因涉嫌贪腐等罪吃官司的民主党籍州参议员。加州州长布朗、副州长纽森、州参议会议长斯坦伯格、州众议会议长佩雷斯均先后公开声明要求其辞职。他自己也已经宣布退出原本极有胜算的州务卿竞选。这一政情巨变对长期占据超级优势的加州民主党阵营绝对是一次重创，极有可能改写加州政坛版图；更削弱了华裔参政力量，带来的负面影响将在短期内难以消弭。

自1988年当选旧金山市教育委员，余胤良开启从政生涯。1996年出任旧金山市议员，2002年胜选加州众议员，成为加州首位华裔众议员。2006年再度改写历史，高票当选为加州参议会150年来首位华裔参议员。除了2011年参选旧金山市长失利外，余胤良每次更上一层楼的竞选都无往而不胜，这得益于他执着的努力、贴近草根的竞选方式、愿为多数民众谋利益的政纲，也因此获得大多数选民的认同与支持。从政25年来，余胤良在不同领域为华裔社区争取权益，他积极推动中医跌打伤科合法化，促进少林文化在加州和美国的传播，旗帜鲜明地反对禁鱼翅案，坚持不懈推动延长河粉期限至24小时的河粉法案，广获社区赞誉。虽然他也曾经反对旧金山市立大学中国城和北岸区16层分校的方案，赞成影响华裔读大学权益的SCA5提案（后来则倾听民意从善如流改为反对立场），也因此而颇受社区指责，但总体上，余胤良仍然算得上是一位能够为社区和选民争取权益的民选官员。

旧金山市前市长布朗在其《旧金山纪事报》的专栏文章中形容余胤良是"典型的双面人"之际，"还是需要说一句公道话，他确实是非常努力工作，参加每场活动，向每个人打招呼，而且依据人们希望听到的方式回答每个人的问题。尽管他可能在转过身后，做出与刚刚所说正好相反的事，但这就是他。他也无时无刻不在寻找竞选经费。"

余胤良身为控枪立法支持者之一，但在检方长达137页的起诉书中被描述为一个国际武器走私贩。这一"双面人"、"变色龙"的形象，却源于他太渴望填补竞选经费窟窿，并为争取州务卿席位募得更多竞选经费。他因为"缺钱"而不惜铤而走险，欲以权力交换筹款，居然和卧底探员做起军火走私交易，掉入"钓鱼执法"的陷阱，实在是不智，是利欲熏心而导致的行为，却也让全社会都质疑公职选举制度中的筹款法及其模式。众所周知，那样的筹款模式让竞选人疲于奔命，为找钱而挖空心思，还有多少精力时间花在正事上？从议员、市长、州长选举直到总统竞选，没有一位竞选人可以例外，这正是美国民主政治的弊端之一，亟需改革。有句话说"金钱是政治的母乳。"不过为了多争得几许"母乳"，政治却不断演变出种种荒唐和惊悚，世人看不懂，政客也变质。

事实上，余胤良等26人在旧金山湾区被捕的当天，联邦执法部门几乎同时在全美各地掀起大规模的"反腐风暴"，各地有多名政界人士被列入调查目标，引发各界瞩目。被调查或搜查办公室的包括纽约州众议员斯卡布洛（William Scarborough）、北卡罗来纳州夏洛特市长坎南（Patrick Cannon）、罗德岛州众议长福克斯(Gordon Fox)等，他们也几乎都被指责有"公款私用"、"受贿"等行径。而早些年，前旧金山市华裔市议员赵悦明也因为不当接收选举资金而落马。可见民主制度下的民选官员身为公仆，也难免滑入贪腐的深渊，唯有自觉远离并拒绝各种诱惑，言行一致，才能真正对得起选民的选票。

余胤良目前依然否认所有控罪，他卷入很深的26人案情复杂，犹如好莱坞剧情，审理起来势必旷日持久，最后是否能够一洗清白还要看证据辩护与事实，但其声誉大半毁损则已板上钉钉，想要挽回不易。不过我们相信，这只是一个个案，他25年参政的功绩不应该被抹煞。他目前陷入案子的境遇不代表华裔参政的全部，更不应该影响、冲击华裔参政的大局。余胤良在从政道路上的经验和教训值得每一位华裔参政者汲取，而华裔参政的势头也绝不应该就此消沉，华裔社区依然需振作精神，调整方向，重新出发，去迎接新的挑战。

绝望的自杀者与社会的责任

耶鲁大学20岁的华裔女生王璐畅（Luchang Wang音译）2015年1月27日在旧金山金门大桥上可能跳桥自杀，成为新春之际震惊社会的事件。加州公路巡警最初在桥上发现了王璐畅遗下的背包，通过里面的身份证件确定跳桥者的身份，并随后与耶鲁大学校警取得联系。各方仍在寻找该女生行踪，包括她有可能跳桥后坠入海湾的尸体。

联系到三天前（1月24日）凌晨旧金山湾区帕洛阿图（Palo Alto）冈恩高中（Gunn High School）一名12年级华裔男生在其住所附近自杀身亡的消息，华裔年轻人轻生的事件持续引发各界震撼，他们为什么自杀？构成了一个个难解的问号，也给新年伊始的社区笼罩了浓浓的悲情氛围。联想起冈恩高中近年来居高不下的学生自杀率，愈发令人沉重、唏嘘。

北加州圣塔克拉拉县（Santa Clara County）所辖最北端的城市帕洛阿图是美西地区典型的富裕小城，各种设施完善、交通方便，豪宅遍布，连不足1000平方英尺的半世纪前旧屋动辄都是上百万美元。此地更是"西部的哈佛"斯坦福大学所在地，还是高科技重镇硅谷的发祥地。在硅谷上班的不少华裔以能够在当地购屋安居为荣，当地的两所中学帕洛阿图高中、冈恩高中也在全美学术表现优异的百佳高中榜上有名。在远离战争、歌舞升平的岁月，即使遭遇金融风暴经济衰退的大颓势，此地大多数中上阶层家庭也因家底殷实或者理财渠道多元化，尚不致太担忧暂时的萧条或者切实体验到银根紧缩的拮据。

倘若按近年不断有各种"幸福感"评比的数据指标，住在当地的居民无论男女老少或各色族裔，他们比之全球90%以上的人民、比美国其它相对疲弱地区的同胞，理应是属于"幸福族"而无疑的。

可是，从"硅谷之都"圣荷西北上旧金山的加州列车，在驶经帕洛阿图的一段平交道口（E　Meadow）处，却见证了一部分"幸福族"的无奈与绝望。2010年1月22日午夜时分，一位19岁的青年在肃杀寒夜里突然在那儿卧轨自杀。这位轻生的青年泰勒是冈恩高中2008届毕业生，据其母亲证实，他因患精神分裂症情绪不稳，而从犹他州杨百翰大学休学在家。让世人惊讶的是，泰勒是在不到一年时间内步他冈恩高中校友后尘向列车轮轨赴死的第五人。2009年，该高中包括一名华裔在内的四名学生相继在同一地点"慷慨"告别人寰。2014年10月下旬到11月初的短短两星期时间内，又有两名该校高中生卧轨自杀，先后引起当地社区和教育界的连环振荡，学生压力之大早已不容小觑。

这些花季年华的青少年，究竟何故非要轻生，而且以如此惨烈决绝的行动视死如归呢？情绪波折、心理挫折还是不堪学业负荷乃至对未来前景绝望，心理学家、社会学家和教育专家和家长们都只能依据部分表像分析，却难有确凿的结论，更缺乏有效的对策。

出生于加州的王璐畅是耶鲁大学"有效的无私者"（Effective Altruists）社团成员。她的同学称其是一个"聪明、进取、无私"的人，极其关注社会公平现象，曾经前往纽约参加悼念被枪杀的非洲裔青年布朗的游行活动。她为什么奔向绝路呢？

耶鲁每日新闻网的信息披露，王璐畅曾经担心从耶鲁请假之后就再也回不去了。这让人质疑耶鲁大学如何处理精神疾病、退学和恢复学籍问题的政策，被批评为校方政策太冷漠、要求太高；但也有人说，是多种因素相互影响导致悲剧。

回想起早些年在同样富饶优雅的硅谷小城库柏蒂诺、萨拉托加，也都曾经发生过华裔高中生、大学生轻生的事件，社会高压力下一代青少年心理素质结构的脆弱，已然成为社会、家庭与学校的隐忧。另一方面，家庭、学校对于青少年心理、情绪及个人兴趣爱好的关注与纾解引导，远远滞后于对他们学业要求、成才模式、未来前途的期望与寄托。

这类现实生活的反差不一而足，一旦被忽略为"常态"，就可能诱发青少年对生命意义的不足惜，以及对未来责任的逃避。何况，那种可怕的"厌世"情绪会成几何级数般的传染效应，再也不能等闲视之。

这其实是当代世界一个很严峻的"社会病"。物质愈丰富、环境愈优越、科技愈发达、生活愈富裕……但人们在社会上的竞争愈来愈激烈残酷，生存发展的压力愈来愈强大，前途也似乎愈来愈渺茫，尤其是青少年的生理心理问题愈来愈复杂，精神健康的指标衡量与矫正，也就愈来愈不容轻忽了。

似乎可以对比一下与帕洛阿图仅一条101高速公路之隔的东帕洛阿图，或者圣荷西东部区域，甚或放眼美国各大都会区的贫民窟，这些传统上和事实上的"差区"，除了抢劫凶杀犯罪案件频繁之外，却极少曝出有人自杀轻生的消息，难道是那儿的居民更珍惜生命更享受生活吗？他们面对贫穷、暴力、犯罪等渊薮而挣扎，却少了奢华的欲望和前途的压力，甚至容易知足常乐。不妨说，贫穷把精神压抑的重担卸给了富裕，这是一代代生活于富足家庭环境里的人们所无法推卸和逃遁的"宿命"。

目前圣塔克拉拉县拯救自杀热线，正向社会征募懂中文（汉语）的义工参与咨询服务；帕洛阿图学区的危机应对小组也与该地区和学校各方协调，为学生和家庭提供心理疏导和支持。更重要的是，当地很多家长在网站或微信贴文讨论，开始反省家长对子女教育的期许，主动调整"望子成龙（凤）"的心态，不要给孩子透不过气来的压力，不能让孩子继续生活在课后补习再补习的连轴转空间了。

可叹的那些绝望的自杀者！在他们跃下大桥扑向铁轨和列车车轮之前，上帝该如何阻止该如何拯救？！怎样纾缓青少年的精神压抑，释放他们的心身压力，给他们的今天和明天轻松面对的环境，正是家庭、学校和全社会无可推诿的责任，和亟需爱心洋溢的行动。

这个"铁饭碗"冷暖自知

驾驶一辆白底镶红蓝细边，并有醒目标志（而且驾驶方向盘在右侧）的邮政车，每到一个社区，就下车走街串巷挨家挨户送各类邮件包裹，这是美国东西南北各地大城小镇都能看到的邮递员工作状态。虽然邮政局的邮件投递员一般都要在露天工作，无论春夏秋冬风雨无阻，酷暑严寒照样上街，与人接触，与各家的猫狗等宠物打交道，甚至还要冒着被恶狗咆哮撕咬的危险（以2003年的统计，当年全美共有3000多名邮差在送信时遭遇恶犬攻击受伤），但美国邮递员的工作一向被移民视为"铁饭碗"，堪为蓝领中的上选。

曾经辉煌的岁月

新世纪初的那些年，在华裔聚居的都会区如旧金山、硅谷、洛杉矶、纽约等地区，华裔当邮递员(Letter Carriers)或者在邮局内担任柜台服务员(Clerks)、邮件处理员(Processors)、分类员(Sorters)等不同性质内勤工作的人数增加，有时邮局对外招考邮递员时，蜂拥排队者众多。

为什么美国邮递员及邮局工作被视为热门职业"铁饭碗"？主要因为邮政局系统属于联邦机构，邮递员及邮局工作人员也就跻身为"美国政府公务员"行列，而且待遇相对不错，福利好，健康保险、人寿保险、病假、休假和退休金等福利制度健全。这样一个收入适中又稳定、学历要求不高（自然，须有相对的英文沟通能力）的工作，对大多数移民而言，实在是极有保障和吸引力的职业。因此，尽管邮递员工作辛劳，但劳动强度不大，确实是蓝领职业中最受人青睐的工作了。一些当上邮递员驾驶邮政车的华人，也不乏满足感甚或自豪感，毕竟邮政车辆属于联邦公务车，几乎可以随便停靠，不必担心吃罚单；这在普遍停车难的大城市尤其显示出其特殊性。

美国联邦邮政总署（简称为USPS）历史悠久，第一任邮政部长是1775年（美国独立前一年）被任命的世纪伟人本杰明·富兰克林（Benjamin Franklin）。USPS堪称美国创造的令人称奇的行业，提供世上最廉价的服务项目。它每周6天的日均邮件投递量达5.63亿件，占全球的40%。20世纪90年代仅凭廉价的23美分（目前是44美分）邮资，就可将平信寄达美国境内任何一个角落。早期的美国邮政，甚至用骡子来保证位于大峡谷底部哈瓦苏帕印第安保留区的通邮，邮差还使用机动雪爬犁为阿拉斯加边远地区提供服务。

整个USPS系统高峰时拥有79万余名全职员工，是仅次于沃尔玛连锁店的全美第二大民用雇主。全美各地设有3.18万多家邮局，营运点远多于沃尔玛、星巴克和麦当劳全部零售店数量总和。2010年美国邮政总销售额达670亿美元，若化身为私人企业，USPS能名列全球财富500强第29位。

华裔高管出类拔萃

目前据称全美亚裔邮政员工人数约占全美邮政人员总数的4%，与亚裔总人口上千万在全国人口中的比例差不多。由于邮政局内奉献相对公平和按年资晋级的制度，员工的升迁或岗位竞聘的机会也相对公允。譬如华人纽约邮政总局里地位最高的华人李约仪女士，是一位美国第二代华裔，在邮局工作20余年，从最基层做起，吃苦耐劳而又能动脑筋提高工作效率，如今她成为纽约市皇后区、布鲁克林区、斯塔滕岛以及部分长岛地区的3个区邮局的主管，下辖员工5000多人。而另一位从台湾移民到美国的华人黄初娟，堪称美国邮局升迁最快的官员之一。她1986年找到这个"铁饭碗"，在一个小镇担任分信、出售邮票的邮务员，几年后获提拔出任一个只有八九名员工的希伯伦市小邮局局长。1997年，她连跳5级，升任辛斯伯利市邮局局长；2000年荣获美国联邦政府颁发的美国邮务多元化杰出个人奖。2002年10月，她升任康涅狄格州首府哈特福德市邮政总局局长，管理700多名员工与总局下属的15个分设机构；几年后又被邮政总局提拔为俄亥俄州辛辛那提市邮局局长，主管21个分局、14个销售单位，管辖1700名员工，每年掌管1亿美元的邮务预算。

全美首位华裔邮政局局长李泮霖的经历，更具有传奇性。1911年出生于香港的李泮霖，幼年随家人移民美国。法学院毕业后适逢第二次世界大战期间，投身美国陆军，他通晓中、英、日三种语言，在战争中成为反间谍专家。退伍后，李泮霖积极参政，是美籍华裔民主党俱乐部的创始人之一。他曾在1966年到1980年期间担任旧金山邮政局局长，也是美国邮政史上首位华裔局长。1977年，李泮霖在旧金山士德顿街867号设立了中国城邮局。他于2002年去世，享年91岁。2009年夏季，联邦众议院议长佩洛西提出以李泮霖的名字为旧金山中国城士德顿街867号的邮局命名的法案，该法案在众、参两院顺利过关后，当年11月30日获得总统奥巴马签署生效。从此，李泮霖的名字和旧金山中国城邮局一起流芳百世。

荣景不再须精简

由于主要依赖普通平信业务支撑，进入21世纪后，也即互联网技术开始成熟运用之际，随着人们通讯多以电子邮件乃至手机短信替代以来，连生日贺卡、圣诞卡都可以电子形式发送，USPS的式微也就在所难免。

前些年受到金融海啸经济危机的冲击，广告邮件锐减，电子邮箱流行更使邮局接受的邮件急剧减少，业务萎缩；USPS预计2009年亏损70亿美元，不得已计划在全美范围内关闭、合并至少700家邮局。因此被视为"铁饭碗"的邮差工作，也相应裁减，影响到不少华人邮递员的生计。其实，自2000年以来，美国邮政系统已裁减15万工作人员。

从2007年起，USPS就已无法平衡年度预算，与其近80%开支用于员工薪酬和福利的财务状况相比，它的主要竞争对手联邦快递（FedEx）、联合包裹运输服务公司（UPS）用在与员工有关的开销上的预算比例分别是43%和61%。而在美国境内占据快递和地面投递市场的份额，FedEx和UPS分别达32%和53%，USPS仅略高于15%。

在房地产兴盛期，广告邮件投递量飙升，住户的邮箱充满着次级贷款的报价和开设信用卡的诱惑。当经济萧条来临，通过信件方式开展广告业务的力度也大幅度减少；2010年，USPS亏损超过80亿美元，到2011年时，它已背上了近150亿美元债务。

正是在这种趋势中，2010年前后，人们无奈地看到，从西部的硅谷地区、旧金山，到东部的纽约、麻省，各地的邮局相继关闭，即使在通常邮寄旺季的感恩节、圣诞节期间，那些计划中关张的邮局也未能幸免。2011年，USPS宣布在全美范围关闭3600家邮局，几乎涉及到各大都市区。2011年，美国邮政精简了16%的高管人员，邮件处理中心由2006年的673个减少至461个；到2013年底，美国邮政把邮件处理中心规模控制在200个以内。

不过，这种关闭邮局缩减规模的举措，对解决USPS庞大债务而言几乎是杯水车薪。USPS坦承，至少有2.6万家下属邮局根本不赚钱。逐年关闭、合并各地数百家邮局，势必要减员（采取劝退、提前退休等形式），因此被视为"铁饭碗"的邮差工作也已变质，"铁饭碗"的时代不再。

而2009年末在旧金山发生一名华裔邮差猝死于驾车送信途中的事件，也似乎给这个"铁饭碗"行业做出别样的解读。事缘天命之年的华裔邮差曹健宏（Jian Cao），11月23日下午驾驶邮车在旧金山市列治文区Clement街和21街交界处时，突然昏厥，并跌出敞开的车门外突然猝死。失控的邮车继续前行数百呎后，追撞上21街上的两辆汽车。

曹健宏在旧金山邮局日落区两个分局先后服务了六年和两年，出事三个月前转调到列治文区分局。曹健宏的遗孀曾向媒体爆料，指陈曹健宏被频繁调动、工作超时，这可能是导致其夫死亡的原因。曹太太同时也披露，先生数年前曾在医院做过心脏搭桥手术，后来多次复诊后已无大碍。

事主请的律师则指出，作为一名联邦雇员，曹先生也受到联邦法规保护。联邦法律有相关规定，如果他的健康状况异于常人，其上司在知晓的情况下，比如看过医生关于曹的"工作限制"建议，就需要视曹的健康状况核定工作量，不能超时。自然，这有待家属提供关于曹健康状况的强有力证据，才能再依据尸检报告，再评判工作强度合适与否。

可见，这个"铁饭碗"工作，每个圈中人冷暖自知，甘苦自知。在经济衰退潮中，未来是每况愈下还是仍复苏有望，也都难说了。

留 学 之 窗

美国大学排名榜面面观

2014年5月2日由《时代》杂志公布的最新大学排名榜，据称是建立在白宫提出的大学评分标准之上的一个新排名，尽管也谈不上是官方的排名，却对以往的大学排名颇有颠覆的意涵，或者说所持的标准与其它各种排名大相径庭，引起海内外一派惊诧。

奥巴马政府2013年8月提出了2015年起实行新的大学评比标准的计划，以学费、毕业率、毕业生的债务和收入水平，以及低收入学生所占的比例等为主要标准。白宫希望到2018年联邦基金分配要依据每个大学的排名水平而定，使学生和家长能凭借量价关系即所谓"性价比"考虑选择学校。

这个排名与迄今最为人知的《美国新闻与世界报道》（US News and World Report）几十年来的排名几乎风马牛不相及，因为标准的立足点与指向基本南辕北辙，结果当然也完全两级。根据《时代》的排名，几乎是公立大学独占鳌头，加州大学系统无疑成了大赢者，其中不少学校进入前25名；而常春藤学校等私立名校可谓全军尽墨，没有一家进入前25名。声震海内外的哈佛大学忝列第31名，还是所有常青藤学校中排名最靠前的，但仍然落后于第30位的加州州立大学圣伯纳迪诺大学，情何以堪。美西名校斯坦福大学位列第46名，耶鲁大学竟然跌倒第96位。

加州大学系统及加州州立大学系统的各项质量指标在全美公立大学中声誉一向不错，有些专业也确实名列前茅。这个新排名对加大系统内早已深植人心的排名，又何尝不是另类颠覆或挑战？在此新排名中，加大系统并不起眼的河滨分校位列第一，尔湾分校（4）、戴维斯分校（6）、圣塔克鲁斯分校（14）、圣塔芭芭拉分校（16）、斯坦尼斯洛斯分校（22）排名都在前25名之内；加州州立大学系统的长堤分校（10）、弗莱斯诺分校（21）排名也不低。可名气最大的加州大学伯克利分校被远远抛在第51名，洛杉矶分校也勉强在前25名序列里叨陪末座。如果按照所谓"性价比"的标准看，伯克利明显不如其它加大分校，也不如哈佛、斯坦福等私立名校了，这与现实和学生家长实际认知还是存在误差。

《美国新闻与世界报道》于1983年起开始对美国大学进行排名，1985年后每年更新一次，是最知名也最为业界和学生、家长青睐的美国大学排名榜。其排名指标主要包括：同行评价和学校声誉、在校生回返率和毕业率、师资质量、新生质量、学校资金、毕业率增长、校友捐款人数等，每项指导权重不同，最终结果采用数量化的计分方法获得。其中同行评价占比很高，也因此更为大学界接受。除了毕业率这项标准与《时代》新排名有交集外，其它的标准相比照几乎大异其趣，也可看出侧重面的不同。建立在政府大学评分标准之上的《时代》新排名，堪为扶助公立大学、推动各阶层学生更多关注公校的决策所致；而《美国新闻与世界报道》迄今30届排名，无疑愈来愈注重学术指标，毕竟有强盛的师资质量保证（前50名尤其是前20名的排名中，师资中获诺贝尔奖的教授数量，成为一种特殊的学术保障，所谓"大学者，有大师也"）和资金后盾。在2014年的该项排名中，原先一直领先各公校、差不多定格在第21名、22名左右的加大伯克利分校，首次迈进第20名，打破了前20名序列中全是私立名校的格局，这原是值得欣喜的进步，但在《时代》新排名里，该校居然下滑至第51名，这等反差不得不令人感叹了。

可见，《美国新闻与世界报道》的排名，旨在打造精英大学序列，适合各阶层学生的选读；其榜单中的综合性大学及文理不同学院乃至不同专业不同学科的排名，提供更精细的排序和选择。《时代》的新排名，则是基于提升平民升学率的考虑，更着眼于学费等具体指标，其前30名序列的大学也因此更适合平民阶层选读。不过，仅仅从学费等考虑也失之偏颇，实际上包括常春藤在内的许多私立名校，由于每年的筹款和校友、社会名流赞助大大高于公校，对学子的奖助学金颁发也往往更为慷慨。譬如哈佛大学名义上的学费为每年4万多美元，但该校59.5%的学生都能够申请到无需归还的助学金，实际平均学费为每年1万5000多美元。同样的缘由，耶鲁、普林斯顿、斯坦福、麻省理工、哥伦比亚等一流名牌大学的实际平均学费，每年也都大致不到2万美元。《美国新闻与世界报道》排名榜还列出了最有价值的学校（评价标准是学习内容的质量除以学生的开销），排名一直位居前10名序列的加州理工学院（2000年排名第一），就曾经获选为最有价值学校之一。

就全球范围而言，迄今40多国的各种大学排名中，有三大排名值得注意和比较，即《美国新闻与世界报道》排名、QS（Quacquarelli Symonds）排名、THE（Times Higher Education，即《泰晤士高等教育》）排名。QS系一家专注于提供高校教育和毕业生招聘信息的著名国际高等教育咨询机构，为全球的本科生、研究生、MBA和在职学生提供与用人公司和学校之间的信息交流。曾经与《泰晤士高等教育》、《美国新闻与世界报道》甚至《朝鲜日报》都合作过，发布年度世界大学排名，主要按照科研、教学、学生就业、国际化等范畴评定大学水平。 其中，获诺贝尔奖和菲尔兹奖的校友折合数、科研成果 在《Nature》和《Science》上发表论文的折合数等指标都是重要的考核指标。《泰晤士高等教育》以往每年都与QS合作，在秋季公布世界大学排名直到2009年。2010年起，改与汤森路透集团（路透社）合作。

其它知名的大学排名还有以学生为指标的《福布斯》（Forbes）排名与《普林斯顿评论》（princeton review）排名，前者依照学生满意度、毕业生成就、学生读书期间的债务、课程讲解效果、老师对学生的关注度等评分，似乎更接近新出笼的白宫标准，更注重选读大学的"性价比"。后者的排名分细化为各种单项排名，譬如最佳法学院、最佳商学院之类，还罗列学校当地生活、治安乃至政治生态环境、生活质量等指标，不乏实用性的参照。

另外有一项ARWU（Academic Ranking of World Universities）的排名，中文称作世界大学学术排名，由上海交通大学世界一流大学研究中心自2003年首次发布。这项排名以学术为指标(诺贝尔奖、菲尔茨奖、《自然》及《科学》杂志发表论文数量等)，重点评鉴大学的研究实力，侧重对硕士以上学科和理工科院校的参考系数。

自然，各种大学排名榜由于取舍标准不一、聚焦角度多元、立意取向差异，各自获得的社会青睐度不同，争取到的受众也就各分多寡，经年累月，影响力也渐见分晓。

比较而言，根据高等教育卡内基基金会（the Carnegie Foundation for the Advancement of Teaching）制定的标准，把美国的大学分成综合性大学、文理学院、地方性大学和地方性学院，调查近1800所高校并获1472所左右高校回应，并归纳成16项指标而做出评鉴的《美国新闻与世界报道》

排名榜，还是最有影响力也最获各界关注的大学排名榜。其评选的标准注重SAT分数、录取率、毕业率、校友捐款、同侪声誉等等，综合性最强，参照比较的因素也最多，因此受众也最广泛。透过这个排名榜也看出美国人对各类大学的基本认可度，因为总体排名中的25%是邀请毕业生、学校同行乃至用人机构来打分，涵盖了客观、主观层面的评价。

对学校的认可度，显示的是一所大学在美国人心中的声望与标杆，长期以来在人们心中定格和屹立。譬如哈佛、普林斯顿、耶鲁、哥伦比亚、斯坦福、加州理工、麻省理工等一流大学，在《美国新闻与世界报道》的美国大学综合排名榜上，几乎都相对稳定地在前10名中各领风骚，在美国人中的声誉相当崇高，也都是不同实力、学科爱好学生心仪的知识殿堂；近20年来也愈益为中国学子们所熟悉所敬仰，列为留学美国名校的最佳选择名单。从"投资"获得"回报"的角度看，能够上这些一流名校，毕业后几乎等于拥有高薪职业的"敲门砖"和"入场券"。就此而言，读名校的"性价比"其实比一般大学可能更高，何况许多贫寒学子甚至中产阶层子弟进了这类名校，基本上都可以申请到部分奖助学金。

当然，《时代》新排名基于新标准新思考，评分更倾斜于高质量的公立大学，也无可厚非，由此也可能更多惠及平民阶层学子。可以说，为了更加普及被称为"精英教育"的大学教育，为了让更多平民阶层学子获得更多上大学的机会，基于白宫新标准的《时代》大学新排名，其实用心良苦，但如何进一步为大众所认同，真正让普通家庭子女获得实惠，可能还要看事实比效果。

另类大学排行榜的启迪

  《美国新闻与世界报道》(U.S. News and World Report)杂志（简称《美新》）每年8月下旬公布一年一度的美国大学排行榜，照例引发社会尤其是家长、学生和教师乃至各大学的关注。哈佛大学、普林斯顿大学并列综合性大学榜首，耶鲁大学屈居第三，第四名由加州理工学院、麻省理工学院、斯坦福大学和宾夕法尼亚大学共同包揽，哥伦比亚大学和芝加哥大学并列第八。这个前十名"常客"的序列尽管略有变动，却基本上是十年来甚至二十多年来的"老面孔"，显示美国顶尖名校的地位稳固，成为学子、家长心目中的教育圣殿绝非浪得虚名。

  《美新》大学排行榜虽然也让一些学校、专家不以为然，其按公私立大学系统及专业分门别类的排行榜，多年来却几乎培养了美国社会对大学总体质量及科目排名相当权威的认知，对众多华裔学生和家长而言，更几乎具有不容忽略的指标意义。

  而早些年由《福布斯》（Forbes）杂志、大学学费和绩效中心（Center for College Affordability and Productivity, CCAP）公布的年度最佳大学

排行榜，尽管有点"另类"，但其评比的角度也提供了更有针对性或者说更实际的参考和选择。

在《福布斯》与CCAP这个排行榜上，2009年摘桂的名校是西点军校，普林斯顿大学屈居第二，加州理工学院当上季军，威廉姆斯学院、哈佛大学、卫斯理女子学院、美国空军学院、安姆赫斯特学院、耶鲁大学、斯坦福大学紧随其后坐上前十名的交椅。

西点军校尽管大名鼎鼎，但几乎未入《美新》大学排行榜的"法眼"，在《福布斯》与CCAP排行榜击败所有常春藤名校夺冠也是破天荒。

《福布斯》与CCAP排行榜的评比标准包括：学生对教师的满意度、毕业生的平均债务、所学课程是否有兴趣及有所回报，毕业后能否找到好工作，等等。西点军校的毕业生不需要偿还学生贷款，因为学校提供世界一流的教育而学杂费全免，也即毕业后不会有一分钱债务；"工作道德感强烈"，纪律严明，禁止在宿舍饮酒，宿舍必须绝对整洁、学生形象风范佳，头发须齐整、皮鞋须擦亮、衣裤须烫出线条。毕业生须服役至少5年，从少尉军衔开始，起薪6万9000美元/年。如此优渥的待遇和回报率，在当今经济衰退的年头，怎不更令人艳羡？当然，西点军校的学术质量也毫不逊色，该校校友获罗德奖学金的人数，在全美大学中名列前茅（第四）。

与《美新》大学排行榜的评比标准多达15项学术指标（如毕业率、师资资源、经济来源、学生挑选、校友等评估）相比，《福布斯》与CCAP排行榜更注重最佳与最有价值、最值得读（即最高回报率）相结合，将教育品质与学费比较而得的投资报酬率做为指标之一，不仅凸显了西点、空军学院等军校的优势，也选拔出一些名不见经传的学校，如肯塔基州不收学费的贝利亚学院（Berea College），也必会受到一部分学生、家长的青睐。事实上，这个排行榜上的前十名学校，放在任何标准的评比中都是当之无愧的。今年排名第三的加州理工学院十多年前也荣膺过《福布斯》排行榜的最具价值大学冠军，而该校在2000年的《美新》大学排行榜也挤下哈佛、耶鲁而雄踞榜首。

《美新》大学排行榜近年来也逐步看重低收入家庭学生的录取率。哈佛大学2009年起号称为6万美元以下低收入家庭的学生全免学费，自然成为大受欢迎的创举。

《福布斯》和CCAP大学排行榜注重军校的道德感、学术质量和回报率，其实对华裔学生和家长具有崭新的启迪意义。面对军纪严明、从军的"危险系数"等因素及传统观念的影响，纵然有相当多的华裔学生回避甚至拒绝选读军校，近年来也有不少华裔学子报读军校乃至直接从军，他们对扭转某些固有的旧观念所起的作用不亚于开风气之先；还有华裔学生成为西点军校最佳毕业生的喜讯让人惊讶、欣慰。事实上，就读军校的华生几年学习历练下来，无不在身体、精神和学业上大有长进，进入服务国家的岗位也都就就业业前途无量，他们个人的荣誉感责任感也与日俱增，其心智发展成熟度、事业成就感也都让家长欣慰放心。

可见，参阅不同的大学排行榜，让子女自由选读最感兴趣最有价值的大学，也是华裔家长应该适应的功课。

留学生安全敲警钟

能够想象一所位居全美大学排名榜前茅的私立大学，竟然坐落于犯罪多发区域吗？能够想象一所录取中国留学生最多的美国名校，居然不能保障学生的基本安全吗？

2014年7月24日凌晨，24岁的南加州大学（USC）工程学院中国留学生纪欣然，在校园附近遭到多名拉丁裔青少年（女）暴力袭击而受重伤，走回一街之隔的住所后身亡。这一案件再度敲响了留学生安全的警钟，也回应了上述问题。两年前的2012年4月11日，南加大工程学院中国留学生瞿铭和吴颖在学校附近遭遇枪击而亡，两年来该校已有3名中国留学生因治安不靖而遇害，凸显了南加大环境恶劣、人身安全堪虑的症结。

全称为University of Southern California（USC)的南加州大学（简称南加大），位于加州洛杉矶市，1880年创立，是加州及美国西岸最古老的私立大学，也是世界顶尖的私立综合学术研究型名校之一，被卡内基基金会归类为"特高研究型大学"，科研与教学水平世界一流。在《美国新闻与世界报道》杂志的大学排名榜中，几乎年年位居最顶级的前25名大学序列。

然而，这样一所名校却毫无疑问坐落于洛杉矶市的治安差区。据警方的统计报告，南加大所在地区的犯罪率，比整个洛杉矶平均值高出两倍多，年内抢劫案发生了近2800起，高出洛杉矶平均值的4倍多。虽然2014年才过半，但已统计的强奸案比前一年全年高出21%。该校的中国留学生置身校园及周边环境之际，就都能体察到学校周边社区的治安一直欠佳；校园几乎每天都有"罪案警告"，抢劫之类的案情连年不断；毒品交易、帮派暴力活动活跃，直接对校园师生构成了威胁。洛杉矶警方的统计数据显示，在瞿、吴遇难后，南加大附近的治安不但没有好转，反而更加恶化。

目前就读南加大的中国留学生高达3000多名，人数之多几乎举世无双。多年来也一直有关于"南加大容易进"的传闻和事例流布甚广，以至硅谷一家高科技公司当年夏季居然连续收到来自南加大中国留学生的工作实习申请200余份。有这么多中国留学生入读南加大，究竟是该校的专业强口碑好，还是申请不难呢？在教育市场化全球化的今天，人们各有所需，也无可厚非。不过，校方的网站自称"南加大是全美最安全的学校之一"，中国留学生双尸命案的瞿铭、吴颖家长据称就是看到了这样的标榜，才放心让孩子到该校就读，谁能够想到，他们的生命与梦想不久即被枪弹彻底打碎。又有多少留学生及其家长，也是被"全美最安全的学校"这样的广告误导呢？

南加大3000多名中国留学生，还有本土学生和其他各国留学生总共上万名，校方每年收取每人数万美元学费，这累计的巨款却无法保障学生们的基本人身安全，实在令人瞠目。事实上，南加大是洛杉矶地区最大的私人企业雇主，每年为洛杉矶都会区提供40亿美元的经济输出。即使不提学费的进账，南加大的校友、资助者筹款能力一流，曾经创造一年筹得29亿美元的纪录，是美国高等教育历史上所筹得的第二高总筹款额。这样一个"金主"多年来居然未能为改善校园及周边环境安全做出有效的贡献，实在有辱其名校的闪亮招牌了。

南加大中国学生学者联谊会（CSSA）7月29日发起万人签名请愿活动，要求校方切实加强校园及周边环境巡逻举措，保障学生们的人身安全。面对学生和外界对南加大安全措施的质疑，校方回应道，自2012年两名中国留学生被害之后，学校附近已经增派了40名巡警巡逻，并新安置了80台摄像头（全校园共170台摄像头）；只是由于暑假大部分学生离校，减少了原有的"小黄衣"保安人员，但其它警力照旧。这个答复显然不能让学生们满意，无论如何，连番发生人命案，校园及周边的保安措施必有商榷、改进之处。

纪欣然命案也再度激起两年前遇害的留学生瞿铭、吴颖的家长悲愤。他们表示，南加大此前承诺退还学费并赔偿10万美元，后来却反悔，受害人家庭至今没有收到任何补偿。如今又添一命案，不排除三名受害者家长联合控告南加大的可能。他们且已委托洛杉矶华人律师邓洪向中国外交部、教育部发出书面诉求，要求中国政府把南加大列为危险学校地区，以免更多中国留学生在此遭遇不幸；并提醒中国的学生家长须慎重考虑选择留学院校。

当然，南加大不是唯一一所可能再度发生危及留学生生命的高校。就在纪欣然遇害的前一天的7月23日，北卡罗来纳大学华裔教授、医学科学家刘锋午餐后在校园附近散步时，遭两名非裔男子抢劫殴打，于24日不治身亡，享年59岁，令人扼腕痛惜。而自1991年11月1日，就读于爱荷华大学的中国博士留学生卢刚因忌恨而大开杀戒枪杀多人以来，美国各大学的中国留学生恶性死亡事件已近20桩，从伊利诺伊大学香槟分校、新泽西理工学院、弗吉尼亚理工大学、肯塔基大学、路易斯安那大学拉菲耶分校、亚利桑那大学，到波士顿、洛杉矶、纽约、休士顿、底特律等城市的校园周边地区，全美东西南北中的大学校园都曾经爆发出令人心碎心寒的暴力枪击案；在无数学生眼中的神圣求学殿堂，竟然隐匿着罪恶与死亡的深渊，那些花样年华的莘莘学子刹那间命丧黄泉，情何以堪？！

不无黑色幽默意蕴的是，南加大多年前还被美国国土安全部选为设立第一所国土安全卓越中心，可叹南加大自己校园的安全问题迭出，多起命案缠身，安全何来保障，更遑论"卓越"了。

放眼全球，在世界各大名校都瞄准国际学生的钱袋之际，愈来愈多的中国留学生走向世界各个角落的大学校园，汇聚成新世纪愈来愈澎湃的潮流，蔚为大观。但在安全警钟声声敲响的当下，留学生们显然需要更明智的选择，以及在异域他乡生存求学的基本安全意识和自我保护意识。

留学潮涌避暗流

当下，中国留学生出国年龄有愈来愈小的趋势，很多家庭富裕了，就把孩子早早地送往海外读中学甚至读小学。除非全家移民或者有父母陪伴，我是不赞成孩子小小年纪就单独到异国他乡求学的，因为他们的心智身体都未成长到足以应付陌生而复杂的环境，这样"放羊式"的留学弊大于利。美国不少城市都不乏"小留学生"问题成堆的现象，国内那些所谓的"富二代"、"官二代"跑到美国后，脱离了家长相对严格的管理，名义上是读书，实际上在语言隔阂的环境里仿佛面临"对牛弹琴"的困境，这些家境太好花钱阔绰的"小留学生"，往往最容易掉进享乐窝而不能自拔。旷课逃学太自由，住豪宅、开名车，成天"派对"、游玩无止境，飙车玩了命的已有好几起，染上赌博吸毒的更多。这对于家庭和他们本人来说，都是得不偿失的事。

无论是想看看外面的世界，还是真正想学点专业本事，到海外留学至少要有识别能力，懂得选择，拒绝忽悠。最不应该发生的事，是不要上那些似乎名堂很大实际不入流的"野鸡大学"的当，不要见什么学校向你招手就呼应而去，送上大把银子的"学费"却可能换来一张废纸"文凭"。如今，海外的大学都知道中国人"有钱"，中国留学生的钱太好赚；那些混杂在无数大学中的"野鸡大学"，也更擅长用一纸录取通知去"钓"一个"金主"，甚至在托福成绩、中学课业成绩等方面都无所谓要求，岂不更抓住了许多原本学业不精成绩不佳只图出国混文凭的年轻人的胃口？有统计数据表明，美国"野鸡大学"泛滥成灾，受害最多的是中国人，每年美国"野鸡大学"95%的"学位证书"发到了中国人手里。

留学美国，不是赌青春，更不是赌性命，哪怕真正是为了一纸外国大学的文凭，也要慎重选择大学、专业是否有竞争力，也得斟酌学校所在的城市、区域是否安宁安全，适合学习生活。

大约4000所各类不同的大学分布美国各州的大城市、小城镇、郊区，选一所最适合自己的学校，似乎说易行难。基本的标准还是可以参考的，口碑不错的《美国新闻和世界报道》杂志多年来的大学排名榜，分类统计排名相当严谨和科学，参考时不容忽略（自然不是唯一）。事实上，这个排名榜的前50名大学，用任何标准看都堪为一流大学。常春藤大学系列和其它名校等私立大学几乎都在前20名之内。名校的概念和名气不是少数人短时间内能够吹起来的，着实历经了上百年甚至几百年的磨炼与积累，世所公认。笔者认为，只要成绩足够优秀，申请名校应该优先考虑。这类名校一般也都有不同的奖学金助学金供申请，何况名师汇集、学风正直，对于学生的学业和成长大有助益。名校本身又是一大永久性的可靠资源，"性价比"、"含金量"与二三流大学不是一个档次，毕业后求职肯定也让人刮目相待。这个排名的21名起，囊括了公立大学的佼佼者，譬如加州大学伯克利分校、洛杉矶分校或弗吉尼亚大学等，也值得报读。事实上，加州大学和加州州立大学、纽约州立大学等公立大学系统的几十所分校（校区）都有很好的环境和专业选择，分布在不同的城镇，或以多元文化氛围取胜，或以宁静幽雅环境占优，都是读书的好去处，甚至是潜心学问的世外桃源。

从某种角度而言，挑选大学更需要挑选专业。名校中也不是所有专业都棒的，一些公立大学也有很出色的专业。专业方向决定未来的职业规划乃至"钱景"，每个人可以依据自己的兴趣爱好和专长以及未来取向，去选择适合自己的大学和专业。中国留学生似乎喜欢扎堆，譬如南加州大学，是一所公认的私立名校，中国留学生多达3000余名，却位于洛杉矶市一个犯罪多发区域，安全几无保障，两年来已有3名中国留学生死于枪口和暴力袭击。可见，选学校和选校区环境不妨结合考虑。笔者认识的一位年轻人，那年准备留学美国到旧金山艺术学院，正要报到注册前夕，收到了原来给予他"候补录取"的东部罗德岛艺术学院的正式录取，他马上转而辞退前者而选择后者。事实证明这个选择确实明智，并非说旧金山艺术学院相关专业不佳，但罗德岛艺术学院在他向往的设计等专业领域更加上乘。笔者也知道，前者校舍分布于市中心，中国留学生不少，但毕业后大多难以觅到专业对口的工作，空有一张文凭何用？而那位年轻人在环境幽静的小城潜心攻读，两年后获得罗德岛设计学院硕士学位，马上在波士顿找到了合意的工作。

有的放矢去留学，胜任愉快攻专业。留学留学，从近现代到当代，留学潮起更潮涌，中流击水避暗流。多少青春留学梦，回首当年应无悔！

危机下的
美国教育改革契机

持续两年的国际金融危机一直在吞噬着美国的肌体，而美国赖以保持两百多年强盛不衰的立国之本的教育理念，也遭遇前所未有的挑战。尤其是公共教育体系，在联邦和地方预算裁减经费短缺的情势下，已然难以自保。这个领域受金融危机冲击的直接后果，就是金融危机转嫁为教育危机，让众多学子面临失学、无课选修、课时减少而延误完成学业的困境，也让众多教师被迫离开教室讲堂。

这是2010年春季发生的一幕，席卷加利福尼亚、纽约、威斯康星、伊利诺伊等30多个州的数以万计学生、家长和教职员工，3月4日天同步发起罢课、集会、静坐、游行等示威行动，抗议公立学校教育经费削减和学费上涨。在这个全美"公共教育行动日"的日子，部分示威者强闯学校行政楼，阻碍交通，与警方发生冲突。这些激进行动其实是两年多来各地校园示威现象的翻版与延伸，反证了美国社会和教育系统危机、矛盾的日益严峻和恶化。

受金融危机拖累，加州等多个州乃至全美各地面临巨额财政预算赤字。各地政府几乎鲜有"开源"良策，一说"节流"就拿教育开刀。两年来加州政府已经削减了全州公立高校170亿美元教育经费，还打算继续削减25亿美元，这是自上世纪30年代以来最大规模削减教育经费的举动，令公共教育系统的财政状况雪上加霜，势必剥夺大批学生受教育的权利。加州政府批准加州大学提高学费，涨幅超过30%，使每年就读加州大学费用超过1万美元，让莘莘学子叫苦不迭。加州州立大学和社区大学系统也都程度不同的大涨学费，危机顷刻转嫁到学生头上，绝大多数贫寒家庭和中产阶层家庭都已品尝到不堪重负的压力。

加州超过1万8000名教师也接到或即将接获解雇通知，在下一学年失去教职。连一向富庶的加州硅谷库柏蒂诺学区，也有上百名中小学教师被裁员，意味着今后每班学生人数从20人扩充为30人。当地社区人士因此发起"300美元募款"目标行动，即每位学生家庭捐出300美元，积蓄基金，争取挽留教师，"拯救未来"，连小学生也自发动员卖糖果筹钱捐助。这与加大系统发生的财务丑闻乏人追责，大学校长、各级学监等官员不顾经费紧张师生困顿的现状，一而再再而三地为自己加薪等现象，真是冰火不相容。

美国教育经费日益窘迫的现实由来已久，自连续发动科索沃战争、阿富汗战争、伊拉克战争而投入天文数字般的军事开支，导致社会、教育财政的入不敷出。本世纪以来，美国各州对教育的投入几乎每年下降，幅度从一二个百分点到现在的两位数。高校竞相提升学费，中小学则削减音乐、美术、体育课程。短期遭殃的是学生和教师及其家庭，长远看损害更大的是美国整体教育质量乃至国家利益。

一年前的3月10日，奥巴马总统履新后首次就联邦新政府教育政策发表演讲，呼吁改革教育体制中的弊端，提高长远竞争力。其初步计划包括为优秀教师提供附加工资、为学生开设更多的课时和增加学年，以及提高全国各地学校的标准。7月，他又宣布了总额达43.5亿美元、旨在提升美国教育水准的——"竞争卓越"改革计划。他宣布的近万亿美元刺激经济计划，其中也包括投入教育领域的配额，而2010年初，他又提出追加30亿美元教育经费拨款。遗憾的是，这些经费分到各州，几乎都难以被确定用于真正急需的教育项目。加州等地方政府的做法，至少与奥巴马新政的教育改革完全背道而驰。

在2010年国情咨文演说中，奥巴马也强调，"我们必须投资于能源、医疗和教育这些能让经济实现增长的领域"。"美国增长最迅速的领域，四分之三的工作机会需要超过高中文凭以上的教育。"奥巴马显然意识到倘若美国教育衰退的严重后果，他警告说："今天在教育上战胜我们的国家，明天就能在经济上战胜我们。"

美国教育的高水准，决定了美国在全球科技、经济领域的领先地位。美国经济这些年连续走下坡路，也促使人们在教育上找原因。经济成败取决于教育成功，已经成了一种跨党派的共识。可叹的是，许多地方政府首脑几乎从来没把扶助教育事业摆在首要地位甚至重要地位，动不动就裁撤教育预算的做法，无异于釜底抽薪，最终要断了美国教育的"香火"。加州众议院新晋副议长马世云就奉告过施瓦辛格州长："不要整天泡在按摩浴缸里抽雪茄，请多关心教育预算问题！"

从对抗金融危机的大格局审视，从预算投入着手解决公立教育发展难题，不啻是美国新一波教育改革的契机。经历了以促进教育机会平等、学校重建、学校教育与工作需要相结合等为不同重心的六次教育改革浪潮之后，今日美国教育的深化改革在遭受金融危机重创后也将呼之欲出。

美国毕业季观礼随感

　　6月是青春洋溢梦想放飞的季节，全美各地公私立大学绝大部分都在这个季节举行形式多样、寓活泼与庄重于一体的毕业典礼。早几年，我先后亲历观摩过加州理工学院、斯坦福大学的毕业典礼，不胜感慨之情景至今难忘。又一年的6月初，我有机会陪同家人赴东部，于是又有了一趟难忘的毕业观礼之旅。

　　妹妹的儿子杰杰三年前从家乡杭州来美深造，报读的是美国首屈一指的艺术院校 ——罗德岛设计学院（Rhode Island School of Design），主修工业设计专业硕士学位。攻读一年后他曾休学应邀回杭州一家跨国公司实习，一年前再返校，如今终于修成正果，还获得工业设计系的荣誉学生。

　　罗德岛设计学院位于罗德岛州首府普罗维登斯（Providence），我们从旧金山星夜兼程，飞机、大巴，辗转波士顿，6月1日上午直达普罗维登斯的市中心。这是美国建市最早的城市之一，早在1636年就有英国人来此开拓定居，典型的新英格兰城市，也是美国最早的工业化城市之一，目前依然是全国最大的珠宝首饰、银器设计和制造中心之一；教育、医疗保健、金融、交通、贸易、服务行业也很发达。早期移民发展而成的布朗家族，催生了常青藤大学布朗大学；与布朗大学的校舍不时交错、相挨的罗德岛设计学院校舍，几乎都融入在普罗维登斯这座精致的小城中，天然般的和谐，又别具一格的亲切。而这座州府所在的小城，也由于两所名校而益添光彩，人文科技内涵深蕴其中。其实，哈佛大学、麻省理工学院所在的波士顿近郊剑桥镇，斯坦福大学所在的帕洛阿托市，加州理工学院所在的帕萨迪纳市，无不兼具这样相得益彰的传统与功能。

当天下午，先到市中心的会展中心，熟悉将要举行毕业典礼的场所，隔壁的展厅已经布满了罗德岛设计学院各个系科毕业生的毕业实习作品。该校的专业课程繁多硕士课程在全美艺术学院排名第一（与耶鲁大学并列），其平面设计及工业设计等均为顶尖科系。穿梭般地匆匆观摩那些展品，已然体察到无论是建筑、绘画、雕塑、珠宝、玻璃、陶瓷、摄影、数字媒体等等各种平面、立体的设计作品，无不标举创新、前卫、新潮，当然也注重时尚和实用结合；各种展块风格迥异，美不胜收又令人惊异奇绝，每一件作品都浸透了毕业生们对美好、精致生活的热爱与投入。

次日，6月2日，星期六，前一夜后半夜下起了大雨，午后雨依然淅淅沥沥，闹市区的人流几乎都是朝一个方向涌 ——举行罗德岛设计学院毕业典礼的市会展中心。沿电梯步上二楼，典礼大厅门前区域早已熙熙攘攘，穿着学士服、硕士服的毕业生们，和亲友们有说不完的话。鲜花已经售罄，气球也很走俏。一位女生剪着半边光的头，还趴在地上整饬自己的礼服，颇有妆不惊人死不休的架势。

与会者多为亲友或者当地的各界人士和居民，主席台右侧已有当地的知名乐队现场演奏，热情欢快。仪式开始前，先是穿戴各种博士服的学院教师们排队鱼贯而入，接受公众的欢呼，并在主席台就座，他们中不乏当今时尚设计界的先锋人物甚或大师。接着，各院系的硕士毕业生、学士毕业生也依序列队进入会场，除穿戴学士服、硕士服之外，不少学生也标新立异，披挂起各种奇装异服和帽衫，甚至打扮成不同的卡通或动物，雀跃着行进，赢得一片呼声不绝。毕竟是艺术院校的学生，总是不缺创意和玩世不恭，后来排队上台领毕业证书的行列中，也不断出现搞笑甚至恶作剧的画面，令人忍俊不禁。一位穿戴成大黑熊的毕业生，给校长一个"熊抱"；一位衣着相当前卫招摇的女生，以献吻的方式从校长那儿接过了毕业证书……

典礼正式开始，照例是校长致辞、嘉宾致贺以及杰出教师获颁奖、杰出毕业生致辞，等等；其中的亮点是2012年度普利兹克建筑奖得主、中国美术学院建筑艺术学院院长王澍作为特邀主讲嘉宾致辞（Commencement Address），受到师生们的倾力喝彩。这位被誉为建筑界诺贝尔奖的得主、以唤起"场景与回忆之间的共鸣"、倾注"对时间的诗意体会"于设计作品、崇尚"建筑师首先要是个哲人"的新一代大师，在他绝不陌生的罗得岛设计学院的毕业典礼上，面对数千听众用英语演讲，淡定从容地阐释了自己对建筑的理解以及设计理念，而听众的呼应则是一会儿鸦雀无声般的聆听，一会儿爆发出雷鸣般的掌声。这场十来分钟的演讲，干净利落且又灵气毕现，仿佛是一次东西方文化以及设计理念、创意领域极其默契、融洽的对话。在这个大典上，王澍被授予罗德岛艺术学院荣誉博士（Honorary Doctor of Fine Arts），这是一所美国最佳艺术设计高等学府对来自中国的一位艺术设计大师的崇高敬意。

在王澍之前，还有另一位同样来自中国杭州的嘉宾致辞，他就是中国美术学院院长许江。他以汉语致辞（身旁一位年轻人即时翻译），推崇中国美术学院与罗德岛设计学院近年来的良好互动与合作，并就技术时代艺术何为等话题作了阐述。许江在被邀作这番艺术领导能力和远见（Leadership and Vision in the Arts）的演讲之后，被罗德岛设计学院授予"荣誉院长"称号（Presidential Honor for Distinguished）。

王澍和许江的演讲都不期而然地获得了全场听众的赞许。亲临其境，让我尤其感慨的是，这两位特邀演讲嘉宾不仅都来自东方，且同样来自我的家乡杭州，来自中国美院这座中国顶尖艺术学府，亲切感和与有荣焉的自豪感油然而生。当然，我更清楚，王澍和许江得以亮相美国一流艺术院校毕业大典，也正是他们在艺术领域的杰出成就，让世界认识到今日中国的艺术及其创新理念，不仅紧追时代的步伐，也不啻引领时代的潮流。西方与东方，只有在生活中在艺术中更容易相互欣赏相互理解相互融合。

这趟毕业典礼观摩之旅，于我也有别样感悟。其一是，美国东西部的自然、人文景观迥异。也许我们遇上了好时光，从波士顿机场搭上了开往普罗维登斯的大巴，气候宜人，沿途景色一片葱绿，森林、草地与湖泊都是那么青翠悦目，尤胜于早已习以为常的西部地区常见的荒山秃草野坡，因此想到西部历来被称为"荒蛮之地"以及西部片常常呈现的大漠荒山之境，感叹美东部的景致果然极佳，至少在初夏春秋之季得天独厚。而普罗维登斯、波士顿这些东部城市人文艺术兴盛，博物馆极多，市区各种历史时期、风格的建筑沿河而建，极富灵气，生动别致，不似西部一些城市建筑的晦暗无趣。

其二是，东西方世界，尤其是中国和美国在各个领域的交集已然相融无痕，断无法再人为切割阻碍。在文化教育艺术领域，美中之间的互动互补互惠的交流与合作，更加深入人心。这种趋势与发展，不仅是两国人民的幸运，是人文艺术的福祉，也是地球村相融相携并进发展的基础。

迈向白宫之旅

进军白宫 希拉里展开圆梦之旅

正如有媒体预测的那样，前第一夫人、前国务卿希拉里·克林顿（Hillary Diane Rodham Clinton）如期于2015年4月12日（周日）在竞选网站上发表一段视频短片，身穿黑色套装、红色衬衣的希拉里微笑自信地宣布："我将竞选总统。"她强调说，"普通美国人需要一个捍卫者，我愿意成为这个捍卫者。"而当每个家庭都变强的时候，美国也会变得强大，她为此呼吁美国人民与她一起踏上这段新"旅程"。

这位强势的前国务卿正式宣布竞选2016年总统后，将前往提前投票的爱荷华和新罕布什尔等关键州造势。许多人相信，希拉里这次最有可能脱颖而出，代表民主党角逐总统宝座。如果希拉里最终如愿当选，她将成为美国历史上开天辟地的第一位女总统，打破美国政界最高"玻璃天花板"。

据悉，希拉里竞选团队前一天已在位于纽约布鲁克林的竞选总部内暖身，他们领受了《使命宣言》，明确竞选行动方针、目标及取胜策略。宣言称希拉里阵营的目标是"令每名美国人、每个家庭、每个小型企业透过选希拉里为下任美国总统来实现持久繁荣"。文件也强调竞选团队要保持谦卑、守纪律与团结,避免重蹈2008年覆辙。在2008年的初选中,先声夺人的前第一夫人被政坛"黑马"奥巴马追上,惨尝滑铁卢之役苦果。

相对于八年前的2007年1月20日就宣布参选,今天迟了近三个月才正式宣称再度竞选总统的希拉里,形成了"千呼万唤始出来"的期盼效应。蓄势而发的希拉里依然势不可挡,至少把目前所有潜在的民主党候选人的民意支持率都远远甩在后面。最新民调显示,高达81%的民主党选民对希拉里抱有好感,57%的民主党选民希望希拉里成为代表民主党角逐白宫的正式候选人。包括前马里兰州州长奥马里、前弗吉尼亚州州长韦伯和前罗德岛州州长查菲及副总统拜登在内的民主党内潜在的竞争对手,目前都还处于"探索"、评估竞选总统可能性的阶段。

希拉里进军白宫的征途依然不会平坦,将不乏各种未知因素的干扰甚至打击。虽然希拉里才不动声色地渡过涉及"电邮门"事件和克林顿基金会捐款风波的公关危机,她未来一年半的竞选征程势必会更加坎坷充满变数。纵使她在党内初选时有把握轻松过关,但在与共和党对手决战的阶段,仍会有种种意想不到的阻拦和麻烦随时出现。另一方面,希拉里今天的挺身出战,还背负着民主党亟需捍卫白宫地位的重任,这比2008年大选时民主党人冲击共和党总统小布什坐镇的白宫难度更高。因为相当部分美国选民都有轮流坐庄的心结,以两党互相制约来恪守政治平衡。如今,当民主党总统奥巴马坐满白宫宝座八年之际,除共和党选民之外,必定还有很多人都不热衷民主党人继续执政。奥巴马代表民主党的八年执政纪录和所有问题,都会成为今天民主党候选人遭遇严厉诘问的麻烦;而已经控制参众两院的共和党人则亟欲乘胜追击,直捣黄龙。

当然,今非昔比的希拉里在政治历练方面也已然超越自我,八年美国第一夫人的履历，全美前一百名最佳律师的资格，连任联邦参议员的议会政治操练、四年国务卿任内的外交折冲，已经锤炼希拉里的政治经验和应对各种麻烦的能力如炉火纯青。她在全民医疗健保领域的立场和努力，她对妇女问题、儿童权益、工会福利的关心，对移民和多元化文化的关注，主张发展替代能源等等，都使她与美国大众尤其是弱势族群拉近了距离，都与今天的美国命运息息相关，令她被世人视为美国自由主义的一面大旗，带给美国选民一个全新的选择甚至是全新的希望。

如果说，八年前希拉里和奥巴马的参选，使美国人民经受了颠覆传统般的民主政治体验，她和他的参选并非性别之间的战争，也不是肤色对比的选择，而是美国社会民主进步的体现。今天，希拉里再度出发挑战总统大位，也挑战实现自己美国梦的身心准备和能力，也挑战美国人的世界观。尽管美国以"人人生而平等"为立国之本，但美国社会对女性总统的接纳程度，迄今还比不上欧亚许多国家。今天，美国民众和媒体对于出现第一位女总统开始抱审慎乐观甚至乐见其成的态度，人人平等、公平竞争的精神也更加深入人心。集实力能力勇气于一身的希拉里再度在这历史关头站了出来，不啻是历史给了美国人民一个选择的机遇，一个共同创造历史的机遇。

然而，面临现实的美国政治，选民们不会由于希拉里是女性而投票，不会因为她曾经是个好参议员、好国务卿而投票。选民们更希望希拉里能端出解决美国现实问题的菜单。这些问题在奥巴马任上不仅没有改善，有些还恶化了。如贫富悬殊、种族对立、府院僵持，等等。希拉里在这些问题上，如何推出有号召力和可行性的"新政"，又如何与奥巴马有继承又有"切割"，也是一个难题。

再从华人角度看，希拉里虽然也主张对华友好，但她对华硬的一面多过软的一面。在她国务卿任上推出的"重返亚洲"政策，是当时东海和南海局势骤然紧张的幕后根源。因此，希拉里的对华态度与政策，是否会做出调整，还有待观察。

迈向白宫，希拉里开始艰难征程，也开始非凡的圆梦之旅。

《艰难抉择》：希拉里的心声

美国前第一夫人、前国务卿希拉里·克林顿（Hillary Clinton）的新书《艰难抉择》（Hard Choices）问世，不仅在2014年6月10日亲临纽约曼哈顿的巴诺书店(Barnes&Noble)签名售书，引发粉丝彻夜排队，掀起新一波"希拉里热"。配合新书出版，希拉里相继前往纽约、芝加哥、费城、华盛顿、旧金山、西雅图等20多个城市，展开新书推介巡回之旅，无异于提前为竞选总统的造势之旅，或者更确切的说，是为她做出是否投入到2016年总统大选"艰难抉择"前的测温之旅。与此同时，希拉里也密集接受媒体采访造势，配合新书高调发行，无不被舆论解读为希拉里有意借新书"试水"2016年美国总统选举，从而作出最终抉择。

上市首日销量已突破百万册的《艰难抉择》，是希拉里与出版商山姆舒斯特公司(Simon & Schuster)合作的第5本书。图书代理商基思·厄本直白地称《艰难抉择》为"竞选之书"，认为希拉里新书出版发行的时机，明显含有为角逐白宫造势的意图。

曾任现任国务卿克里2004年竞选总统策略顾问的鲍勃·施勒姆认为，希拉里其实已决定参加党内预选，而且瞄准了美国首任女总统的宝座，出书"不过是整个过程的第一环节"。

《时代》周刊6月10日刊文直指这是一本竞选书籍，给人第一印象就是希拉里要参选2016年总统了，但在她这本《艰难抉择》的595页处，她却写自己"还未做出决定"。

尽管回避了当前的"艰难选择"，希拉里新书里描写了许多"竞选词汇"，而一个无意于竞选、不关心政治的人绝不会写出类似的语句来。譬如："我希望美国人能选择包容性政治，有让美国释放创造力、潜能的共同愿景，让美国变得更加富强。"希拉里在书里很艰难地决定了最后要隐藏那些艰难抉择背后的细节，这是她准备要参选总统又没有宣布之前不得不暂时隐晦的。

作为一本回忆录，《艰难抉择》分为六大部分共25章，讲述了希拉里2009年到2013年出任国务卿期间的经历及其决策，面临的挑战、内幕以及所做出的各种艰难抉择。在担任国务卿4年间，希拉里访问了112个国家，各国领导人的独特个性也成为她书中点评的内容。

《艰难抉择》披露的她与奥巴马外交政策分歧，基本上揭秘了希拉里最终会竞选总统的原因——在后奥巴马时代恢复美国全球影响力。希拉里暗示，在叙利亚、利比亚、埃及茉莉花革命、乌克兰危机中，奥巴马的表现过于消极保守。如果说希拉里对于再次竞选总统尚有些微疑虑的话，她离任国务卿后发生的叙利亚危机、乌克兰危机，似乎帮助她打消了类似疑虑。虽然希拉里和奥巴马的外交政策实质内容并无大的区别，但在如何对外交事务施加影响的层面，希拉里显然更加激进。

希拉里在保持美国全球领导力方面不遗余力，她为了美国在这个不断变化和多极的地球村处于领导地位不惜代价。譬如2010年她坚持美国必须在上海世博会中有自己的展览馆,认为美国在一个世界第二大经济体举办的博览会上绝不应该缺席。而在其他一些人看来此举纯粹浪费金钱,不会给美国加分。

《艰难抉择》的"中国元素"不少,其中有两章直接谈论中国,而第一章便谈"中国崛起",重点谈及美中关系以及她与多位中国领导人的互动。在阐述亚洲战略谈到对华政策时,希拉里强调,美国处理亚洲事务存在三条道路:一是扩大与中国交流;二是加强与亚洲国家关系,以谋求对中国"再平衡";三是支持地区多边组织。她认为,结合三者才是"明智的做法"。

希拉里花费不少笔墨解读美国"重返亚洲"战略,称美国与中国的关系"充满挑战",不能用简单的敌友模式概括。她说,伴随中国经济实力不断提升,美国需要以新的方式对待亚洲。

这些表述显然不仅仅是回顾,更是前瞻。在外界充斥质疑美国领导力衰退的当下,在美国各界也质疑国家外交成绩之际,希拉里《艰难抉择》披露曝光的美国外交折冲方面的内容,涉及曝光白宫与国务院外交分歧,极易令人对比和放大希拉里与奥巴马外交政策的差异,也容易燃烧起美国人企图恢复美国全球影响力的狂热,并且将此重任寄托于希拉里这位女强人身上。

相信希拉里自己也不希望其数十年政治生涯中的华彩乐章,就此"定格"在国务卿的职位上。《艰难抉择》的所有陈述和自我形象塑造,其实正是为争取更上层楼的铺垫。希拉里维护美国世界领袖地位的梦想与激情,注定她还要在更大的政治平台有一番作为。

事实上,在新书发布之前,希拉里在接受美国《人物》杂志采访时,已然首次透露参加2016年总统大选之意。她说，她将在今年秋天升级为外祖母，她很享受现在的生活，但同时"也关心美国和全球正在发生的一切"，她希望看到美国能有一位女总统。BBC6月6日称，希拉里已经"非常接近"于公开自己的参选计划。《纽约时报》称，她的新书旨在展示其"国家元首"风范以及强调"希拉里·克林顿在国家安全政策和外交政策方面的丰富经验。"《华盛顿邮报》评论称，《艰难抉择》的造势并不亚于竞选总统，希拉里在书中展现出自己的务实以及远大展望，她把自己塑造成一个对国际事务有深刻理解，热情而重感情的政治家。《华尔街日报》则直截了当地评价称，希拉里这本新书读起来简直就像是为2016年总统大选竞选演讲所拟的草稿。

一切都蓄势待发。如果说希拉里希望看到美国能出现一位女总统，那就是她自己的心声。美国人期待中的女总统正在走来，也还要面临人民的艰难抉择。

"搅局者"成了主角

2015年6月16日，地产大亨、亿万富翁川普（Donald Trump，又译特朗普）在纽约其公司总部川普大厦举行新闻发布会，正式宣布他将角逐共和党2016年美国总统的提名，也给共和党的竞选局势笼罩上了一层扑朔迷离的雾霾。

象征川普的成功和财富的68层高川普大厦，位于纽约市最繁华地段的第5大道，这里不仅是川普地产王国的心脏，也是美国颇受欢迎的实境电视节目"学徒"（Apprentice）拍摄地点之一。节目中川普的招牌名言"you're fired"（你被解雇了）在美国风靡一时，也显露富豪川普睥睨天下的张扬性格。眼下，他又在自己的福地开始迎接新的挑战。

川普在新闻发布会做了长达45分钟的演说，不断提到他的标志性议题，比如谴责中共操纵汇率、创造美国就业机会、重建美国梦、抨击奥巴马以及共和党的竞争对手，他的其余政见还包括新建基础设施、在美墨边界建立围栏以及彻底摧毁ISIS的计划，等等。

川普参选之初，便以24%的支持率遥遥领先共和党其他竞选人，两倍于原先最被看好的布什三世（杰布·布什）12%支持率。杰布·布什以为凭借父兄两任总统的深厚家族背景及政治人脉，在党内占得先机不在话下；原先媒体和民众也以为2016年美国大选将最终会是两大政治豪门间的对决格局——克林顿二世（希拉里·克林顿）VS 布什三世（杰布·布什），如今半路杀出个程咬金，不论两党PK的最后较量对手是谁和谁，却已经先满足了民众和媒体看热闹的本能。

川普从来不忌讳被外界称为露富拉风之辈，他完全不要"装穷"装朴素。他索性大打"经济牌"，在演说中声称自己是美国历史上总统候选人中最"成功"的人，他的商业成功足以让他成为"创造就业机会的最伟大总统"。他自称净资产达87亿美元（外界估计川普的总资产大约为40亿美元），说他在川普大厦底层一家古驰（Gucci）店的总资产就超过了罗姆尼的全部身家。

川普希望以其财富和商业成功吸引选民，并让大家认可他作为一名不是"职业政客"的竞选人。川普把历届美国总统称之为"失败者"（loser），说那些人根本没有机会让美国再度辉煌。他也将用自己的钱参加选举，此举可确保他摆脱那些控制美国政治的"特殊利益集团"。

民主党人在2012年大选时攻击共和党总统候选人罗姆尼的主要口实之一，就直指他是富人，无法代表底层。而在川普参选发布会现场，有许多支持者到场助威，一些纽约的小业主表示，川普如能当选将会振兴美国经济。这位高调的成功商人至少赢得了部分中产阶层人士的信任。从振兴经济的角度看，他们似乎愿意赌一把川普的经营手腕。

川普大嘴巴的风格也渗透了美国红脖子的基因，毕竟不是职业政客，他也就没有太多的禁忌；"有钱就任性"的本能又促使他不在乎所谓的"政

治正确"或者其他政客名流。他在攻击布什三世之际，也炮轰了另一位共
和党大佬、联邦参议院中五名越战老兵参议员之一的麦凯恩。川普在一次
公开活动把矛头指向曾在越战中被俘虏的麦凯恩，称"他是因为被俘才成
为战争英雄的。而我喜欢的是那些没有被俘的人。"川普在宣布竞选的演讲
中更抨击墨西哥偷渡客是"墨西哥政府"派来的"罪犯，杀人犯和强奸犯"，搅
动了舆论深潭的轩然大波。

以往历届总统大选时，也不乏富翁或者其他人士出面搅局，制造变
数。曾在20世纪90年代两度竞选美国总统并获不少选票的德州富豪、电
子数据系统(EDS)公司创始人老罗斯·佩罗（Ross Perot）就是代表人物之
一。他当年花自己上亿美元的钱出马竞选，与克林顿、老布什同台辩论，
成为总统大选中一道奇特风景线，为美国式的选举自由和民主注入了新的
诠释。佩罗1992年以独立候选人身份参选美国总统，尽管没有获得一张选
举人票，却赢得约19％的普选选票。当时舆论相信，佩罗的"搅局"打乱了
美国保守阵营阵脚，使克林顿轻松击败老布什当选。佩罗1996年代表美国
改革党参加总统选举，也获得9％的普选选票。

美国工艺事务组织主席、律师、作家、公民活动家、汽车召回制度创
始人、有"现代消费者权益之父"之称、被《时代》杂志评为20世纪最有影
响的100人之一的拉尔夫·纳德（Ralph Nader），曾五次参加美国总统竞
选，最出名的是2000年，纳德以绿党总统候选人的身份，在43个州和华盛
顿特区获得参选资格并最终赢得了2.7％的选票，从而影响了戈尔和小布什
的拉锯战，最后导致戈尔抱恨出局。纳德头顶也因此多了顶"政治搅局者"
的冠冕。

2016年美国总统大选的热身战，共有十七位共和党人宣布参加2016年
总统大选的党内初选，这是最多参选人竞逐党内提名的一役，却也是群龙
无首的一役。由亿万富翁转化到政客行列的川普，以最高民调位居全部共

和党参选人之首，似乎也注定本届总统大选共和党阵营群雄争"象"的较量充满戏剧性。那些共和党政客都无一例外地处于尴尬之中，因为他们难堪地意识到，几乎所有舆论的光环都被川普瓜分甚至遮盖了。这一方面说明大众对政客之外的人士尤其是富豪任性的好奇甚至热情，变相折射出人们对社会、政治的不满和改变现状的渴望；另一方面也说明，出马竞选的共和党政客们声望和魅力都不足以"吸睛"，难以入大众的法眼。所有的共和党总统参选人都企图在胶着扎堆情况下突围，却苦于没有制胜法宝。

美国人的艰难抉择：两份字母表

　　7月下旬，在相继召开的共和党籍民主党全国代表大会上，被英国人倒腾出族谱中应该为"表兄妹"的川普和希拉里，终于都被各自的"党组织"推举为总统选举人，2016年美国总统大选的压轴戏已然粉墨登场。美国人民也因此在看热闹大戏的同时，面临焦虑而痛苦的艰难抉择，没错，就像两年前希拉里出版新书《艰难抉择》的那个书名一般，美国人都陷入了艰难抉择的煎熬，因为他们只能在一个"疯子"和一个"骗子"这一对"表兄妹"之间遴选这个国家的新总统了！

　　据披露，新闻聚合网站BuzzFeed让共和党全国大会现场包括"川普粉"在内的共和党人分别用26个字母开头的词或词组来形容对手希拉里，结果，照片显示有26个川普的拥趸每人拉了张白纸亮相，白纸上分别用26个字母开头各写上一个词，于是，这份竭尽拉黑之能事的英文字母表完整地描绘出了"川普粉"和共和党人心目中的希拉里：Asinine（愚蠢至极）、Bitch（母狗）、Criminal（罪犯）、Dingbat（蠢货）、Evil（恶魔）、Forgetful（健忘）、Gross　Human　Being（恶心的人）、Horrendous（极其可怕）、Irresponsible（不负责任）、Joke（笑话）、Killer（杀人者）、Liar（骗子）、Maniac（疯子）、Never will be president（永远当不上总统）、Oblivious to the Truth（无视事实）、Prisoner（囚犯）、Queer（怪咖、同性恋者）、Racist（种族主义者）、Suspicious（多疑）、Traitor（卖国贼）、Unqualified（不合格）、Vulgar（俗不可耐，有退休的FBI员工说她出口成"脏"）、Wicked（邪恶）、Xtreme（极端）、Yellow belly（胆小鬼）、Zit（青春痘，那种长别人脸上不心疼，搁自己脸上分分钟抓狂的青春痘）。

看看，几乎是最令人无地自容的的那些骂人话或者脏词，一股脑儿堆砌到希拉里身上了。不过，也有众多网友纷纷提问：你们确定自己说的不是川普吗？毕竟，换一个角度看，这份字母表川普也可当仁不让啊。

无独有偶，看热闹的网友同样早为川普量身度造了一份"字母表"：Asshole（混账）、Broke（破产）、Criminal（罪犯）、Dumbass（傻瓜）、Execrable（恶劣）、Fascist（法西斯主义者）、Grotesque（荒谬的）、Homophobe（借用法文：同性恋）、Imbecile（低能）、Jerk（混账）、Kleptocrat（坑蒙拐骗的政客）、Liar（骗子、大话精）、Misogynist（厌女者）、Nutjob（马耳他文：疯子）、Opportunist（投机分子）、Pervert（色狼）、Querimonious（牢骚鬼）、Rapist（强奸犯）、Slimeball（浑球）、Terrorist（恐怖分子）、Unqualified（不合格）、Venal（唯利是图）、Womanizer（好色之徒）、Xenophobe（排外者）、Yokel（乡巴佬）、Zero（零，什么都不是）。

两份字母表内，各有两个词组是重叠的，就是骗子和疯子，其中骗子的用词不一样，似乎网友们更有创意，还会借用外来词，也真是榨干脑汁了。这两份字母表倘若不看对应的人物标签，任何正常人都会不屑于与这样的人打交道，没有最坏最差，只有更坏更差！人人避之唯恐不及，甚至要人人得而诛之，现如今却是摆在美国人目前的一道选择题，没商量，天啊！上帝竟然会让这样的人当总统？！

上百年来轮流坐庄白宫的民主党（驴党）、共和党（象党）居然再也挑不出一个"好人"了，除了诚信稀缺、"电邮门"余波不断的"骗子"，除了满嘴跑火车、炫富任性的"疯子"，那些也想玩票一把的世袭官宦家的公子哥儿、一心实现美国梦的移民政客、曾经搅动硅谷风云的女强人，统统在初选阶段早早出局，就连那位老迈的社会主义者硬撑到底也终归没戏了，空留下偌大的舞台，任由一匹"母驴"和一头"公象"翻滚对弈？！

以民主党人身份参选的总统参选人桑德斯最后在民主党全国代表大会上"让贤"且振臂高呼支持希拉里之后黯然离场，紧接着却宣布退出民主党，回归独立派。他的支持者反主流情绪明显难平，对被提名的希拉里报以嘘声。即使希拉里、桑德斯都呼吁团结，民主党内的分歧裂痕已然很难愈合。

实际上，美国社会的分裂也由于本届大选中出现的种种异象而愈演愈烈。本届大选从初选迄今的种种诡异变化几乎颠覆了美国人的三观，"政治正确"也靠边，热闹程度势必超越往年，然而美国人面临的选择也几乎是两难，说不定届时有相当一部分选民就弃权了，谁让未来的总统不是"骗子"就是"疯子"啊！

纵然，美国的大选从来就是置对手于"政治不正确"抑或身家不清白作风有污点乃至履历不完整不堪担当大任的境地，对手间的辩论也是相互揭短加自我吹嘘，但像今届大选如此予人三观尽毁，骂声不断甚至到了人身攻击无以复加的现象，也还是前所未有。政坛一派惊悸，传媒一派呛声，民间一派互骂，然后是举国上下一派唏嘘。清明的政风选举竞争之风远遁了，有理有据有节辩论的谦谦君子之风消亡了，只剩下一派嘈杂一派混沌。

当然，比起川普在负气的状态下接受象党提名，希拉里还是幸运的。共和党一干高层包括前总统布什等、上届总统候选人罗姆尼居然"抵制"党内的"乱象"而不出席全国代表大会，让大嘴巴富豪很没面子；他的妻子梅拉尼娅在大会上的演讲则被指抄袭现任美国第一夫人米歇尔的演讲稿，随后，或许是由于学历又受到质疑，梅拉尼娅正式关闭了自己的个人网站。驴党这边倒是云集众多重量级人物和明星阵营，连奥巴马伉俪也相继亮相全国代表大会，力挺希拉里。

尤其是第一夫人米歇尔·奥巴马在民主党全国代表大会发布为希拉里背书的演讲，激昂慷慨、气场十足、极富感染力。媒体称，米歇尔的演讲把整个大会的人们都团结到了希拉里身旁，米歇尔把"一个分裂的大会团结在一起"（邮件门使得这个大会原本一团乱），并称许"米歇尔或成希拉里的最后王牌"。米歇尔力挺前第一夫人的演讲，不仅使"维基解密"创始人朱利安·阿桑奇故意在民主党大会举行之际公布民主党内部高层往来邮件、从而破坏希拉里当选美国总统的机会的企图打了折扣，更重要的是传递了相当多的正能量，为大选注入了一丝清净之风。

被媒体称为"米歇尔'拯救'希拉里"的这篇演讲确实精彩，再度凸显了米歇尔特异的演讲魅力，难怪川普的夫人在为夫婿助阵演讲时要鹦鹉学舌抄袭米歇尔早年的发言稿了。各种媒体不吝以"震撼人心的""情感饱满的""不可思议的""令人惊叹的""史诗般的"词句赞赏这篇"千载难逢的演讲"，是民主党大会上"史上最佳第一夫人演讲"。

米歇尔的演讲从自己的两个女儿谈起，始终围绕人性最柔软的话题"孩子"展开，她开宗明义就告诉听众："一个总统，最主要的任务就是一件事，要为孩子们争取更美好的未来。"这是所有总统参选人之前都未有触及的话题，也许是他们心中从来就没有这样简明的话题。而在演讲最后，米歇尔赞扬希拉里"懂得作为一个总统，最主要的任务就是一件事，要为孩子们争取更美好的未来。为了孩子而团结起来，我们的国家就是这样不断进步的。"

米歇尔只字未提川普，却给了对方漂亮的回击，她说这个国家需要的不是仇恨与猜忌，而是爱、平等与希望。"当别人往道德的低处走时，我们要继续向高处前行。"

她说，"我们知道，父母的言行举止时时刻刻都被孩子们所关注，我们是她们最重要的榜样。我想告诉各位，巴拉克和我一直以同样的心态对待总统与第一夫人的工作。因为我们深知，我们所说的话，我们所做的事，不仅仅被自家孩子所关注，更同时被这个国家所有的孩子听到和看到。""毫无疑问，今年11月我们去投票时，要做的就是这样一个决定，不是选择民主党或共和党，也不管左翼右翼之分。就同每一场选举一样，这场选举决定的是由谁来掌握一个大权，由谁来影响塑造孩子们生命中接下来的四年或八年。"

米歇尔坚信希拉里能够领导这个国家，因为"我见证了她以一生奉献予这个国家的孩子们，包括每一个需要保护的孩子——保护每一个需要走长长的路上学的孩子不受到犯罪团伙的伤害，帮助那些困惑于为何自己负担不起大学费用的孩子、那些自己的父母并不懂得说一句英语但自身梦想过上更好生活的孩子、那些等待着我们去决定他们的未来的孩子。""如你们所见，希拉里在几十年间一直任劳任怨地工作，为的是真正地使孩子们的生活有所不同。当她是个年轻律师时，她就为残障儿童的权益发声；后来她成了第一夫人，她为孩子们的医疗保障奔忙；在国务卿任上，她依然在为孩子们争取高质量的保育环境。""为孩子们的安全走遍全球。"

米歇尔坦言，"我最佩服她的一点，就是无论面对多大的压力，她都不会垮掉，也从来不会偷懒。在她的世界里，永无放弃可言。""所以，当我想象一个能为我的女儿和所有孩子带来美好和希望的美国总统的样子，这就是我想要的。""我心目中的总统，要有从事公众服务的纪录，用毕生工作向孩子们证明，我们奋斗的目标不是追名逐利，而是让每个人都有成功的机会。""希拉里这样的领袖拥有的勇气和魅力，让她一直没有放弃，不断地冲击限制女性发展的那道最高最艰难的玻璃顶，直到她终于将其击碎，并带着我们一同提升。"

米歇尔的演讲无异于告诉人们一个国家的故事，她说，"是这个故事让我今天站在这里。在这个故事中，曾有世世代代的人遭受着压迫和束缚，被奴役的耻辱和被隔离的痛苦。但是他们始终怀揣着希望，不息地抗争，所以今天的我才能每天在由奴隶建造的白宫里醒来，看着我的女儿们，两个美丽聪敏的黑皮肤少女，与狗狗们在白宫的草坪上嬉戏。""因为希拉里，我的女儿，和所有的孩子们，觉得女人可以当美国总统，这是理所应当的事。"

她最后呼吁："我们要挨家挨户敲门，让更多的人来投票。我们要用尽我们对这个国家的每一丝热情、每一份力量，和每一点爱，来推选希拉里·克林顿成为美利坚合众国的总统！"

米歇尔演讲的高超之处正是每句话语在赞赏她所崇尚的理念之际，也戳破了川普的痛处和软肋。至少，为了孩子，为了尽自己对国家的每一丝热情、每一份力量和每一点爱，这样的选举和候选人才被赋予了正能量。希拉里当然需要感谢米歇尔，她的演讲不单单有力地推举出一位女总统候选人，也因为她公允的评价相当部分洗刷了"字母表"对希拉里的抹黑与伤害。

自然，希拉里和川普各有污点，却也绝不都是一无是处的无能之辈，她和他如果从一份对国家对社会的责任担当出发，并且都获得了各自的支持者走到了大选的最后一百天，就证明他们都还是各有能量各有空间的。既然美国的选举制度规定了她和他可以在各自的党内出线，那么就应该给予她和他共同的公平机会去竞选。或许，这一对"表兄妹"个人面对面时并不会撕破脸，因为侮辱对方反而令自己失态，何况他们各自的女儿还是一对好朋友。因此，他们的竞选团队、粉丝又有什么必要去互相谩骂乃至人身攻击呢？！他们只需发挥各自竞选团队的能量去彰显各自的实力乃至个人魅力，而不需要凭借抹黑、辱骂对方甚至各种下三滥手段去击败对手，两份字母表就权当是民众情绪化的"创意"玩笑吧！毕竟，有完整制度制约的这个国家和社会不太可能也决不允许失控，白宫椭圆形办公室的宝座也绝不会坐上一个真正的"骗子"或者"疯子"。回归干净清明的选举政治才是需要政治家和选民们完成的最后课题，自由民主且有公正磊落的竞争，才能在大选最终落幕之际赢得民众的掌声。热情的选民即便偶尔狂放不羁，最终也应该清醒地投出自己的一票。

就让时间来验证吧，谁笑到最后谁才笑得最好。

希拉里和川普的"中国牌"之异同

几乎每届美国大选，各参选人都会打出"中国牌"其实是打自己的算盘，先笼络一部分选民，提供媒体一点出位的话题新闻。民主党总统参选人希拉里和共和党总统参选人川普有望在2016年11月的美国总统大选中对决，两人的对华政策成为中国乃至国际关注的焦点，希拉里和川普各自曾经都对中国放过狠话，两人的"中国牌"究竟有何异同？是选举作秀需要，还是政策之本有章可循？

先看看希拉里的"中国牌"，在奥巴马总统第一任期内出任国务卿的希拉里处理很多涉华问题时表现出强硬态度，也是美国"重返亚洲""亚太再平衡"政策的主要推手之一，其对华政策不乏"彪悍"、"斗士"的姿态。

希拉里曾一度支持全球自由贸易，但近来"口风突变"，不仅开始反对美国政府提出的《跨太平洋伙伴关系协定》（TPP），对华贸易方面的表态也越发强硬。希拉里曾经指责中国以低价向全球市场"倾销"钢铁，导致英美等国钢铁行业遭受重创。2015年2月23日，希拉里在《波特兰新闻先驱报》（Portland Press Herald）发表专栏评论说，她对中国大陆在国际经济领域的扩张存有戒心。中国和其他国家利用不公平的贸易手段获得竞争优势，包括倾销、补贴国有企业、操纵汇率和歧视美国企业，导致美国中产阶级失去就业机会。她还表示，华盛顿不应考虑给予中国市场经济地位。

希拉里2014年出版的自传《艰难抉择》，抨击中国不但不是亚太地区"负责任的利害关系人"，在整个国际舞台上更是一股破坏力量。书中多处回顾对华外交的章节，却披露了美国一直搅乱南海，插手东海争端的事实。2010年9月，希拉里表态声称"钓鱼岛适用于《日美安保条约》"，令日方欢欣鼓舞。此后几年间，希拉里仍然不时抛出"钓鱼岛议题"。2011年6月，希拉里与菲律宾外长会晤时表示，按照《美菲共同防御条约》，美国将为菲律宾提供军事装备以"对抗中国"。2012年7月，希拉里对阿富汗、日本、蒙古国、越南、老挝和柬埔寨六国进行了旋风式访问。期间，希拉里称钓鱼岛属于美日安保条约适用对象，力挺日本；又高调宣称蒙古国是"亚洲民主典范"，并"与某些国家形成鲜明对比"，暗讽中国；宣布将进一步深化美越互惠伙伴关系，"支持越南为解决南海争端所做的努力"；……2011年3月初，希拉里声称，由于北京积极拉拢资源丰富的太平洋国家领导人，美国在全球影响力竞争中可能会不敌中国。她因此对国会参议员们疾呼道："我们在和中国争夺影响力！"

美国《基督教科学箴言报》援引专家的观点说，如果希拉里当选美国总统，她可能在南海问题上采取比奥巴马政府更强硬的立场。

再看川普，这个"大嘴巴"多次妄称中国操纵人民币汇率、实行关税保护政策，导致大量工作机会从美国流失，许多美国本土工厂倒闭。川普宣称，如果自己当选总统，他要对从中国进口的商品征以45％的高关税，以保护国内产业。他说，中国通过贬值货币来扼杀美国，如果美国对中国强硬起来，这个亚洲国家就会停止贬值其货币。老实讲，如果发生贸易战争，不会比贸易逆差更糟。"我们不能继续再让中国用贸易逆差的方式强奸我们的国家"。

川普指责前总统克林顿支持中国加入世界贸易组织（WTO），承诺所有美国商品都将进入中国市场，而中国商品进不了美国，但这些都没实现；美国人只见到5万间工厂关闭，数千万人失业，这是华府政客出卖国家的典型案例。他并且指责奥巴马政府的财政部多次拒绝将中国列为汇率操纵国，声称美国沦落至此，是政客让中国成了脱缰野马。川普承诺，如果他当选总统，美国将重新领导全球经济，中国操控货币与诈骗的日子将结束。川普誓言他支持自由贸易与浮动汇率，美中巨额贸易逆差不会再持续，当选后上任第一天，财政部就会宣布中国为货币操纵国，对倾销商品进行适当的征税程序。他声称中国通过贬值货币来扼杀美国。如果美国对中国强硬起来，这个亚洲国家就会停止贬值其货币。

川普列出自己当选总统后的"对华政策"如下：1、即刻宣布中国为货币操纵国，迫使对方回到谈判桌；2、保护美国原创与投资，迫使中方执行智慧财产法律；3、夺回数百万工作机会，重振美国制造业；要求中方停止非法外销补贴、落后的劳工及环保标准，使血汗工厂与污染不再夺走美国劳工的机会。4、降低企业赋税留住业者，处理国债问题，中国将无法再进行金融威胁，增强美军在东海与南中国海的部署。

比较而言，希拉里和川普的对华姿态都很强硬，但"政策"其实都支离破碎难成系统，各自倚重的立场也有所不同。希拉里注重扩张美国影响力，彰显外交实力；川普则更倾向对内收缩，提振经济，强调贸易的力量，用贸易作为谈判筹码。他认为，如果发生贸易战争，不会比贸易逆差更糟。

打"中国牌"是美国政客在大选年惯用的竞选手法，从党派政治考虑并且取悦选民，试图把民众对经济建设的不满释放到最大化，再拿中国等对手当靶子。但强硬也罢，狠话说尽也好，真若当政后也必定会修正各种说法，在可操作性方面努力，毕竟，这是两个经济总量数一数二的国家。地球村里最明智的相处之道还是要多沟通，即使有摩擦也不可能舍弃合作。因此，希拉里或者川普，谁最终入主白宫，她或者他都会收敛一下的，毕竟美国已经不能在世界上独来独往，还需要与他国他人对话，因为国际关系都是双边、多元的。

看希拉里如何应对公关危机?

　　共和党表面人才济济奋勇参选的局面，与民主党的情况大相径庭。民主党有意参选的党内大佬寥寥，当副总统拜登宣布退选后，希拉里几乎一枝独秀冠绝群伦。她的锋芒与声望在党内无人望其项背，也是众多共和党参选人难以匹敌的。她身为前第一夫人、前联邦参议员和前国务卿的傲人资历，也证明其能力和实力的非凡。

　　希拉里在2015年初春意外陷入公关危机，其私人邮箱办公风波和其基金会收到部分中东国家捐款的"旧闻"，被媒体和对手竞相炒作，似乎都不同程度折损了希拉里的形象，也让政敌获取了穷追猛打的把柄，极可能给她参选总统惹来麻烦。

　　2015年3月3日，《纽约时报》报道披露，希拉里使用私人电子邮箱账号处理公务。更令人惊讶的是，希拉里甚至没有政府电子邮箱帐户。此前有消息称，希拉里的私人邮箱地址域名为"clintonemail.com"，注册时间是她当年出席参议员审议听证会当天。其后的国务卿任内，希拉里似乎故意仍然使用此邮箱。而她的副手或团队甚至没有阻止希拉里这一不同寻常之举，这过程本身也令人匪夷所思。

美联社随后在核查网上记录时发现，希拉里曾使用过家中的私人计算机服务器发送官方邮件。美联社也表示，希拉里可能不太相信国务院的办公电子邮件系统，她的邮件曾多次受到黑客攻击。在2006年和2014年，该办公电子邮件系统遭到了严重的黑客入侵；而在希拉里担任国务卿的2010年，美国士兵切尔西-曼宁在线窃取了25万份外交电报并交给了维基解密，被公布在维基解密网站上。这或许是希拉里始终采用私人服务器接发邮件的原因，但世人不清楚究竟是谁帮助建立并维护希拉里的私人电子邮箱及服务器呢？技术专家则称，希拉里使用个人邮箱办公的行为极不正常，她的通信极易遭到黑客的攻击。

据称，为了回应美国国务院的新通信记录政策，希拉里的顾问两个月前才审阅了数万页个人电子邮件，并决定把其中部分邮件即5万5000页电子邮件提交给美国国务院。美联社透露正在考虑对国务院采取法律诉讼，因为该部门未能按时提交希拉里任期内的一些邮件信息，而此前也未澄清该部门根本就不掌握希拉里任期内的所有公务邮件信息。

希拉里则通过推特表示，希望国务院尽快发布涉及该事件的邮件内容，"我希望人们看到我的电子邮件，我已问过何时释放这些邮件，他们表示在审查后会尽快公布。"

几乎与此同时，《华盛顿邮报》披露，"比尔、希拉里和切尔西·克林顿基金会"（简称克林顿基金会）经常性接受外国政府、特别是阿拉伯独裁国家提供的大笔资金，并为获得这些资金提供法律渠道。据称，在希拉里任美国国务卿期间，包括几个阿拉伯国家政府在内的七国政府先后向克林顿基金会提供过大笔资金。据披露，一些捐款来自阿尔及利亚、科威特、卡塔尔和阿曼这些与美国政府在外交、军事和金融上关系复杂甚至人权纪录糟糕的国家。诸如阿联酋、沙特阿拉伯等国，则在希拉里卸任国务卿一职后，仍然捐款给克林顿基金会。

联邦法律规定，美国政治候选人、包括有意参选总统的候选人不能接受来自外国政府的资金。希拉里作为重要成员参与的克林顿基金会接受外国政府或组织的捐款，其中涉及到的政治利益交换，很难不被人诟病。比起她所遭遇被曝光的"邮箱门"事件，这样的捐款事件其实更有政治杀伤力。从政敌到普通选民都有理由质疑，若未来希拉里入主白宫，大权在握，贵为美国总统的她还可能百分之百地效忠于美国利益吗？！

媒体和政敌似乎更对所谓的"邮箱门"事件纠缠不清，共和党更以此作利器，加剧抨击这位最热门民主党总统候选人的办公透明度和道德指数。共和党全国委员会发言人Michael Short说：希拉里的邮件问题，"显示出她任职期间的严重问题，她到底想隐藏什么？"据悉，国会众议院调查2012年9月美国驻利比亚使馆遭恐怖袭击致使美国大使和另一位美国外交官死亡事件时，要求国务院提供国务卿希拉里在那段时间的相关电邮。

诚然，仅靠私人电子邮箱作为与外界联系的唯一工具，这种做法不仅在通信安全上风险巨大，也明显违反美国政府档案管理的相关规则。然而，这其实也可以被推诿为国务院乃至整个联邦政府机构体系中亟需改善的工作问题，在这个黑客横行神出鬼没的时代，谁能保证公务和私人的邮箱都不遭到侵入？谁又能保证自己的邮件来往绝无瑕疵可挑剔？从白宫到国会山庄，都需要引以为诫，并藉此检讨自身的办公系统，以及训诫各自的工作团队，绝不可再有意无意放纵差错意识与差错行为。

无疑，希拉里的类似公关失误，势必影响她的个人形象，也使得共和党和民主党都不乏政客再度活跃起来，质疑或者挑战希拉里的信誉甚至能力。但是，当今美国政坛，谁又有无可匹敌的实力，去驰骋于2016年总统大选的疆场？看希拉里如何应对危机公关，也看一众政客如何汲取教训清理门户，无非是大选进程的一幕插曲。

所有的角逐者无疑都梦想自己能坐上总统宝座，但现实比筑梦更残酷。谁若想胜出，就必须技高一筹，必须证明自己具备比其他候选人更好的管理国家的才能和民望。无论是希拉里还是川普，不仅要挑战对方，也需要挑战自己。她和他更应该向开国先贤们致敬，向先贤们杰出的人格与能力看齐。

跋

编在这个集子里的各篇文章，大多是从自己近二三年涉猎较广却也散漫不成系统的文字里筛选出来，又经责任编辑建议再删去一部分而成。这样说来，也算是自己这些年来选编随笔集时相对更花心思取舍的一本书。

这个过程也让自己有机会重新审视近年的写作。有些是工作需要所写的急就章，有些是兴趣关注而稍加着力为文。前者多为些时评性的文字，点到为止；后者涉猎到文化、社会、移民、教育等不同层面或事件，有些不一样的角度、细节可发掘、比较。总体上都可归类于随笔，待到要合在一个集子里时，就会发觉题材相对芜杂，行文叙述风格上也存有细微差异。自忖这些还算不上谬误，毕竟随笔体本来就无一定之规，重要的是不仅作者能够写得随意自如些，读者也能够读出点不一样的意思。

笔者浪迹新大陆一晃已逾二十余年，谈不上实现什么美国梦，如果以安居乐业过日子这个起码的"标准"来对照，似乎绝大多数移居海外的地球村村民，也都难说圆梦，异地而居又能够过上相对安逸稳定的生活，就是一种常态了。聊以自慰的是，这么多年来没有与社会和变革疏离脱节，短暂的"文化休克"期后也就很乐于随乡入俗了。沐浴加州阳光的同时也感受到新大陆东西岸乃至地球村的脉搏，倘徉在太平洋此岸也不时眺望彼岸的风云。当一介书生陷于高科技日新月异变幻无穷的硅谷圈内，领略到的风景也可能是IT精英熟视无睹的。这就产生了新视角新视点，同样的事物风光，折射在不同的瞳孔里并不完全会一样的。如果再多用心点，多转动自己的视线，透过"广角镜"般的观察与审视，捕捉到的风景就更丰富了。

当下的世界，说每时每刻信息爆炸一点也不夸张，传统媒体依然生命顽强，新媒体层出不穷，网络世界无远弗届，更有微博微信之类无处不在的"自媒体"，你想躲避各种信息几乎不可能。人们获取信息的渠道多元化无穷化，也颠覆了很多人的阅读方式与习惯，你有什么理由或者招数，让那些还愿意读纸质书的读者去读一本不可能成为热门的杂书呢？

信息不是唯一，甚至"内容为王"法则也被淘汰，因为很多现实、事件、新闻或者轶事，瞬间已成历史。这本集子里的每篇文章，其实一开始写作也就成了过去时，它不会如小说那般向读者展开未知的情节与世界，也不会如戏剧影视那般以种种离奇或者合情合理的冲突、包袱吊住观众的"胃口"，它就是刚刚过去一段岁月中曾经发生的事件，而且还极少有波澜壮阔的故事感天动地，那它凭什么吸引读者？随笔的写作者其实期待读者具有历史感般的包容，并且一起发掘不同层次的历史感；当然，还需要有些不同的观察角度和视野。好在哲人早就论断说：一切历史都是当代史。观照流淌变化的现实，回溯凝固了的过往的现实，似乎都可以从中咀嚼出历史的味道和启迪。

联系到本书的书名《美国，还有梦吗？——今日美国写真》，这是我近年在美结识的资深文化出版人刘雁女士提出的，与我过去曾经考虑过的不谋而合，也觉得与收在集子里的不少篇章传递的信息相吻合。美国梦，曾经是多少美国人和移民的憧憬与生活的动力，如今，美国社会的现实进步与否，美国梦的真正内涵如何，每个人内心都有各自的理解与追求。回眸、梳理那些文稿所述及的过去式的事件，以不同的视角超然的心态去省察那些发生不久的当代史，仿佛沉浸于当下的现实之中，烛照出人类世界地球村的一个角落，别样风采，多元生态。

感谢刘雁，身居高科技重镇硅谷，依然执着地要开拓文化事业，也必是想要继续自己的梦想。当她2015年岁末告诉我壹嘉出版社诞生的消息时，我由衷地为她高兴，也感谢她为所有同样执着的写作人提供了别样的出版天地与交流平台。

我也要感谢所有愿意读读这本书稿的读者，你们在当下烦乱躁动的时代，还能够静下心来读这些文字，该拥有多么广阔的情怀和淡定的心态！谢谢你们能够和我一起了解那些发生在新大陆的琐事，一起怀着历史和现实交融一体的观感，去审视那些刚刚发生在我们周围甚至遥远异国他乡的事件与故事。

作者2016年8月于旅途中